广东省哲学社会科学后期项目基金资助成果（项目编号：GD17HYJ01）

多层次资本市场与广东经济转型研究

朱顺泉 著

吉林大学出版社

长春

图书在版编目（CIP）数据

多层次资本市场与广东经济转型研究 / 朱顺泉著
.—长春：吉林大学出版社，2019.5
　ISBN 978-7-5692-4743-5

　Ⅰ.①多… Ⅱ.①朱… Ⅲ.①资本市场—研究报告—广东②区域经济—转型经济—研究—广东 Ⅳ.
① F832.765 ② F127.65

中国版本图书馆 CIP 数据核字（2019）第 086806 号

书　　名	多层次资本市场与广东经济转型研究 DUOCENGCI ZIBEN SHICHANG YU GUANGDONG JINGJI ZHUANXING YANJIU
作　　者	朱顺泉　著
策划编辑	卢　婵
责任编辑	张鸿鹤
责任校对	卢　婵
装帧设计	汤　丽
出版发行	吉林大学出版社
社　　址	长春市人民大街 4059 号
邮政编码	130021
发行电话	0431-89580028/29/21
网　　址	http：//www.jlup.com.cn
电子邮箱	jdcbs@jlu.edu.cn
印　　刷	北京虎彩文化传播有限公司
开　　本	787mm×1092mm　　1/16
印　　张	14
字　　数	200 千字
版　　次	2019 年 5 月　第 1 版
印　　次	2019 年 6 月　第 1 次
书　　号	ISBN 978-7-5692-4743-5
定　　价	70.00 元

版权所有　翻印必究

前言

当前,"大众创业""万众创新"的热潮在全国兴起,正在形成稳增长、调结构的新引擎,随之带来的是中小型企业数量上的大幅提高。中小企业具有经营灵活、增长潜力大、创造就业机会多的特点,科技型中小企业还具有科技性、创新性、高风险、高收益等特点。据统计,目前中小企业占中国企业总数的99%以上,提供了80%的城乡就业岗位,最终产品和服务占国内生产总值GDP的60%,创造了50%以上的出口收入和财政税收。因此,中小企业是国民经济发展的生力军,在稳定增长、扩大就业、促进创新、繁荣市场和满足人民群众需求等方面,发挥着极为重要的作用,科技型中小企业是国家实现经济转型的重要途径。因此,加强科技型中小企业的金融服务是支持实体经济、稳定就业、鼓励创业、实现经济转型升级的重要内容,具有十分重要的战略意义。但是,目前关于科技型中小企业的有效治理和经济转型还存在着如下问题:如何系统建立股权、债权、可转换证券等金融合约,实现中小企业的有效治理,进而来促进科技型中小企业的发展？创业板上市公司股权结构如何影响其绩效？股权投资如何影响经济转型？等等，这都是该领域学术研究的缺陷，需要深化和系统化。因此，本书针对多层次资本市场促进科技型中小企业发展融资机制与经济转型展开研究。

本书研究内容是这样安排的：第1章介绍项目研究意义与国内外研究现状；第2章分析多层次资本市场现状；第3章分析科技型中小企业现状、生命周期特点及其融资策略；第4章研究资本市场金融产品促进科技型中小企业发展治理机制；第5章研究创业板市场上市公司股权结构与绩效的关系；第6章定性分析中募股权投资市场与经济转型关系机理；第7章构建广东经济转型指数；第8章对股权投资与经济转型关系进行实证研究；第9章提出多层次资本市场促进科技型中小企业发展与中国经济转型的政策建议。

本书成果可供金融学、投资学、金融工程、经济学、工商管理、财务管理、会计学、技术经济及管理、统计学等专业的本科生与研究生选用或参考。书中不妥之处，恳请读者批评指正。

2019年5月

1 项目研究意义与国内外研究现状 ·············· 1

- 1.1 研究意义 ·············· 1
- 1.2 中小企业融资国外研究现状 ·············· 3
- 1.3 中小企业融资国内研究现状 ·············· 5
- 1.4 中小企业融资国内外文献综述述评 ·············· 8
- 1.5 私募股权投资与经济转型研究现状 ·············· 8
- 1.6 研究内容 ·············· 14
- 1.7 研究方法 ·············· 17
- 1.8 创新之处 ·············· 17
- 1.9 多层次资本市场与经济转型理论分析框架 ·············· 18

2 多层次资本市场现状分析 ·············· 20

- 2.1 中国资本市场当前的背景分析 ·············· 20
- 2.2 中国主板市场现状 ·············· 23

 2.3 中国中小企业板市场现状 …………………………………… 30
 2.4 中国创业板市场现状 ………………………………………… 33
 2.5 中国新三板市场现状 ………………………………………… 35
 2.6 区域性股权交易市场 ………………………………………… 38
 2.7 中国多层次资本市场存在的问题分析 ……………………… 40

3 科技型中小企业现状、生命周期特点及其融资策略 …… 44
 3.1 中国科技型中小企业现状 …………………………………… 44
 3.2 科技型中小企业定义的内涵 ………………………………… 51
 3.3 科技型中小企业的特点 ……………………………………… 54
 3.4 科技型中小企业的融资策略 ………………………………… 56
 3.5 结论与建议 …………………………………………………… 62

4 资本市场金融产品促进科技型中小企业融资机制研究 … 63
 4.1 金融产品及其创新 …………………………………………… 63
 4.2 科技型中小企业股权融资合约治理机制 …………………… 64
 4.3 科技型中小企业债权融资合约治理机制 …………………… 68
 4.4 科技型中小企业可转换证券融资合约治理机制 …………… 72

5 创业板资本市场上市公司股权结构与绩效关系研究 …… 80
 5.1 股权结构与公司绩效相关理论 ……………………………… 80
 5.2 创业板上市公司股权结构与绩效现状分析 ………………… 92
 5.3 创业板上市公司股权结构与公司绩效关系实证分析 ……… 106
 5.4 结论与建议 …………………………………………………… 126

6 私募股权投资与经济转型关系机理分析 ········· 131

6.1 私募股权及经济转型 ················· 131
6.2 私募股权投资与经济转型关系机理分析 ········ 142

7 经济转型指数的构建研究 ················ 151

7.1 经济转型指标体系构建 ················ 151
7.2 数据来源与数据结构 ················· 153
7.3 经济转型测度过程分析 ················ 154
7.4 本章小结 ······················ 163

8 私募股权与经济转型关系的实证研究 ········· 164

8.1 模型构建 ······················ 164
8.2 数据来源 ······················ 165
8.3 北京、上海、广东、江苏等地的回归实证分析 ····· 165
8.4 各地区回归方程综合比较分析 ············ 176
8.5 本章小结 ······················ 180

9 股权投资、科技型中小企业发展与经济转型政策建议 ··· 182

9.1 股权投资与经济转型关系研究结论与政策建议 ····· 182
9.2 科技型中小企业的发展的融资环境建议 ········ 186
9.3 股权投资推动经济转型的政策思路 ·········· 187
9.4 股权投资推动经济转型的政策机制与策略 ······· 190

参考文献 ························· 197

1 项目研究意义与国内外研究现状

1.1 研究意义

党的十九大报告中指出,"要支持民营企业发展,激发各类市场主体活力,要努力实现更高质量、更有效率、更加公平、更可持续的发展"。民营企业用近40%的资源,创造了我国60%以上GDP,缴纳了50%以上的税收,贡献了70%以上的技术创新和新产品开发,提供了80%以上的就业岗位,民营企业发展已经成为社会主义市场经济的重要组成部分和我国经济社会发展的重要基础。

党的十九大报告中指出,"深化科技体制改革,建立以企业为主体、市场为导向、产学研深度融合的技术创新体系,加强对中小企业创新的支持"。中国民营企业90%以上是中小微企业。当前,世界新一轮科技革命和产业变革正在孕育兴起,许多中小企业充分发挥创新能力强、机制灵活、市场敏锐的优势,紧紧依靠技术创新,主动对接国际先进技术水平,在市场比较低迷的情况下,仍显示出较强的生机和活力。因此,要按照十九大精神,引导中小企业加大研发投入力度,努力掌握关键核心技术和自主知识产权,特别是要通过技术创新带动产品创新和生产经营模式创新,努力将价值链向研发、标准制定、销售服务等方面拓展,发挥科技创新在全面创新中的引领作用,不断开发新技术、涉足新领域、推出新产品,通过产

品创新引领消费创新。

党的十九大报告中指出,"支持传统产业优化升级,加快发展现代服务业,瞄准国际标准提高水平"。当前,中国经济已由高速增长阶段转向高质量发展阶段,正处在转变发展方式、优化经济结构、转换增长动力的攻关期。在这种情况下,传统企业要实现持续健康发展,必须顺应发展大势,结合自身所处的行业发展和企业自身实际,走转型优化升级之路。要按照十九大精神,推动民营企业中的传统产业大力开展技术创新和技术改造,向价值链高端提升;推进工业化信息化融合,提升智能制造水平;注重质量品牌建设,提升制造品质和企业竞争力;通过投资项目转移产能和合作,利用技术、管理、产品等优势进军海外,获取更大发展空间和优势。

因此,加强科技型中小微企业的金融服务是支持实体经济、稳定就业、鼓励创业创新、实现经济转型升级的重要内容,具有十分重要的战略意义。

在改革开放之前,中国以财政代替金融,没有银行和资本市场。在改革开放之后,开始发展和健全金融体系,但当时金融的主要目的是为大企业服务,尤其是1983年拨款改贷款以后,企业不能从国家财政直接拿到拨款,而改由银行通过低价资金进行补贴。为了满足广大企业的需要,政府压低利率,同时建立大型国有银行来补贴这些大型国有企业。中国当前的金融体系基本上以四大国有银行为主,四大国有银行拥有的人民币资金占整个金融体系拥有量资金总量的70%,其服务对象主要是大企业。另外,股票市场也从1990年在深圳、上海开始发展,当然,能进入股票市场的也都是大企业。绝大多数中小企业在高度集中的金融体系之下,得不到金融服务和资金的支持,发展受到限制。最为明显的是以中小企业为主的第三产业发展相对滞后,据中国社会科学院财经战略研究院披露的数据显示,2016年第一季度第三产业增加值占GDP比重达到56.9%,虽然这一比值近年已有所提高,但仍显著低于发达国家70%的水平。国外的银行体系一般是从小到大发展起来,在经济发展初期,劳动力密集型产业占主导地位,金融体系中的中小银行为当地的中小企业提供服务;随着经济的发展,资本不断深化,企业规模不断扩大,大银行和股票市场应运而生。但是中国的经济体制改革是自上而下进行的，一开始建立起很多大型国有企业，同时建立了为大企业服务的大型国有银行和股票市场，但并没有能够满足中小企业需求的金融机构和金融工具。据资料统计，70%以上的中小企业，没有享受到中央、省、市出台的有关促进中小企业发展的政策。目前，中国经济突飞猛进，每年以8%左右的GDP增长速度发展，但靠的是劳动密集、低附加值的制造业出口换来的，基本上不具备核心技术，企业的自主创新能力不足，低端的制造业高能耗、高污染。因此转变经济发展方式势在必行，而提高科技型中小企业自主创新能力是经济转型升级的根本。当今，我国正处于特殊转型时期，科技型中小企业的融资风险高，大银行一般不愿介入，因此，我们要提倡并鼓励发展为中小企业服务的金融机构和金融工具，如股权投资工具、债权投资工具、可转换证券等，让民间私人银行、小额信贷公司等盘活民间私人资本并合法而规范地服务于地方中小企业。那么，如何引导和扶持股权、债权、可转换证券等金融工具促进科技型中小企业发展，构建一个高效的企业治理机制，实现产业转型，进而推动中国经济转型，为经济可持续发展服务，这些问题在理论和实践上都值得我们深思。

当今，科技与创业深度融合是驱动区域经济转型升级的经济发展新动力，实现国家发展战略必须依靠科技创新，才可以自力更生，实现经济转型与可持续发展。

1.2 中小企业融资国外研究现状

在国外，Jensen 和 Meckling（1976）建立的股权代理成本模型，研究了企业经营者拥有企业的经营权和部分股权，而不是企业的完全所有者，因此，企业经营者与股东之间的委托代理便产生了利益之争。Myers（1977）建立了债务代理成本模型，该模型假定企业经营者发现公司近期可能破产时，即便有好的可能增加公司价值的项目，股东也不会有动力去投资，这是因为在企业濒临破产的情况下，现有的破产程序将可能使该项目的成本和风险全部由股东承担，但收益却大部分或全部被债权人获取。Grossman

和 Hart（1982）建立了一个股权债权协同模型，认为不应单一强调股权与债权的代理成本，并分析了负债在缓和经理和股东之间冲突中的作用，指出了两者之间应协同使用。Aghion 和 Bolton（1992）建立了 A/B 模型，研究了当不利的收益信息出现时，应将控制权配置给债权人。Williamson（1988）对科斯的交易费用进行了扩张研究，从资产专用性的视角研究了股权同债权相比对公司治理的影响，改变了将股权和债权仅仅看作融资工具的传统观点，将其视为可以相互替代的治理机制，从而整合了公司财务管理理论和公司治理理论。Tirole（2001）建立了梯诺尔模型，对投资者与创业者间的控制权进行了深入的研究。Kaplan 和 Stromberg（2002）研究发现：创业资本家在他们所投资的公司的高层管理团队中起着重要作用。Landier（2003）认为：若创业成功的可能性大，创业者应优先选择有风险的项目，其最优的融资方式是债权融资，此时应伴有消极的监管；若创业失败的可能性大，创业者应优先选择安全的项目，其最优的融资方式是股权融资，此时应伴有积极的监管。Winton（2004）认为：在有价证券选择上应考虑战略不确定性、财务刚性和监管的积极与否，并据此相机选择债权、股权和可转换证券。Baeyens 和 Manigari（2006）在对 191 个小企业融资进行调查的基础上发现：小企业偏爱债务融资，创业投资是债务融资不能实现的补充。Bienz（2007）发现：投资者获得收益越少，则要求拥有的控制权越多。Thomas（2008）则发现：公司创业投资的效果很难单纯体现在创业企业中，而与母公司和创业企业之间的战略重叠程度相关。Christian Hopp（2009）对联合创业资本的驱动力做了一个实证。

Douglas（2010）在《创业风险资本》一书中阐述了美国创业风险资本的投资战略、结构和策略。Vladimir I. Ivanov，Fei Xie（2010）在其工作论文中研究了公司创业资本。Robert Dessi（2010）在其工作论文中研究了对基金管理人的监控，并提出了若干建议。Masako Ueda（2010）在其工作论文中研究了创业风险资本的创新。Henry Kressel，Thomas V. Lento（2010）在他们出版的著作中研究了数字时代创业风险资本动态市场的投资行为。Chris Gilchrist（2011）在 Taxbriefs 金融出版公司出版的一书中对 2011/2012

年全球的投资计划给出了可行的建议。Josh Lerner（2012）研究了创业资本与私募股权基金的资金融资、投资、退出及新的边界。Lorenzo Carver（2012）研究了创业资本的各类评估方法。Harry Cendrowshi, etc（2012）研究了私募股权的发展历史，治理结构及运营。Jan Viehig（2012）研究了来自投资银行的各类股权评估模型，如 FFCF，WACC，LBO，DCF 模型等。Richard Gottlieb（2013）在他出版的著作中详细地介绍了全球（包括美国国内和国外）2205个私募股权公司和创业投资公司。David P. Stowell（2013）系统地阐述了投资银行、对冲基金和私募股权投资的内在运作方式及其相互关系，介绍了它们的业务运作、赢利模式、在财富创造和风险管理中的独特角色。David（2013）研究了并购基金、对冲基金、私募股权基金的流程。

1.3 中小企业融资国内研究现状

在国内，陈伟等（2001）应用经济增加值（EVA）模型对目标企业进行了价值评估。杨继国（2002）认为人力和货币这两种资本都具有侵蚀另一方利益的动机，不应过分强调某一方的利益，而应将双方利益同时纳入治理机制的协调之中。张鹏（2003）认为：政府应建立有效的创业资本市场，为创业企业提供上市机会。杨其静（2004）指出：创业企业没有抵押物又缺乏有效担保，相比于成熟企业，它更难获得商业银行的支持，因此现实中国有银行很少介入投资于创业企业的活动之中。俞雪松（2005）认为股权主要来自创业团队、企业盈余积累、天使投资人、创业投资基金公司、私募股权投资基金公司等，他们共同构成一个尚未成熟的创业资本体系。林剑（2006）发现债权投资于创业企业的相当一部分是来自社会网络中的亲戚朋友的借款。苗淑娟（2007）认为：为推动区域经济繁荣、维护社会稳定，政府应采用直接或间接的资本资助扶持创业。赵成国等（2008）从政府创业引导基金的扶持对象和方式等方面，探讨了基金的运行机制、内部控制和激励机制。于东智（2003）、李胜楠（2004）、王满四（2005）、沈艺峰（2006）、张兆国（2006）、林朝南（2007）、王大义（2009）等从不同角度对债权投融资的治理效应进行研究。宁亮（2009）认为：政府引导基金一旦投入创业企业后，一般不应参与具体的经营和管理，要为创业者提供较大的自主经营空间。

白洋（2010）就全球金融危机对国际PE市场产生的影响进行概述，并对全球金融危机背景下中国PE市场在投资主体、基金退出形式、投资对象和投资热点方面的显著特征进行总结。对当前PE投资的重点行业之一——银行业进行了分析，对投资的特点和原因进行了归纳。谢琳（2011）在创业风险投资与经济增长之间的关系基础上，利用Granger因果检验，发现了创业风险投资是经济增长的Granger原因。刘颖华（2011）通过实证的方法，从联合投资行为和投资方式两方面探讨了政府背景与非政府背景私募股权投资机构的投资行为差异，发现政府背景私募股权投资机构在投资时具有优势，联合投资的形式已得到较为广泛的应用，但引导作用的实现还有待各方共同努力。徐新阳（2011）以2004—2007年在深交所中小企业板上市的27家江浙两省制造业企业为研究对象，采用面板数据分析方法和比较分析方法，对私募股权投资对企业上市后经营绩效的影响进行了实证检验和分析。发现：私募股权投资对所投资企业上市后的经营业绩具有积极作用，但是这种积极作用随着私募股权投资机构的减持而不断减弱；私募股权资本所投资的企业上市后的经营业绩还不如无私募股权资本支持的企业。这一结果启示我们提高私募股权投资机构的素质与专业水平是当前亟待解决的重要问题。陈维涛、刘健（2012）通过实证分析发现：融资约束的缓解可以显著促进中国的中小企业进入国际市场并进行出口，可以显著提高出口中小企业的海外销售额，并且在控制了内生性以后其结果依然显著。王会娟、张然（2012）从公司治理角度研究私募股权投资对被投资企业高管薪酬契约的影响，发现私募股权投资参与的上市公司其薪酬业绩敏感性普遍高于无私募股权投资参与的上市公司，丰富了私募股权投资与公司治理方面的文献，其研究结果对于公司管理层、私募股权投资机构和政策制定者具有重要借鉴意义和参考价值。左晓利（2012）对我国科技型中小企业技术创新基金设置方式进行系统研究，指出其存在的问题，借鉴美国、英国等国相关计划对科技型中小企业创新活动的支持方式，对改进我国科技型中小企业技术创新基金项目设置提出几点建议。高保中（2012）提供了一种了解中小企业如何评判各种非价格制约因素并结合其他经验指标评价其影响的方法。利用这种方法我们发现这些制约因素对不同规模和不同性质中小企业的影响模式存在差异。宫悦（2012）应用多元回归分析方法，实证检验了私募股权基金对我国中小板上市公司价值提升的正面影响。

郭娜（2013）利用某市中小企业融资状况问卷调查所获得的数据，应用实证分析方法进行了研究。研究发现：积极推动担保机构发展和完善信用评级机制等市场手段较之政府支持手段对缓解中小企业融资难问题更为有效。陈良文（2013）介绍了美国支持科技型中小企业发展经验：对中小企业科技创新给予大力资金支持，为其融资提供便利，给予政策优惠，进行孵化器载体的建设，建立完善的风险投资体系，支持科技型中小企业的技术转移和技术标准的制定。张兴巍（2013）提出应采取疏堵结合、创新与监管结合、一般性和差异化优惠政策结合、规模扩张与制度完善相结合、私募股权市场发展与相关市场协同等对策。马琳、张佳睿（2013）指出应充分发挥风险投资对科技型中小企业的支持作用，完善相关法律法规，为风险投资支持科技型中小企业发展提供制度保障；政府应加大对风险投资的政策支持力度，引导其向科技型中小企业倾斜；加强多层次创业板市场建设，完善风险投资退出机制；拓宽风险投资的资金来源渠道。仪秀琴等（2013）在对私募股权投资方管理团队与被投资企业管理层之间委托代理问题进行描述的基础上，建立了一个行为隐藏的道德风险的分析模型，来解释被投资方进行风险规避的必要性和可行性。

李勇（2014）基于资本结构调整速度，构建了动态资本结构调整模型，利用2001—2011年中国沪深两市A股上市公司的数据，对不同所有权性质的上市公司资本结构调整速度的宏观经济周期性差异、动态目标资本结构的存在性、中小企业的融资约束进行了实证分析。结果表明：上市公司的资本结构调整速度呈现出顺经济周期的变化，不同股权性质的企业资本结构调整不存在明显的差异；上市公司存在动态目标资本结构，并且向目标资本结构收敛的速度具有顺经济周期变化的特征；与大型企业相比，中小企业面临较强的融资约束，融资约束具有反经济周期变化的特征；中小企业的国有股权性质不仅不能降低其融资约束，反而在一定程度上加强了融资约束。

1.4 中小企业融资国内外文献综述述评

综合国内外文献可见：相关理论研究比较丰富。但研究股权投资、债权、可转换证券等金融契约如何实现企业有效治理机制，如何促进中小企业发展，创业企业内部治理结构如何影响其价值，股权投资如何促进我国经济转型升级，等问题，还是学术上的一个空白，需要深化和系统化。国外学者结合中国实际就金融工具创新对中小企业影响的文献研究不多，可操作的设计方案较少。国内研究一般停留在介绍国外理论的基础上，针对我国实际，就金融工具如何支持企业的方案应用研究很少，定性分析较多，很多研究只是介绍可采取的措施，研究的深度不够，缺乏对科技型中小企业运行机制的微观分析和系统的深入研究。

1.5 私募股权投资与经济转型研究现状

1.5.1 私募股权投资界定的研究

关于私募股权投资的界定，国际上不同的国家和地区对其有很多不同的见解，对其定义并没有一个严格意义上的统一方式。美国把私募股权投资基金分为广义和狭义，广义的PE（Private Equity，私募股权投资）是对未在证券市场交易的企业进行的投资，包括所有风险投资基金（Venture Capital, VC）、收购基金（Management Buyout, MBO）、夹层投资基金（Mezzanine Investment）、基金的基金（Fund of Funds, FOF）以及二级投资基金等；而狭义的PE则不包括风险投资基金和创业投资基金。

在中国的投资环境下，私募股权投资和风险投资界定比较模糊，两个术语经常交替使用。陈永坚（2007）认为原因有三方面：原因之一是两种形式的基金投资者均面临有限的投资项目，中国没有足够的技术创新企业适合风险资本进行投资，中国的PE和VC均会考虑其在美国或欧洲原本不会进行的交易；原因之二是中国市场对早期和成熟期并没有明确的区分，中国企业在快速发展和现代化的经济环境中均可视为处于成长和发展阶段；原因之三是PE和VC在中国都是新兴的，并处于不断发展的中国市场和日益变化的监管环境的调整期。

尽管在中国实际业务上PE与VC的界限模糊，但不少学者在理论上对私募股权投资做出了解释。盛立军（2003）认为，私募股权基金对非上市企业进行权益性投资，并通过退出获利。他对私募股权基金的定义也分为狭义和广义，广义的概念是指对种子期、初创期、发展期、扩展期、成熟期和Pre-IPO等各个时期的非上市企业所进行的私募权益投资基金；狭义的定义则是指对已经形成一定的规模并产生稳定现金流的非上市的成熟企业进行股权投资的基金。

总的来说，私募股权类型主要是根据被投资企业所处发展阶段来进行划分。而风险投资属于广义私募股权投资的一种重要形式，特别对我国现阶段创新科技型中小企业有重要的推动作用。本书所说的私募股权投资如无特别说明均是指广义上的私募股权投资。

1.5.2 我国经济转型的研究

经济转型升级涉及多方面的内容，而且经济转型的内涵在不同的时期随着经济发展阶段和形势的不同而发生着演变升级。瞿商（2012）研究了中国经济转型四个阶段的发展历程与目标转换，指出中国经济的转型最初只是经济领域的改革，但在改革开放30多年来的不断发展中已经逐步扩展到经济、政治、文化、社会多个领域的制度变迁过程与经济增长过程。目前经济转型的内涵正不断得到丰富和升华，学术界难以用一套系统的指标体系去衡量我国经济的转型升级，但较多的观点偏向于从我国GDP、产业结构调整水平和科技水平等方面来衡量我国的经济转型升级。

十八大报告对经济转型的内涵提出了新的要求,辜胜阻(2012)对十八大报告经济新亮点进行了解读,指出中国现在正处于经济转型的关键时期,十八大为经济转型提供了新设计和新理论,为中国经济转型指明了方向:包括设定了以人为本的居民收入倍增的新量化目标;要求以"创新驱动"作为经济发展方式的新动力;提出"三个平等"的不同市场主体平等竞争理论指导经济体制改革;坚持"四化同步"推动经济可持续发展。如果对我国经济转型内涵的定位立足于十八大报告,可将其概括为居民收入水平、创新驱动、市场化、四化同步、开放型经济等五个方面。

在居民收入水平方面,张建臻(2013)通过实证表明中国国内生产总值指数和中国市场化指数存在显著的正相关关系,即中国收入水平和中国经济转型存在显著的正相关关系,但这里仅以中国市场化指数来代表中国经济转型显然不全面。阮杨等人(2002)通过中国的基尼系数分析了中国在经济转型的过程中,伴随着城市化进程居民收入分配出现了剧烈的变动,但文中也指出了仅用基尼系数来评价中国居民的收入差距有些简单化。高连水(2010)指出经济转型过程中居民收入差距的变动是由物质资本和人力资本的积累、劳动力迁移、地理位置、国家发展战略、分权、对外开放、城镇化以及国家相关政策调整等多因素相互作用导致的。

在创新驱动方面,十八大明确提出要实施创新驱动战略。Michael E. Porter在《国家竞争优势》中指出一个国家或地区的经济发展要经历要素驱动、投资驱动、创新驱动和财富驱动四个阶段。肖文圣(2014)指出,我国经济在过去改革开放30多年中在要素驱动和投资驱动下保持高速增长,而现在在我国甚至全球经济出现衰退的时候,由要素驱动和投资驱动转向创新驱动是符合可持续发展的客观要求的。刘刚(2011)认为这样的转变本质上是中国经济的第二次转型,即从制造经济走向创新经济。洪银兴(2013)指出,驱动经济发展的创新包含科技创新、制度创新和商业模式的创新,其中科技创新是关系发展全局的核心。董晓辉(2014)认为,科技创新驱动经济发展的机理是通过驱动需求结构、产业结构以及要素结构的转变来完成的。肖文圣（2014）认为，影响实施创新驱动的因素，包括微观方面企业的创新动力和能力等，宏观方面的创新环境和制度供给等，以及文化、社会等其他因素。

在市场化方面，辜胜阻（2012）指出，十八大报告提出了处理好政府与市场的关系是经济体制改革的核心，特别强调各种所有制经济"三个平等"（平等使用生产要素、公平参与市场竞争、同等受到法律保护）的公平竞争，这是中国特色社会主义经济理论的重大创新。冯涛、李湛（2011）对政府主导型经济增长模式绩效进行实证分析，市场竞争力相比政府竞争力对经济增长的贡献尤为明显，但政府间的竞争在改革的任何阶段对经济增长都具有积极作用，因此单纯主张取消或过于强调政府间竞争是不合理的。金融体制改革是经济体制改革的一个重要内容，马颖、陈波（2011）对中国分权体制下经济体制改革、金融发展与经济增长进行经验分析，指出以分权化改革为主要内容的经济体制改革是中国经济转型最重要的制度变迁过程，形成了一个以市场为导向的金融体制，促成金融发展和经济的持续增长。

在"四化同步"方面，十八大首次提出了四化同步的推动经济可持续发展的新观点。冯献、崔凯（2013）阐述了"四化"的内涵和历史关联，并分析了四化同步在中国实现的机理，他们认为坚持"四化同步"对城乡要素公平交换以及城乡协调发展有重要意义。徐维祥等人（2014）采用PLS通径模型和空间模型测度模型评价我国"四化同步"的发展水平，发现其存在地区间发展不平衡以及地区内发展不同步的双重矛盾；总体上城镇化落后于工业化，农业现代化发展相对滞后，信息化的作用地区差异明显；另外，在"四化"发展水平评价中，城镇化子系统的影响最大，农业现代化的影响最小。董梅生、杨德才（2014）采用VAR模型分析"四化"之间的互动关系，发现在长期内四者存在正相关关系，但短期内存在互动不足的问题。肖红波等人（2013）把中国和世界其他国家比较，发现在同等GDP水平下，中国工业化程度高于其他国家，城镇化明显低于发达国家，农业现代化远落后于发达国家。

在开放型经济方面，Paul R. Krugman（2009）指出，在全球经济萎靡的背景下，中国出口导向型经济外需不足，内需难以提高，必须考虑进行转型。殷阿娜、王厚双（2014）通过实证研究，从规模发展、质量提升以及资源环境效益三个层面评估我国开放型经济发展绩效，发现三个层面均存在不同程度的下降趋势，特别是资源环境效益层面出现较大幅度下降，表明中国开放型经济急需进行转型升级。卜海（2014）对我国东部地区开放型经济的转型升级进行研究，发现存在服务贸易发展滞后、一般贸易与加工贸易差距明显、出口贸易低附加值产品多、出口市场拓展不均衡、外贸发展区域不平衡等问题。

1.5.3 私募股权投资与经济转型关系的研究

关于私募股权投资对经济转型的作用，吴晓灵（2006）认为中国现在不缺乏技术、企业家、投资者等要素，缺乏的是把各类要素整合起来的金融工具，而私募股权投资基金正是能够有效整合市场各类要素的金融工具之一。她用形象的比喻阐明了私募股权投资和中国实体经济之间的关系——中国市场就像99℃的开水，私募股权投资基金就是那让开水沸腾的1℃。胡龙、林文浩（2011）、林宗卿（2011）以及孙俊、褚明晔（2013）分析了私募股权投资基金对中国经济转型的作用机制，总体来说体现在以下方面：第一，挖掘投资热点和有潜力的企业，通过对其投资和管理来推动这些中小企业和初创企业快速发展；第二，为中国企业R&D提供资金支持推动创新，并推动国家产业升级；第三，有力促进国内消费品和零售业的扩张；第四，有助于提高国内就业机会和职工薪酬；第五，有效分散技术成果转化过程中带来的各种风险。

关于私募股权投资对企业绩效的研究有很多，朱鸿伟、陈诚（2014）利用创业板上市公司的数据，采用主成分分析法构建公司治理指数，检验私募股权投资对企业治理水平的影响，发现有私募股权投资基金参与的公司的治理水平显著高于无私募股权投资基金参与的公司；而且私募股权投资的国有背景和资历也显著影响公司的治理水平；但公司的治理水平与私募股权投资的持股比例和联合投资情况关系不大。

王会娟、张然（2012）从公司治理的角度分析了私募股权投资对被投企业高管薪酬的影响，发现有私募股权投资参与的上市公司的薪酬业绩敏感度普遍要高于无私募股权投资参与的上市公司；外资背景私募股权投资参与的上市公司薪酬业绩敏感度要高于本土背景私募股权投资参与的上市公司；国有背景私募股权投资参与的上市公司薪酬业绩敏感度要高于民营背景私募股权投资参与的上市公司。此外，被投公司薪酬业绩敏感度还随着私募股权持股比例、投资期限以及投资该公司的私募股权家数的增多而增多。

关于私募股权投资对我国技术创新关系的研究，最早是 Kortum 和 Lerner（2000）对行业的风险投资额和专利申请数的关系进行实证研究，结果发现相同金额的风险投资对技术创新的影响是公司 R&D 投入对技术创新的影响的 3 倍。徐勇等人（2012）通过实证模型验证了，在控制教育水平、研发投入等因素的情况下，风险投资对经济增长具有明显的促进作用，而且技术创新在风险投资促进经济增长过程中起到了中介作用。王友田（2013）采用国内中小企业数据，通过实证研究发现，我国有风险投资参与的企业 R&D 投入规模要普遍低于无风险投资参与的企业，但 R&D 投入强度前者高于后者；有风险投资参与的企业 R&D 强度与营业利润率呈显著正相关，但具有一定时间性，而无风险投资参与的企业 R&D 投入强度与营业利润率的相关性不显著。结果证明了风险投资能有效提高中小型企业的 R&D 效率，并促进企业 R&D 成果的市场价值转化。

关于私募股权投资对我国区域经济增长的研究，谢碧琼（2008）指出我国风险投资主要集中于北京、上海、广东、江苏和浙江等东部地区，相比之下中西部地区由于地理位置和较为复杂的历史原因造成了风险投资的严重缺乏，而我国风险投资分布的失衡又反过来加剧了区域间经济发展及投资环境的不平衡。我国东、中、西三大区域风险投资区域投资环境存在着较大的差异，东部地区风险投资对经济发展表现出了显著的作用，而在西部地区风险投资对经济增长的作用还没有表现出来。但目前中西部地区的

风险投资环境正在不断得到改善,我国区域间风险投资的差距或得以缩小。

1.5.4 私募股权与经济转型述评

随着我国经济的不断发展,不少学者对经济转型主题进行了研究。但对于经济转型内涵的理解,有不少文献还停留在经济范畴里,甚至有些文献简单地以市场化指数去指代经济转型,这显然是以偏概全,不能全面反映我国经济转型的整体情况,因为我国经济转型的内涵已经由经济层面扩展到经济、政治、文化、社会各个层面相互交织的形态。近年来有关中国经济转型的实证研究取得了较大的进展,比如有些文献从以往的GDP和经济结构指标的基础上,增加了关于社会民生和关于可持续发展的指标,大大丰富了经济转型的内涵。

国内外关于私募股权投资的研究,从内部问题来看主要包括私募股权投资的界定、组织形式、资金筹集的影响因素、退出机制等;外部问题主要包括,微观上的私募股权投资公司治理和薪酬问题,以及宏观上的对经济增长影响的问题。

相比之下,关于"私募股权投资与经济转型关系"这一命题的研究则相对较少,而且这些研究当中有很多是从风险投资对技术创新的影响这一角度去分析的,这是由于文献普遍认为私募股权投资对经济转型的影响主要是通过影响技术创新这一途径实现的,而且风险投资面向高新技术企业,比面向成熟企业的私募股权能更直接地促进技术创新。但是该命题并未能全面地分析私募股权是如何通过各个层面去促进我国经济转型的。

1.6 研究内容

研究内容包括如下五个方面。

1.6.1 资本市场现状与问题分析

分析中国主板资本市场、中小企业板资本市场、创业板资本市场、新三板资本市场、区域性股权交易市场现状,指出中国多层次资本市场在主板市场定位不当、结构不合理、不同层次市场缺乏联动性等方面的问题。

1.6.2 多层次资本市场金融产品促进科技型中小企业发展研究

在界定科技型中小企业、融资工具等概念的基础上，针对科技型中小企业的特征，通过金融产品创新，构建多层次资本市场金融产品促进科技型中小企业发展的理论分析框架，即：投资者与科技型中小企业家的利益协调所形成的治理机制，影响各利益主体所受的激励约束机制，左右科技型中小企业控制权配置机制，决定委托代理关系效率的提高和代理成本的降低，影响企业治理的效率，促进科技型中小企业的发展，进而实现经济转型。多层次资本市场金融产品创新，包括股权、债权、可转换证券等。

在股权产品应用于企业治理机制的理论分析中，从比较的视角分析科技型中小企业的股权融资特征，厘清股权结构的改变和不完全合约的执行对科技型中小企业治理机制的影响。通过股权产品投资，建立科技型中小企业治理机制的控制权配置模型和企业治理的激励机制动态博弈论分析模型。

在债权产品应用于企业治理机制的理论分析中，分析科技型中小企业的债权融资特征，厘清债权产品结构和社会资本的维系对科技型中小企业治理的影响，建立债权治理如何促进科技型中小企业发展的动态博弈论分析模型，分析科技型中小企业债权治理的激励机制模型和破产机制博弈论分析模型。

在可转换证券产品应用于企业治理机制的理论分析中，分析科技型中小企业可转换证券融资特征，厘清可转换证券对科技型企业治理的影响，通过不完全合约的执行，建立可转换证券促进科技型中小企业发展的激励机制、控制权机制和监督机制模型。

1.6.3 创业板资本市场科技型上市公司股权结构与绩效之间关系的实证研究

在借鉴国内外股权结构与公司绩效研究的基础上,以创业板资本市场科技型上市公司为研究对象,基于内生性视角,选取创业板市场中201家制造业上市公司为研究样本,收集这些公司2012—2014年的相关数据,以实际控制人及其一致行动人的股权集中度、前十大股东对实际控制人团体的股权制衡度、机构持股比例等与公司绩效的关系作为研究重点,在理论与现状分析的基础上,构建相应的模型,并通过联立方程组,运用三阶段最小二乘回归法(3SLS)进行实证研究。其目的是探索适合创业板上市公司的股权有效治理之路。

1.6.4 中国股权投资与经济转型关系的实证研究

结合股权投资和经济转型两大热点,探讨它们之间的相互关系及影响机制,并分析它们之间的特征,发现其存在的问题,为我国股权投资发展提供参考。以北京、上海、广东、江苏四个发达省份以及全国平均共五个地区为研究对象,选取2004—2013年关于经济转型的23个指标组成面板数据,通过因子分析方法构建经济转型指数,对各省市不同年份的经济转型情况进行评分;然后以经济转型指数作为因变量,以股权投资额作为自变量,通过回归分析方法对各省市股权投资与经济转型的关系进行比较分析。根据研究结论,针对股权投资存在的问题提出政策建议。

1.6.5 政策研究

针对多层次资本市场不同金融产品支持科技型中小企业发展理论分析结果,创业板资本市场科技型上市公司股权结构与绩效关系、股权投资与经济转型关系的实证分析结果,提出如何完善股权投资结构、提高股权投资运作效率、促进各地区股权投资共同发展等相关政策建议;从多层次资本市场的建立探讨发展股权、债权、可转换证券等金融产品对推动经济转型的政策思路，从强化经济转型的服务功能、优化股权投资行业的发展环境、推动股权投资与产业资本的结合等方面探索我国的政策思路。

1.7 研究方法

本项目运用社会调查和文献检索、定性研究方法与定量研究方法结合的原则，主要运用调查法、博弈理论分析方法、统计实证分析法、案例分析法等来研究多层次资本市场金融产品创新对促进科技型中小企业发展和经济转型的作用。主要运用的方法如下。

（1）调查分析法。在高新技术产业开发区、金融高新区等进行调查，调查内容主要包括金融产品促进科技型中小企业发展的现状、金融产品投资企业的规律与行为。部分访谈内容整理成案例充实到理论分析中，以强化理论模型的现实基础。

（2）理论分析法。在理论分析中，运用博弈理论建立股权投资、债权投资、可转换证券等产品促进科技型中小企业发展机制的动态博弈模型，从利益最大化的角度展开研究，改变投资人不参与管理的传统观点。

（3）实证分析法。以深圳创业板资本市场科技型上市公司、我国股权投资数额、经济转型相关指标的数据样本为基础，运用统计软件进行相关分析、因子分析和多元回归分析，检验创业板资本市场科技型上市公司股权治理结构对公司绩效的影响，检验私募股权行业数额对经济转型升级的影响，从而深层次剖析实证结果所揭示的客观规律。

1.8 创新之处

从投资者、科技型中小企业、政府等行为决策、内生性等视角出发，沿着"多层次资本市场现状→投资者与科技型中小企业合约的缔约→科技型中小企业融资机制→创业板公司与绩效关系→股权投资与经济转型关系→政策措施补充"的分析路径分析。

（1）分析多层次资本市场现状与问题，构建多层次资本市场与中国

经济转型的理论分析框架，应用动态博弈论和信息经济学的分析方法，建立股权、债权、可转换证券等金融产品促进中小企业发展的有效治理机制，包括股权工具的激励机制和控制权机制、债权工具的激励机制和破产机制、可转换证券的激励机制以及控制权机制和监督机制，从而促进科技型中小企业的发展。

（2）探索与实证创业板资本市场上市公司股权结构与绩效的关系。

（3）分析股权投资与经济转型之间关系的机理，设置经济转型指标体系，建立经济转型衡量指数，探索股权投资与经济转型之间的关系。

（4）根据理论分析和实证分析结果，提出政策建议思路。

1.9 多层次资本市场与经济转型理论分析框架

科技型中小企业的创立一般有三类情况：一是创业者原本是技术出身，也拥有技术并相信有好的市场，于是用自有资金创立企业，但其资金不具有持续性，需要后续资金支持；二是创业者原本是技术出身，他拥有技术并相信有好的市场，然后召集一些志同道合的人作为合伙人按照一定的分工组建团队企业；三是创业者购买一项技术，由原技术所有人按合同参与情况组建创业团队。所以我们可以认为科技型企业是一个拥有技术的团队组建并经营的一种企业形式，原始经营者称为拥有技术的创业者。

首先，创业者为什么要创业？这是因为创业者在专业化的学习、研究、创造中，经过较长一段时间的积淀后，形成了一种独特的思维能力与劳动品质。这种独特的思维能力与劳动品质由于其自身的隐蔽性和道德风险问题不易为外界所得知和信任。所以，一般情况下，这类人如果去一般企业从事工作，其所获得的收益往往低于其自身价值。在这种情况下，为使得自身收益与自身价值对称，创业者要选择创业，并在创业中实现自身价值。

其次，创业者为什么不把技术卖掉？这是因为技术尤其是创新性技术，交易中存在如下问题：（1）技术的高度难言性与专用性决定了直接的市场交易将面临巨额的交易成本，市场的直接定价要么忽视或否定它的价值，要么不能全面反映其内涵,从而面临交易困难;(2)技术的高度不确定性与高风险性特征使其购买者产生诸如市场风险、生产风险、财务风险等,故购买者作为理想的经济人必然会高估技术风险,技术所有者面临技术被低估的现实;(3)技术的取得往往借助于技术所有人的社会网络,是其社会资源的整合,而出售必然面对社会资源的重新整合。这些说明技术所有者要么面临价值被低估的现实,要么自身参与创业。

综上所述,创业是创业者人力资本价值和技术价值的综合行为,科技型企业的创业和后续成长,集中反映了创业者人力资本的价值和技术的价值。

科技型企业的后续资金不仅仅是从创业金融市场取得,如天使投资、创业投资、私募股权、亲戚朋友、商业银行等,这涉及股权、债权和可转换证券的选择。股权、债权和可转换证券的选择是通过相应合约来实现的,合约一旦达成,需要公司治理来保障投资者和创业者的利益,以确保科技型企业的持续发展,与合约相伴而生的利益协调形成了公司治理机制,影响着各利益主体所受的激励约束程度,左右着科技型企业控制权的分配,决定了委托代理效率的高低和代理成本的降低,从而影响了公司治理的效率,体现为金融产品创新如何促进企业的可持续发展。因此,我们建立了多层次资本市场金融产品与中国经济转型理论分析框架,如图1-1所示。

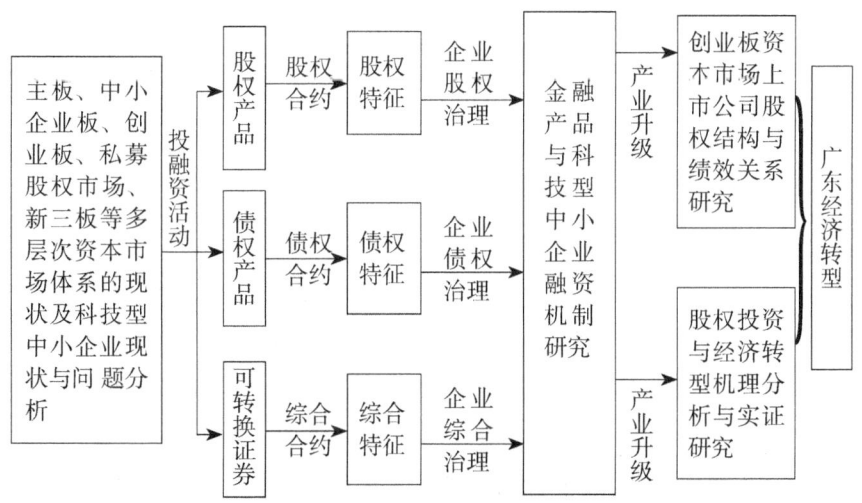

图1-1　研究内容总体框架

2 多层次资本市场现状分析

2.1 中国资本市场当前的背景分析

2018 年，是中国改革开放 40 周年。伴随着改革开放，中国的资本市场从无到有，逐渐发展壮大。股份制企业的萌芽，是在市场社会主义占主导思想的 20 世纪 80 年代中后期，当时现代企业制度的改革目标尚未确立，全球公司治理浪潮还未兴起，规范运作的股份公司缺乏制度和市场基础。

20 世纪 90 年代初期，上海、深圳相继建立了证券交易所，尤其是中国证监会的建立，《公司法》《证券法》以及一系列法律法规的颁布实施，中国资本市场从自发性发展逐步转入规范性发展。在我国法治市场经济尚未建立之时，政府所建立的对市场的规制与控制，是当时促进市场有序发展所必需的，但有一部分做法沿用至今或仍然影响着市场的制度设计，路径依赖的问题日益凸显。

目前，多层次的交易所市场与场外交易市场（OTC，Over-the-Counter，又称柜台交易市场或店头市场）共同构成的我国资本市场组织体系已经建立。但是，市场准入门槛高、包容性不足，实体经济多元化和多层次的需求无法得到有效满足；交易场所之间既缺乏有机联系又缺乏竞争，也在一定程度上影响了市场服务的改善。因此，深化多层次资本市场的改革，完善以信息披露为核心的发行监管制度与建立竞争开放的二级市场体系，不仅可以有力地促进资本市场公平、公正、公开，还将提高资本市场包容性，并有效服务实体经济。

经济体制改革为中国的经济增长注入了强劲的动力，这也为资本市场提供了充足的上市资源。资本市场的发展，又为上市企业提供了良好的融资并购环境，上市公司已经成为国民经济最重要的企业主体，其经营状况与国民经济整体运行的拟合程度越来越高。中国经济进入"三期叠加"之后[①]，上市公司虽仍然稳步发展，但营业收入、利润等增速趋于平缓，杠杆率升高，从高速度增长向高质量发展转变。

对外开放不仅促进了改革开放 40 年中国经济社会的高速发展，也促进了我国资本市场的快速发展。从 1993 年青岛啤酒在香港发行上市，到 2014 年的沪港通，日益开放的资本市场逐步与国际会计制度、发行与交易制度接轨，资本市场的规范化程度和国际化程度逐步提高。党的十九大绘就了我国改革开放的新格局，博鳌论坛又发布了进一步的金融开放措施，资本市场的双向对外开放将迎来新的发展机遇。

资本市场的良性发展，离不开个人、机构等各类投资者的有序参与。2018 年也是公募基金建立 20 周年，作为资本市场最重要的机构投资者，公募基金从建立之初，就坚持立法先行、规范有序，行政监管与托管人、管理人之间有效制衡并重的理念，保证了公募基金 20 年的健康发展。在当前中国推进整个资产管理行业规范发展的大环境下，规范有序发展的公募基金也将迎来更加有利的发展环境。

我国目前市值位居世界前列，上市公司越来越成为国民经济最重要的企业群体。在我国经济向高质量发展转变的关键时期，资本市场深化改革

---

① 三期叠加是以习近平为总书记的党中央为适应新常态对经济形势做出的重要判断。具体是指增长速度换挡期、结构调整阵痛期、前期刺激政策消化期三个阶段。"三期叠加"是对我国当前和今后一段时间经济发展阶段性特征准确而形象的描述，经济增速换挡期主要是针对经济发展的总量、数量而言，结构调整阵痛期主要是针对经济发展的质量、效益而言，前期刺激政策消化期则是针对宏观调控的方向、手段而言，三者相结合勾勒出了我国经济社会发展的主要特征和挑战，为我们科学认识新常态、积极适应新常态提供了必要的背景依据。

的任务更加迫切，应按照十八届三中全会提出建立"统一开放、竞争有序"市场体系的总体要求，不断推进包容性多层次资本市场建设，更好地服务实体经济。

目前中国多层次资本市场体系已经初具形式，梯度较为分明，资本市场已经形成"4+1"模式，即四个板块加一个过渡板：主板市场（沪深蓝筹股）、过渡板（中小板）、二板市场（创业板）、三板市场（全国中小企业股份转让系统）、四板市场（区域性股权交易市场）以及上海即将设立的科创板市场。其中过渡板（中小板）是二板创立的过渡阶段，是具有中国特色资本市场结构的板块，同时也是政府主导下的资本市场制度创新的成果。

2018年11月5日，习近平主席在首届中国国际进口博览会开幕式上宣布，将在上海证券交易所设立科创板并试点注册制，支持上海国际金融中心和科技创新中心建设，不断完善资本市场基础制度。科创板的特点表现在：首先，注册制解决了当前核准制上市门槛高、难以满足初创企业融资需求的弊端，增加了科创企业本土融资的能力和途径。其次，科创板拓宽了具有科技型项目储备投资机构PE/VC的退出渠道，提升一级市场的活力，从而更积极地为科创企业服务。再者，注册制减少了寻租空间，降低了监管者承担的责任与压力，通过充分的信息披露与市场博弈形成公允价值，做到"优胜劣汰"，达到净化市场的目的。最后，科创板不同于以往的主板、创业板、中小板等，可以从底层机制上深入地优化改革，可以考虑同股不同权、利润亏损等企业，从发行环节、交易环节、退市环节都可以有相对灵活的制度安排。

科创板对目前A股市场的影响有：从科创企业的角度来看，科创板给予企业更多的选择，从发行估值定价、上市后的流动性及资本运作等方面均与传统主板、创业板等有一定区别，企业可以更加灵活地规划自身安排。首先，科创板的行业限定在高新技术产业和战略性新兴产业，包括互联网、区块链、物联网、大数据、云计算、人工智能、软件和集成电路、高端装备制造、生物医药等，有利于支持我国科技企业做大做强，对提升我国科技实力和竞争力来说意义重大。其次，科创板可以淡化盈利等传统指标，设置多项可选标准，或引入营收增长、研发投入等指标，有利于满足不同类型企业不同发展阶段的需求,企业能够更好地专注于自身经营,不必像以往核准制下朝着各项要求"梳妆打扮"。总之,科创板的提出丰富完善了我国多层次资本市场结构,新的板块有利于新的制度安排,有利于我国资本市场的发展演化。同时,科创板的定位有利于促进我国经济转型升级,有利于提升我国科技硬实力。

经过十多年的发展,我国多层次资本市场建设在各种政策的激励以及市场巨大需求的推动下取得了傲人的成绩。总体而言,资本市场内部越来越细分化,满足了不同成长阶段企业的融资需求,各层次资本市场规模不断扩大,且底层市场的发展速度更快。

2.2 中国主板市场现状

1990年11月26日,上海证券交易所正式成立,并于同年12月19日正式营业。1990年12月1日,深圳证券交易所成立,两家证券交易所的成立标志着我国股票市场正式形成。成立初期,决策层并未有发展多层次资本市场的想法,即使在1991年11月25日与1991年12月16日,政府为了吸引境外投资者投资国内股票市场也仅是在沪深证券交易所启动了只供境外人士投资的B股(2001年2月19日境内居民可投资B股),两家证券交易所当时并未针对不同类型投融资主体的投融资需求来分设板块,因此整个市场就只有一个板块——主板,也即主板市场是伴随着沪深证券交易所的创立而形成的。经过二十多年的发展,主板市场规模、交易量已经相当庞大,法律监管体系日臻完善,但投资者结构上仍由个人投资者主导,市场氛围尚未成熟。

(1)从规模和交易量来看,截至2018年2月14日,沪市上市股票数1447只,其中上市A股总数1396只,上市B股总数51只,上市公司总数1403家;深市主板上市公司2097家,上市股票总数2135只,其中A股上市总股数2086只,B股上市总股数49只。沪市市价总值351041.76亿元,流通市值301271.48亿元;深市主板总市值234531.33亿元,流通市值

169776.45亿元；沪市总股本35454.90亿股，流通股本31356.73亿股；深市主板总股本18531.31亿股，流通股本14072.245亿股。沪市股票累计成交金额57871.23亿元；深市主板股票累计成交金额616433.07亿元。2017年沪市累计募集资金8710.83亿元；深市主板A股企业累计募集资金1891.51亿元。而两市在开始成立时只有8家上市公司，总股本9730万股，流通股4690万股，总市值仅有23.822亿元。2017年沪市总市值排名全球第五，深市总市值排名全球第九，中国已成为仅次于美国的全球第二大股票市场[①]。2015年4月20日沪深单日交易量1.8万亿，突破全球历史交易记录。图2-1显示，主板上市公司的数量经历了1990—2000年的快速增长，2000—2005年的平稳增长以及2005年至今的慢增长，这也符合市场由"初创—成长—成熟"发展的生命周期理论。预计随着注册制的实施以及国家鼓励支持企业发展直接融资，主板未来上市公司数量还能有小幅增长，但鉴于主板上市的高门槛以及其他股票板块的分流作用下，这种增长态势不太可能持久。与此同时，图2-2显示主板总市值总体经历了指数型增长过程，具体原因可从以下两点解释：第一，上市公司的数量同时在增加，已上市公司继续增发股票或配股等；第二，股票市场越来越受投资者青睐，大量资金涌入股市从而推高了股票市值。总体来说，主板市场在规模和交易量上取得突飞猛进的发展，为中国资本市场的辉煌成就添上浓墨的一笔，也是全球资本市场前所未有的先例。

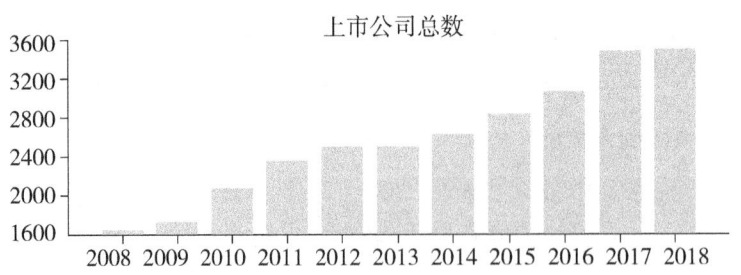

图2-1 主板上市公司家数历年变化情况图

① 数据来源于世界交易所联合会。

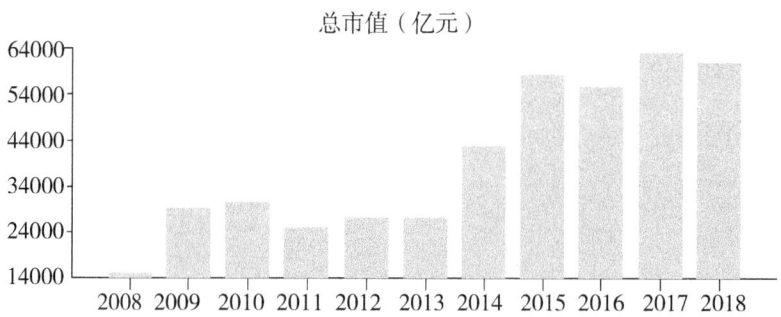

图 2-2 主板总市值历年变化情况

（2）从投资者结构来看，股票市场投资者可大致分为两种类型：个人投资者和机构投资者。衡量个人投资者与机构投资者在市场中的参与情况可从投资者累计开户数、新增开户数与期末账户数来分析。图 2-3、2-4、2-5 显示：2017 年股票市场投资者累计开户数 22578.76 万户，其中 2017 年个人投资者累计开户数 22502.27 万户，机构投资者累计开户数 60.64 万户；投资者累计开户数年均增速 8.8%，个人投资者累计开户数年均增速 8.8%，机构投资者累计开户数年均增速 9%；个人投资者累计开户数占比每年都稳定在 99.4%～99.5% 的区间。图 2-6、2-7、2-8 显示：2015 年投资者新增开户总数 2616.18 万户，较上年增加约 458.02 万户，同比增加约 92.92%。其中个人投资者新增开户数 945.45 万户，较上年增加约 455.95 万户，同比增加约 93%；机构投资者新增开户数 5.48 万户，较上年增加约 2.06 万户，同比增加约 60%。个人投资者新增开户数占比每年都维持在 98%～99% 之间。图 2-9、2-10 显示：2015 年投资者期末股票账户总数 22578.75 万户，其中个人投资者期末股票账户数 22506.67 万户，机构投资者期末股票账户数 73.03 万户；投资者期末股票账户数年均增速约 8.5%，个人投资者期末股票账户数年均增速约 8%，机构投资者期末股票账户数年均增速约 7.3%；个人投资者期末股票账户数占比每年均维持在 99.5%～99.6% 的区间。

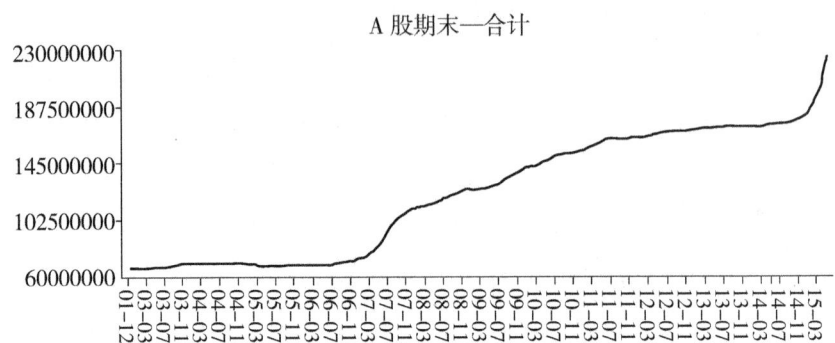

图 2-3 投资者各年累计开户总数

图 2-4 个人投资者与机构投资者各年累计开户数

2 多层次资本市场现状分析

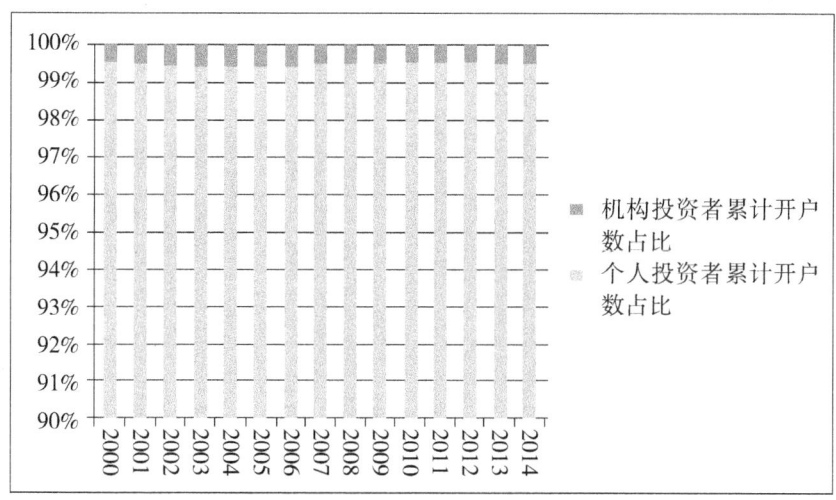

图 2-5 个人投资者与机构投资者各年累计开户数占比

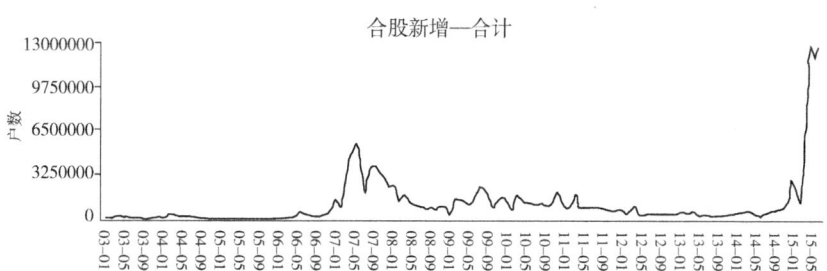

图 2-6 投资者各年新增开户总数

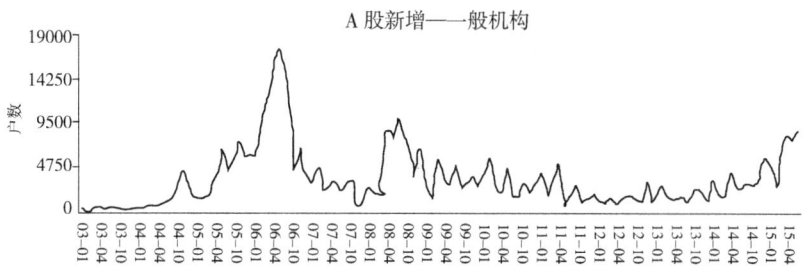

图 2-7 个人投资者与机构投资者各年新增开户数

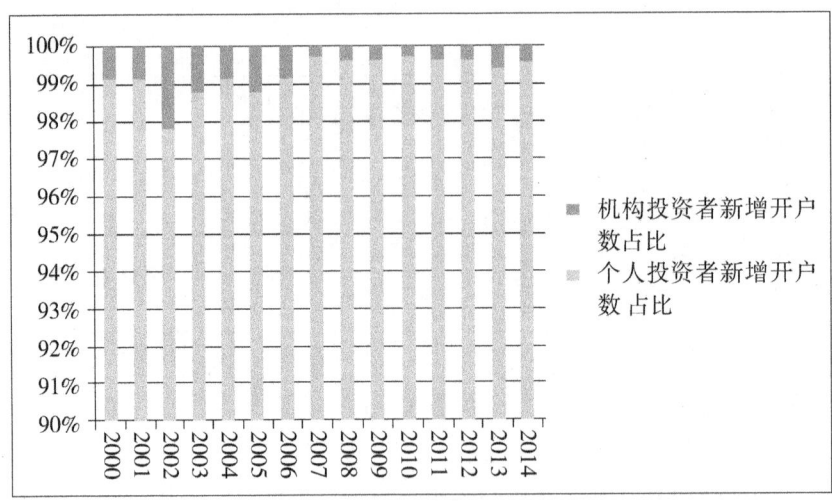

图 2-8 个人投资者与机构投资者各年新增开户数占比

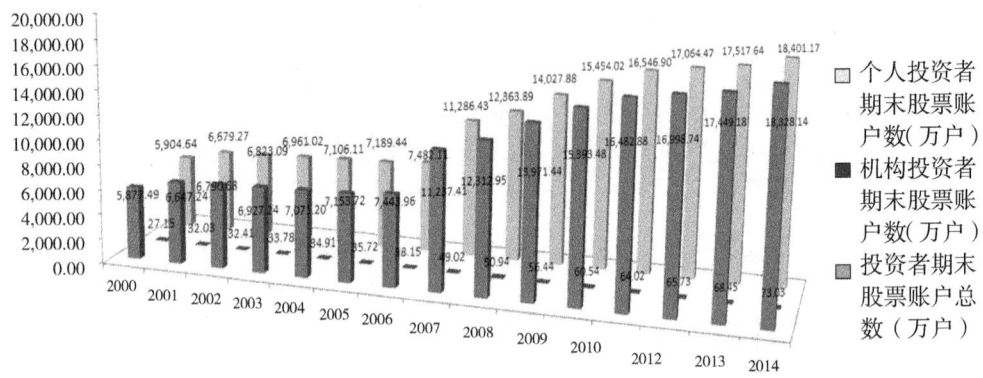

图 2-9 投资者各年期末股票账户数量

2 多层次资本市场现状分析

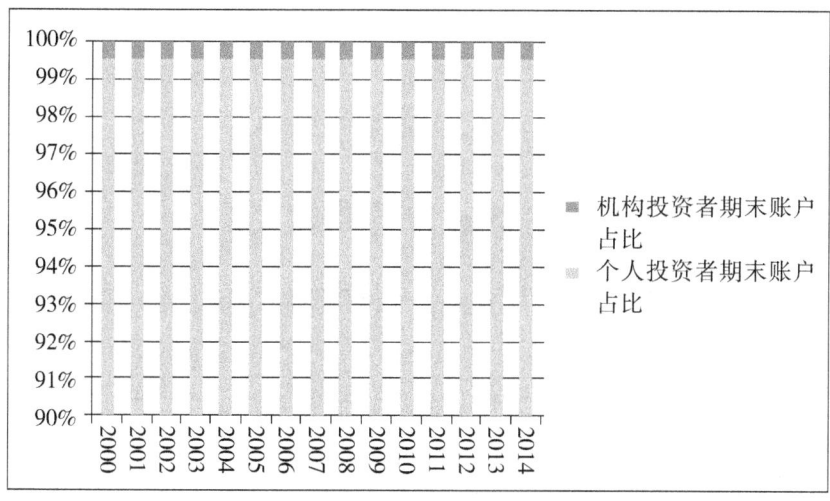

图 2-10 个人投资者与机构投资者各年期末账户占比

数据来源：Wind 资讯、中国证券登记结算有限公司统计年报。

相比较于发达国家以机构投资者占主导地位的股票市场，中国主板市场仍是个人主导型的市场，市场氛围尚未成熟。个人相对于机构来说，不仅在信息上缺乏优势，在规模上同样处于劣势。此外，股票市场的"羊群效应"在个人投资者身上容易发生，因此追涨杀跌的跟风现象更严重，这也是出现 2015 年股票市场先暴涨到后来的暴跌，千股涨停变成千股跌停、停牌的中国特色资本市场现象的重要原因。

（3）证券市场法律监管是多层次资本市场建设的重要组成部分。目前，主板市场已形成了法律、行政法规、部门规章和交易所业务规则四级监管体系。其中，法律法规层面的文件主要以《证券法》[①]《公司法》[②]为核心，对证券发行与公司设立条件等进行原则性规定。部门规章包括对股票发行（包括首次公开发行与再融资）、证券公司承销、公司治理、信息披露、行政处罚做出了详细规定，主要有《首次公开发行股票并上市管理办法》《上市公司证券发行管理办法》《上市公司股东大会规则》

---

① 2014 年修正。

② 2018 年修正。

《上市公司信息披露管理办法》《信息披露违法行为行政责任认定规则》等。交易所业务规则是对部门规章的进一步细化。主板市场的业务活动如今已有法可依,然而有法必依、执法必严、违法必究尚须跟进。

2.3 中国中小企业板市场现状

2004年1月31日,《国务院关于推进资本市场改革开放和稳定发展的若干意见》(简称国九条)明确提出了分步推进创业板市场建设的要求。2004年2月10日,全国证券期货监管工作会议召开,证监会主席尚福林明确提到"2004年在深圳证券交易所设立中小盘股板块"。2004年5月17日,经国务院批准,中国证监会正式发出批复,同意深圳证券交易所在主板市场内设立中小企业板。2004年5月19日,深圳证券交易所公布了《中小企业板块交易特别规定》《中小企业板块上市公司特别规定》和《中小企业板块证券上市协议》,这标志着分步推进创业板市场建设工作已全面展开。中小企业板是具有中国特色资本市场结构的股票板块,是已经进入成熟期的创新型中小企业融资的场所,是沟通主板和创业板的一个中枢。

截至2018年2月14日,中小企业板总市值96520.42亿元,流通市值66823.15亿元,流通市值占总市值约69.23%;总股本7708.98亿股,其中流通股本5674.99亿股,流通股占总股本约73.61%,上市公司数量达906家,2017年累计成交金额2598.80亿元。图2-11、2-12显示,中小企业板上市公司总市值年均增速约59%,上市公司数量年均增速约13.4%。

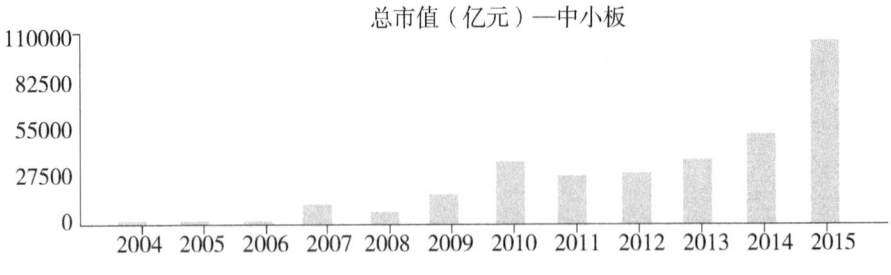

图2-11 中小板上市公司总市值历年情况

2 多层次资本市场现状分析

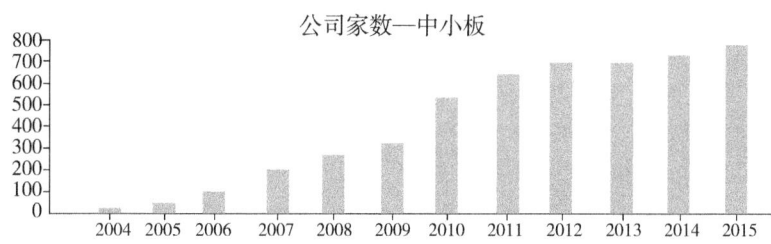

图 2-12 中小板上市公司数量历年情况

数据来源：Wind 资讯。

中小企业板设计的初衷是为中小企业提供融资服务，而且它是作为创业板的过渡板推出的，但在制度设计上，小企业板却是与主板市场靠拢，表 2-1、2-2 分别给出了中小企业板与主板、创业板之间的比较，从中可看到中小企业板仅在交易规则等细节上突显自身的特点，但业务规则总体上还是向"主"看齐，而且与创业板在制度设计上相差甚远。这也是大多数人都认为中小企业板是主板的附属板的根本原因，因此，与其说中小企业板是为创业板开辟道路，不如说它是在承揽主板的部分功能，缓释主板过度扩张的压力。随着创业板的推出，学者和业内人士不乏呼吁取消中小企业板的声音，大致都认为中小企业板已经完成了历史使命，为了提高资本市场运行效率，应将其纳入主板的框架内。不管中小企业板未来是否会被取消，在它走过的风雨十多年里，的确为中国资本市场做出了贡献，它不仅拓宽中小企业融资渠道，为主板市场培养了一批优秀的储备资源，同时也为创业板的顺利推出提供了许多有益的借鉴。

表 2-1 中小企业板与主板的异同对比

相同和不同	板块	中小企业板	主板
相同	经营年限	持续经营时间 3 年以上	
	股东人数	不少于 200 人	
	盈利要求	1. 最近 3 个会计年度净利润均为正数且累计超过人民币 3000 万元 2. 最近 3 个会计年度经营活动产生的现金流净额累计超过人民币 5000 万元；或者最近 3 个会计年度营业收入累计超过人民币 3 亿元	

续表

板块 相同和不同		中小企业板	主板
相同	股本要求	1. 发行前股本总额不少于人民币 3000 万元 2. 公开发行的股份达到公司股份总数的 25% 以上；公司股本总额超过 4 亿元的，公开发行股份的比例为 10% 以上	
	信息披露	定期披露年度、半年度和季度报告；每个会计年度结束之日起四个月内披露年度报告，每个会计年度的上半年结束之日起两个月内披露半年度报告，每个会计年前三个月、九个月结束后的一个月内披露季度报告	
	退市风险警示	最近两个会计年度经审计的净利润连续为负值或者因追溯重述导致最近两个会计年度净利润连续为负值；最近一个会计年度经审计的期末净资产为负值或者因追溯重述导致最近一个会计年度期末净资产为负值等十二条规定	
不同	交易规则	1. 开盘价为开放式集合竞价 2. 收盘价最后三分钟集合竞价	1. 开盘价为封闭式集合竞价 2. 收盘价为最后一笔交易前一分钟所有交易的成交加权平均价
	退市条件	1. 超过应披露年报或半年报规定时间 3 个月 2. 36 个月内受到交易所公开谴责超过三次（包括三次）	1. 超过应披露年报或半年报规定时间 6 个月 2. 无此规定
	其他	1. 信息披露差别。中小企业板上市公司应当在每年年度报告披露后举行年度报告说明会；中小企业板上市公司在定期报告中新增披露截至报告期末前十名流通股东的持股情况和公司开展投资者关系管理的具体情况；中小企业板需披露日价格涨幅达到 15% 的前三只股票、日换手率达到 20% 的前三只股票等等 2. 中小企业板上市公司流通盘股在一亿股以下，主板上市公司流通盘股在一亿股以上	

资料来源：网上收集和《深圳证券交易所中小企业板上市公司规范运作指引》（2015 年修订）、《深圳证券交易所股票上市规则》（2014 年修订）整理后所得。

表 2-2 中小企业板与创业板比较

板块 要求	中小企业板	创业板
盈利要求	1. 最近 3 个会计年度净利润均为正数且累计超过人民币 3000 万元 2. 最近 3 个会计年度经营活动产生的现金流净额累计超过人民币 5000 万元；或者最近 3 个会计年度营业收入累计超过人民币 3 亿元	最近两年连续盈利，最近两年净利润累计不少于 1000 万元，且持续增长；或者最近一年盈利，且净利润不少于 500 万元，最近一年营业收入不少于 5000 万元，最近两年营业收入增长率均不低于 30%
股本要求	发行前股本总额不少于 3000 万元	发行后股本总额不少于 3000 万元

续表

板块 要求	中小企业板	创业板
资产要求	最近一期末无形资产（扣除土地使用权、水面养殖权和采矿权等）占净资产的比例不高于20%	最近一期末净资产不少于2000万元，且不存在未弥补亏损
临时报告实时披露制度	无	有
发审委	设主板发行审核委员会（25人）	设创业板发行审核委员会（35人），加大行业专家委员的比例，委员与主板发审委委员不互相兼任

资料来源：闻岳春、徐晓雯，《创业板现状分析在我国多层次资本市场中的定位研究》。

2.4 中国创业板市场现状

2004年1月31日，《国务院关于推进资本市场改革开放和稳定发展的若干意见》明确提出要分步推进创业板市场建设，之后的一系列政府文件也都提及要逐步发展创业板市场，适时推出创业板。2009年10月23日，经过十年时间的酝酿，创业板市场正式开市，这是继主板（中小板）成立以来，我国资本市场建设的又一重大突破，同时也是多层次资本市场建设的推进与落实。创业板市场设立的首要目标是为中小企业服务，以此促进高新技术产业发展，为风险投资基金提供"出口"，同时规范企业运作，建立现代企业制度。

截至2018年2月14日，创业板上市公司的总市值45749.81亿元，其中流通市值27807.84亿元，上市公司数量达719家，创业板上市公司总股本3286.32亿股，流通股本2228.59亿股。图2-13显示了创业板自成立以来总市值的变化情况，年均增长率达91.83%；图2-14显示创业板自设立以来上市公司的数量情况，年均增长率达69.48%。图2-15分别给出了创业板2009—2015年各年股票累计筹资额、IPO公司数与IPO筹资额，从这些数据可看出，创业板上市公司股票融资经历了先快速增长，然后快速下降，再到快速增长的过程。另外，在创业板上市的公司逐步开始利用该市场为企业自身发展进行财务再融资，这部分的比例在上市公司股票累计筹资额的比重逐渐上升，并且在 2015 年达到了峰值，说明了创业板的功能已从一个吸引中小企业上市融资向为已上市企业提供后续再融资服务的演变，这是资本市场必然要经历的一个阶段，与此同时也是创业板逐渐走向成熟的标志。

正如硬币的两面，我们看到了创业板市场在不到八年的时间里就获得如此非凡的成就，但高速发展的同时也给创业板带来严重的后果。首先是新股发行"三高"问题，这既与发行制度固有的缺陷有关，还与投融资双方在高风险环境下追逐个体利益的某些非理性行为所导致的市场异象密切联系。目前创业板的平均市盈率在 70 倍左右，而美国纳斯达克的平均市盈率则在 35 倍左右，反映创业板市场存在巨大的泡沫，投机导致的非理性繁荣现象值得警惕。其次，上市公司质量参差不齐、公司结构不合理、治理能力低下、内部控制薄弱，所有这些都与创业板准入门槛低，监管缺位等有关系。再者创业板与中小企业板存在层次定位模糊及市场功能重叠，不利于我国多层次资本市场的有效运行。

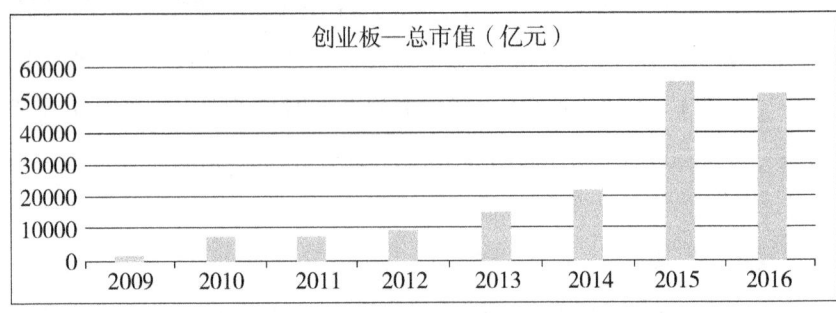

图 2-13　创业板总市值历年情况

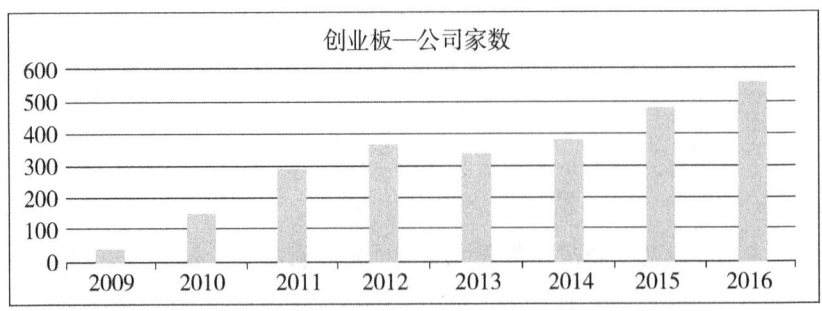

图 2-14　创业板上市公司数量历年情况

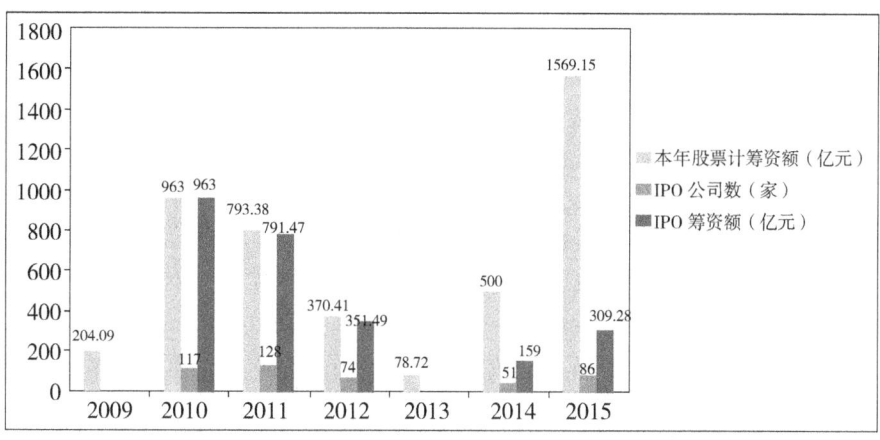

图 2-15 创业板上市公司股票筹资、IPO 公司数量、IPO 筹资历年情况

数据来源：Wind 资讯、深圳证券交易所。

2.5 中国新三板市场现状

2013 年 12 月 1 日，国务院正式发布《国务院关于全国中小企业股份转让系统有关问题的决定》，明确指出：全国中小企业股份转让系统是经国务院批准，依据证券法设立的全国性证券交易所。中国证监会在答记者问时也指出全国中小企业股份转让系统是继沪深交易所之后第三家全国性证券交易所，都是多层次资本市场体系的重要组成部分。全国中小企业股份转让系统，简称全国股转系统，俗称新三板，之所以叫它新三板，是相对"老三板"而言。所谓老三板指的是 2001 年 7 月为解决 STAQ 系统（全国证券交易自动报价系统）、NET 系统（全国证券交易系统）挂牌公司股份转让遗留问题，而由中国证监会授权中国证券业协会设立的证券公司代办股份转让系统。2006 年 1 月，国务院决定在原有证券公司代办股份转让系统内增设中关村科技园区股份报价转让试点，允许中关村科技园区内注册企业符合条件的情况下，进入证券公司代办股份转让系统实行协议方式股份转让，这是试点期间的新三板。2012 年 7 月，国务院批准《关于扩大中关村试点逐步建立全国中小企业股份转让系统的请示》，同意筹建全国股份转让系统。2013 年 1 月 16 日，全国股份转让系统正式揭牌运营，对原证券公司代办股份转让系统挂牌企业全部承接。这时候的全国中小企业股份转让系统是对老三板和试点期间新三板的法定延续，但社会各界依然将全国股份转让系统称为新三板。

全国中小企业股份转让系统（以下简称新三板）定位于非上市公众公司发行和公开转让股份的市场平台，主要是为创新性、创业型、成长性中小微企业发展服务。在新三板上市的公司一般规模不大，处于成长早期，但具有成熟的盈利模式，并且具有较好的成长潜力和广阔的发展前景。新三板是对沪深证券交易所已有的资本市场结构的补充，它使资本市场支持实体经济从以往的成长后期和成熟期迁移到创业前期和成长初期，改善了小微企业融资难、贵的问题。

截至2017年12月31日，新三板上市企业达11630家，同比增长14.43%；2017年上市企业总市值高达49404.56亿元，同比增长21.81%。以上数据表明新三板扩容的速度很快，市场的吸引力强大。另外新三板融资增长迅速，交易也十分活跃，2017年新三板的筹资金额达1336.25亿元，同比增长-3.9%，成交金额达2271.80亿元，同比增长18.80%。这侧面反映出我国中小微企业融资需求旺盛。而且新三板企业筹集资金的数量已逐渐追赶创业板，这既与新三板所服务对象的基数大有关，也与新三板对在创业板、中小板排队上市企业的分流密不可分。

新三板与其他股票板块比较的另一大特点是该市场投资者结构相对合理，2012—2017年，机构投资者账户数占投资者账户数分别为17.8%、12.8%、9.6%、10.3%、12.53%，虽然该比例呈递减趋势，但仍远远高出其他板块市场不到1%的比例。新三板之所以出现机构投资者占比较高的原因是新三板的风险远高于其他市场，对投资者有最低门槛限制，加之新三板又引入做市商制度，市场尚处于成长阶段，流动性不足的问题唯有依靠机构投资者做市才能得以解决。预计随着新三板的逐步成熟，投资门槛的下降，未来新三板投资者结构可能会慢慢与其他板块趋同。

从行业分布特征来看（图2-16），新三板行业前三名分别为制造业、信息传输软件和信息技术服务业、租赁和商务服务业。制造业在新三板所有行业中的比例超过一半,前三名行业总占比接近四分之三。高新技术企业成为该市场的主导,而且随着新三板的扩容提速,更多创新型行业也进入到新三板,增加新三板市场的活力与包容性,使新三板行业分布更趋合理,有利于解决中小微企业融资困难,鼓励中小企业的发展,对我国经济结构调整、产业升级具有推动作用。

表2-3 新三板企业概况

		2017年	2016年	2015年	2014年
挂牌公司家数		11630	10163	5129	1572
总股本(亿股)		6756.73	5851.55	2959.51	658.35
总市值(亿元)		49,404.56	40558.11	24584.42	4591.42
融资金额(亿元)		1,336.25	1390.87	1216.17	129.99
成交金额(亿元)		2,271.80	1912.29	1910.62	130.36
投资者账户数	个人投资者(户)	35.74	29.57	198625	43980
	机构投资者(户)	5.12	3.85	22717	4695

数据来源:全国中小企业股份转让系统统计年报。

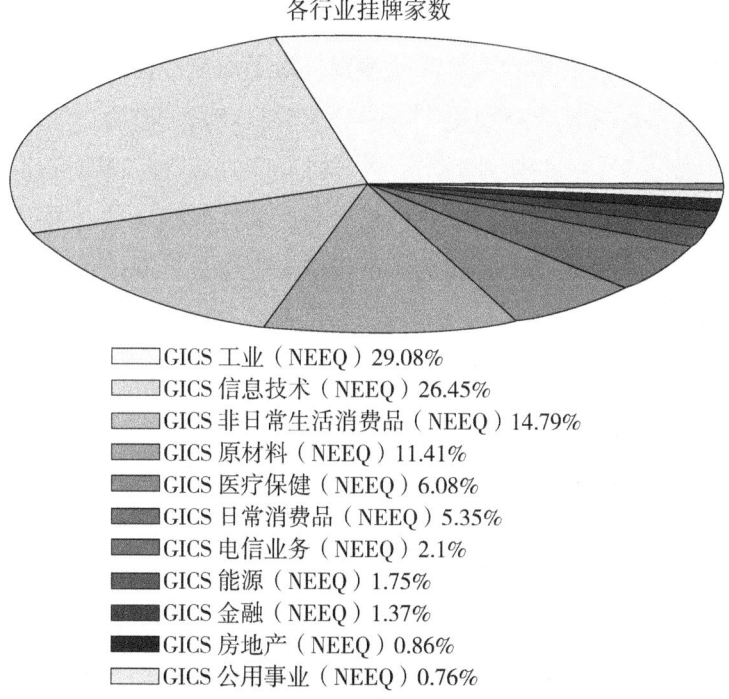

图2-16 2017年底新三板各行业挂牌公司占比情况

2.6 区域性股权交易市场

20世纪90年代，我国股份制改革涌现许多股权、债权等权益的地方产权交易所。由于缺乏统一的监管，部分产权交易所将产权拆细转让并集中交易，导致大量中小投资者在信息不对称的情况下高价被套，引发区域性金融风险。1998年，《国务院办公厅转发证监会关于清理整顿场外非法股票交易方案的通知》出台，大量地方产权交易所被关闭，少部分经整改后，在遵循"不拆细、不连续、不标准化"规定的前提下得以存续。但我国区域性股权交易市场真正独立出现始于2008年天津股权交易所的成立，随后一批从事股权、文化艺术品和大宗商品中远期交易的地方交易所陆续设立。然而部分地方交易所在创新中管理不善、滥用金融工具，存在变相公开交易股权、市场操纵等问题，影响经济社会稳定。2011年，《国务院关于清理整顿各类交易场所切实防范金融风险的决定》以及《国务院办公厅关于清理整顿各类交易场所的实施意见》相继出台，再次对各类地方交易场所进行清理整顿。为了加速推进多层次资本市场体系的建设，促进企业特别是中小微企业股权交易和融资，鼓励科技创新和激活民间资本，加强对实体经济薄弱环节的支持，2012年8月，中国证监会发布了《关于规范证券公司参与区域性股权交易市场的指导意见（试行）》，对区域性股权交易市场的制度建设、规范管理提出了指导性意见。

根据图2-17、2-18数据显示，截至2018年2月19日，全国共有39家区域性股权交易中心、股权托管交易中心，其中挂牌企业数量超过1000家的股权中心有22家，前三名分别为前海股权托管交易中心、上海股权交易所、浙江股权交易中心，这三个股权中心所在地正是民营企业比较发达的区域。从挂牌公司总量上看，39家区域性股权交易市场总挂牌企业高达53834家，已远远超过全国中小企业股份转让系统上的挂牌企业。从挂牌公司地域分布情况来看，东部沿海发达省市挂牌企业数量26694家，占比高达49.58%，说明我国区域经济与资本市场规模差距较大。

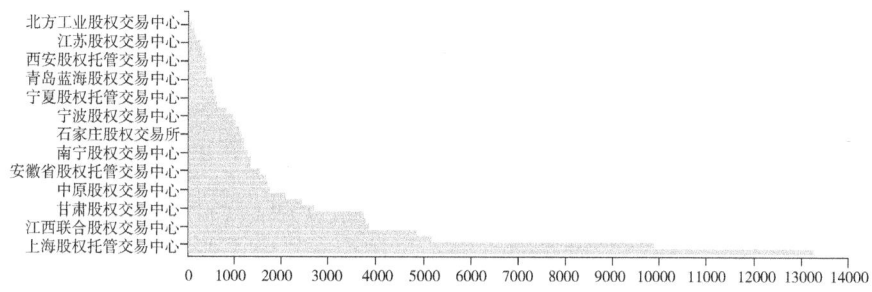

图 2-17 各股权交易中心挂牌企业数量

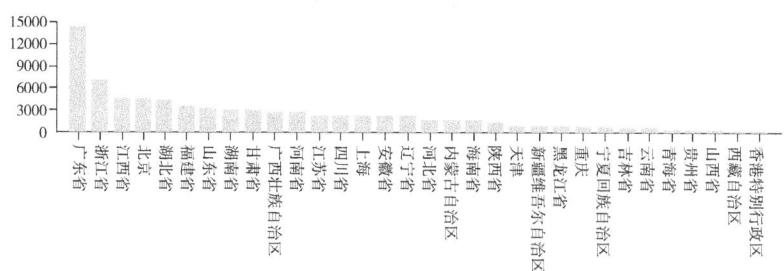

图 2-18 挂牌企业省份分布情况

区域性股权交易市场作为多层次资本市场的重要组成部分，其内部也出现分层。目前大多数股权交易中心会根据挂牌企业的资质进行细分，不同板块的挂牌企业所处的阶段不尽相同，满足企业差异性融资需求，同时也为投资者根据自身风险偏好提供更多投资选择。具体可参见表 2-4。

表 2-4 各股权交易中心内部板块划分情况

区域股权交易市场	内部板块
上海股权托管交易中心	E板、Q板、N板
浙江股权交易中心	成长板、创新板
前海股权交易中心	标准板、孵化板、海外板
广州股权交易中心	进取板、精选板、成长板、青创板
武汉股权托管交易中心	青年创新创业板、科技板、股份公司交易板
辽宁股权交易中心	科技板、融资交易板、中小企业创新板、小微企业板、区域联合板、青年创业板
石家庄股权交易中心	主板、成长板、孵化板
青岛蓝海股权交易中心	价值优先板、科技创新板、成长进取板、海洋特色板

资料来源：各区域性股权交易中心网站。

从现有的资料来看，虽然区域性股权交易中心的挂牌企业已十分庞大，但市场交易不活跃，融资金额并不乐观，市值规模也远远不足。以公开披露信息较为健全的武汉股权托管交易中心为例，截至2018年2月19日，该市场交易成交量仅78.35亿股，累计成交额160.12亿元，融资总金额760.76亿元，其中股票直接融资320.36亿元，股票质押融资440.40亿元。而成立较早、规模较大的天津股权交易所挂牌企业的总市值仅1221.08亿元左右，挂牌企业数量第二的上海股权托管交易中心股权直接融资只有222.93亿元，债权融资仅55.70亿元，民营企业最多最发达的浙江省，其股权交易中心的总市值也只有区区418亿元。另外，查询各家股权交易中心网站上的挂牌企业市场行情，发现绝大部分挂牌企业有价无市，成交量寥寥无几，市场缺乏流动性，投资者参与热情不高。

2.7 中国多层次资本市场存在的问题分析

发展多层次资本市场符合我国国情，它可以满足区域间发展的差异引致的融资需求差异化，满足企业不同阶段对资本的需求，同时能为投资者提供多元化的投资渠道，结构的多层次、产品的多样性能促进金融系统发挥识别、评价、分散和管理风险的功能，并达到推进防范和化解金融风险的市场机制系统的形成，改变继续运用行政机制来抑制金融风险的倾向。虽然我国多层次资本市场建设取得了重大突破，但由于发展前期只注重量的增长，忽视了质的提高，使得多层次资本市场发展过程中留下许多问题，这些问题亟须监管层出台相应政策解决。

2.7.1 多层次资本市场内部板块存在弊病

第一，主板市场定位不当。我国资本市场制度安排存在刚性，主要表现为准入歧视，具有自我加强的特征。主板市场准入门槛高，成为国有企业融资的主要场所，由于国有经济利益集团在融资中的强势地位，因此它们不会主动要求改变现有市场结构、拓宽社会经济资源的投资渠道。资本市场建设的立足点应该是投资而不是融资，正是由于定位错误，资本市成了很多企业圈钱的场所，市场弥漫着投机气氛。第二，中小企业板市场边界模糊。中小企业板市场看似独立，实际上只是主板市场的附属市场，各种业务规则都沿袭了主板市场。另外中小企业板作为创业板过渡板，两个市场之间服务对象存在同质性，功能出现重叠。第三，创业板市场亟待完善。主要体现在上市资源不足，上市公司数量少、规模小，抵御风险能力较差，监管缺位，内部交易和市场操纵严重，信息披露不健全，投资者结构不合理。第四，新三板市场任重道远。新三板挂牌企业较多但企业规模普遍较小，市场流动性不足，成交量少，此外新三板融资渠道单一，融资方式主要采取定向增资，除此之外就是自有资本和短期借款，几乎没有债权融资。第五，区域性股权交易市场功能削弱。我国尚未制定股权交易市场的专门法律制度，缺少对股权交易的信息披露制度，监管主体及范围的明确规定，导致信息披露不完善，交易机制不健全，监管力度不够，投资者权益受到损害，市场的融资功能逐渐削弱。

2.7.2 多层次资本市场结构不合理

从各层次资本市场上市或挂牌企业来看，我国多层次资本市场结构呈沙漏形状。从我国多层次资本市场现状分析可以看出，主板市场上市公司1608家，中小企业板上市公司776家，创业板上市公司492家，全国中小企业股份转让系统挂牌公司2774家，区域性股权交易市场挂牌企业38617家。而在2014年之前，当时我国多层次资本市场结构还是呈现倒金字塔形状，不到两年的时间，在政策的激励下，场外市场的建设突飞猛进，挂牌企业数量节节攀升，这才使得多层次资本市场结构变成沙漏形状。从上市或挂牌企业市值来看，多层次资本市场却还是倒金字塔结构。主板上市公司总市值371437亿元，中小板上市公司总市值104800亿元，创业板上市公司总市值55916亿元，全国中小企业股份转让系统挂牌企业总市值24584亿元。由于区域性股权交易中心信息披露的不健全，目前难以全部获得各家交易中心挂牌企业总市值的情况，但以每家股权交易中心平均市值500亿来计算，区域性股权交易市场的总市值也不过在1.5万亿左右。不管是倒金字塔还是沙漏形状的多层次资本市场结构都是不合理的，合理的多层次资本市场结构应该是金字塔形状，这是因为中小企业是国民经济的支柱，在我国大部分的中小企业是民营企业，它们占据了中国经济的半壁江山，解决了 80% 的就业量，可想而知，中国经济增长离不开中小企业的健康稳定发展，而中小企业的发展需要大量的生产性资金，但它们融资渠道有限，融资门槛高，融资成本贵，发展多层次资本市场就是为了解决这一难题，让金融支持实体经济发展。如果多层次资本市场建设的结果还是国有企业或大型企业垄断了资本市场的资源，这不仅违背了多层次资本市场建设的初衷，还有可能让大企业发展越来越强大，将中小企业原本狭小的市场空间都挤占出去，损害了经济的命脉，最终也就不利于经济发展。

2.7.3 各层次资本市场缺乏联动性

我国多层次资本市场缺乏转板机制，各层次之间相互割裂，板块之间资源缺乏互动，资源得不到最优配置。目前我国尚未专门制定有关升板机制的法律，仅有的文件是 2013 年国务院发布的《关于全国中小企业股份转让系统有关问题的决定》中要求建立不同层次市场间的有机联系，提出在新三板挂牌的企业，达到股票上市条件的，可以直接向证券交易所申请上市交易。另外还有《国务院关于清理整顿各类交易场所切实防范金融风险的决定》符合要求的区域性股权转让市场进行股权非公开转让的公司，符合挂牌条件的，可以申请在新三板挂牌公开转让股份。关于降板机制在《上海证券交易所股票上市股则》《深圳证券交易所股票上市股则》《上海证券交易所退市整理期业务实施细则》《深圳证券交易所退市整理期业务特别规定（2014年修订）》中都有涉及。虽然政策层面上是支持建立转板机制，但由于相关文件仅做出一般原则性规定，没有在具体的法规条文中给予落实，不具有可操作性，导致企业转板在实践中鲜有发生。市场的上升与下降通道受到阻塞，造成两方面不良后果：一方面上层企业长期霸占优质资源，坐享其成，不为股东利益考虑，只考虑如何从资本市场圈更多钱，从而不注重改革公司治理与提升企业效率，导致企业"烂而不退""坏而不亡"，市场充斥许多"僵尸""吸血鬼"企业；另一方面由于没有参与更高级资本市场融资的机会，市场缺乏激励优质企业的机制，底层优质企业丧失前进动力，而普通企业照样享受着与优质企业一样的待遇，长此以往，劣企必然驱逐良企，最终导致底层市场主体质量普遍不高。这两方面综合影响的后果是资本市场服务实体经济功能得不到有效发挥，资本市场规模逐步缩小，多层次资本市场建设的目的最后也不能实现。资本市场是一个有机整体，多层次资本市场建设不能只单独考虑单个市场内部筹建，要考虑到各个市场表面看似独立，但是相互作用，板块之间也存在溢出效应。要让各层次资本市场相互开放，进退通道畅通无阻，才能最大限度减弱负面溢出效应。

3 科技型中小企业现状、生命周期特点及其融资策略

3.1 中国科技型中小企业现状

当前,"大众创业""万众创新"的热潮在全国兴起,正在形成稳增长、调结构的新引擎,随之带来的是中小型企业数量上的大幅提高,其中科技型中小企业占到了相当比例。具体而言,科技型中小企业是指从事高新技术产品研发、生产和服务的中小企业群体,在提升科技创新能力、支撑经济可持续发展、扩大社会就业等方面发挥着重要作用。科技型中小企业的突出特点之一是以创新为使命和生存手段,通过创新不断发展壮大。科技型中小企业发展所形成的是基于新技术、新产品、新服务基础上的新企业、新产业,是在传统产业改造升级后形成的科技型中小企业。

中小企业具有经营灵活、增长潜力大、创造就业机会多的特点,科技中小企业还具有科技性、创新性、高风险、高收益等特点。2007年,由科技部等出台的《科技型中小企业创业投资引导基金管理暂行办法》以及各地相应设立的创业投资引导基金,对科技类企业给予特殊的政策与资金扶持,推动我国科技型中小企业发展。目前中小企业已经成为我国国民经济中最具活力的组成部分。2016年,我国中小企业数超过

3 科技型中小企业现状、生命周期特点及其融资策略

5000万家,占全国企业总数的99%。广大的中小企业创造了我国80%以上的社会就业,60%的GDP,50%的税收,专利率申请数和发明专利拥有数的比例也达到50%,研发新产品超过全国的80%,可见中小企业在创业创新方面发挥着十分重要的作用。因此,中小企业是国民经济发展的生力军,在稳定增长、扩大就业、促进创新、繁荣市场和满足人民群众需求等方面,发挥着极为重要的作用。科技型中小企业是国家实现经济转型升级的重要途径。因此,加强中小企业的金融服务是金融支持实体经济、稳定就业、鼓励创业的重要内容,具有十分重要的战略意义。

在改革开放之前,中国以财政代替金融,没有商业银行和资本市场。在改革开放之后,开始发展和健全金融体系,但当时金融的主要目的是为大企业服务,尤其是1983年拨款改贷款以后,企业不能从国家财政直接拿到拨款,而改由银行通过低价资金进行补贴。为了满足广大企业的需要,政府压低利率,同时建立大型国有银行来补贴这些大型国有企业。中国当前的金融体系基本上以四大国有银行为主,四大国有银行拥有的人民币资金占整个金融体系拥有量资金总量的70%,其服务对象主要是大企业。另外,股票市场也从1990年开始发展,当然,能进入股票市场的也都是大企业。绝大多数小微企业在高度集中的金融体系之下,得不到金融服务和资金的支持,发展受到限制。最为明显的是以小微企业为主的第三产业发展相对滞后,据中国社会科学院财经战略研究院披露的数据显示,2016年第一季度第三产业增加值占GDP比重达到56.9%,虽然这一比值近年已有所提高,但仍显著低于发达国家70%的水平。国外的银行体系一般是从小到大发展起来,在经济发展初期,劳动力密集型产业占主导地位,金融体系中的中小银行为当地的小微企业提供服务;随着经济的发展,资本不断深化,企业规模不断扩大,大银行和股票市场应运而生。但是中国的经济体制改革是自上而下进行的,一开始建立起很多大型国有企业,同时建立了为大企业服务的大型国有银行和股票市场,但并没有能够满足中小企业需求的金融机构和金融工具。据资料统计,70%以上的中小企业,没有享受到中央、省、市出台的有关促

进中小企业发展的政策。目前,中国经济突飞猛进,每年以8%左右的GDP增长速度发展,但靠的是劳动密集型低附加值的制造业的出口换来的,基本上不具备核心技术,企业的自主创新能力不足,低端的制造业高能耗、高污染。因此转变经济发展方式势在必行,而提高科技型企业自主创新能力是经济转型升级的根本。当今,我国正处于特殊转型时期,科技型中小企业的融资风险高,大银行一般不愿介入,因此,我们要提倡并鼓励发展为中小企业服务的金融机构和金融工具,如股权投资工具、债权投资工具、可转换证券等,让民间私人银行、小额信贷公司等盘活民间私人资本并合法而规范地服务于地方中小企业。那么,如何引导和扶持股权、债权、可转换证券等工具促进科技型中小企业发展,构建一个高效的企业治理机制,实现产业转型,进而推动经济转型,为经济可持续发展服务?这些问题在理论和实践上都值得我们深思。

科技型中小企业是中国改革开放的产物,是政府部门放弃了企业的所有权和经营权之后,由一批科技人员率先创办的。中国高新技术创业投资事业,从20世纪80年代以来的探索历程大致可以划分为四个阶段。

第一阶段:1987—1990年,为以"中国高科技创业投资公司"创立为标志的探索阶段。

第二阶段:1991—1997年,为创业投资公司、创业投资基金和高新技术产业开发创业投资公司等兴起的民间创业投资初步发展阶段。

第三阶段:1998—2004年,为政协"一号提案"和中共中央、国务院《关于加强技术创新,发展高科技,实现产业化的决定》为推动的创业投资全面加速启动阶段。

第四阶段:2004至今,为中国推出中小企业板资本市场,进一步促进了中小型科技企业创业投资的发展阶段,证券机构的经纪和投资业务也得到飞速发展。

中国创业投资主要来源于五大类:(1)政府创业资本,包括政府和国有独资企业提供的资金;(2)国内企业创业资本,包括国内上市公司、非上市股份有限公司和有限责任公司等国内企业提供的资金;(3)外资创业资本，包括合资与合作机构、外商独资机构以及境外机构投资与中国内地的资金；（4）金融机构创业资本，包括银行、证券机构、保险公司和信托投资机构等金融机构提供的资金；（5）其他机构资金。2005年，政府创业资本占36%，国内企业创业资本约占33%，外国创业资本占11%，金融机构创业资本占8%。中国创业投资机构的性质主要分为以下四种：一是政府国有独资的创业投资机构，约占20%；二是政府参股的创业投资机构，约占34%；三是其他国内创业投资机构，约占32%；四是外国独资或合资创业投资机构，约占14%。

下面我们简要回顾一下2016年中国创业投资市场的基本情况。

首先，从总的投融资交易笔数中就可以看出，经历了2015年的互联网投资热，2016年的投资热情明显降温。如图3-1所示。

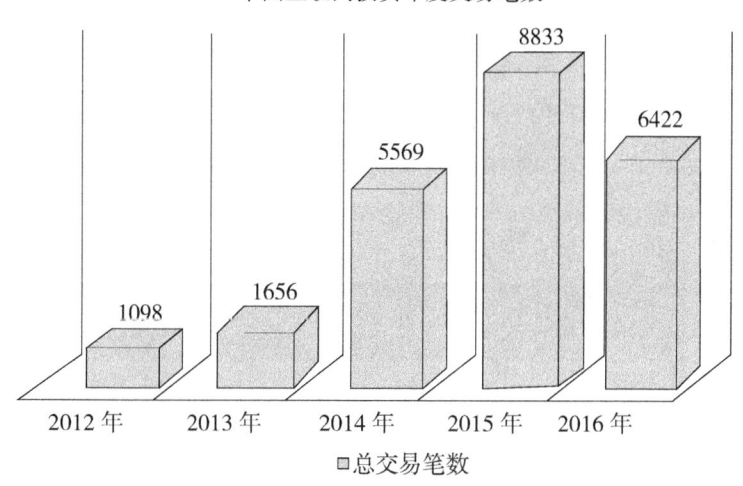

图3-1 2012—2016年互联网投资基本情况

从2016年具体的月份来看，我们发现，相较于2015年同期，投资数量几乎都有所下滑，但总体而言下滑速度有所放缓，如图3-2所示。

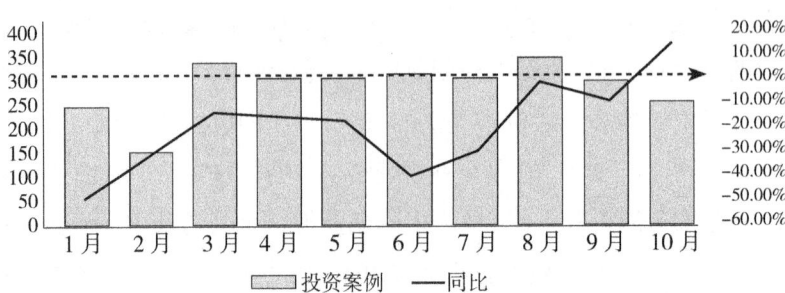

图 3-2 2016 年中国创业投资市场案例情况（按数量）

从金额方面却看到，2016 年下降的情况不多，甚至有两个月（4 月和 10 月）增速超过 100%，说明好项目仍然受到追捧，如图 3-3 所示。

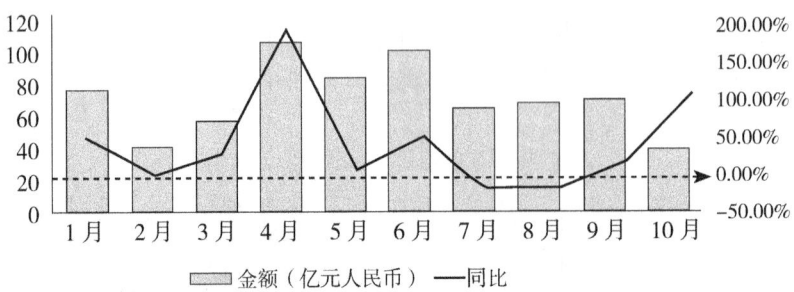

图 3-3 2016 年中国创业投资市场案例情况（按金额）

从投融资轮次来看，天使和 A 轮在数量上的占比较多，如图 3-4 所示。

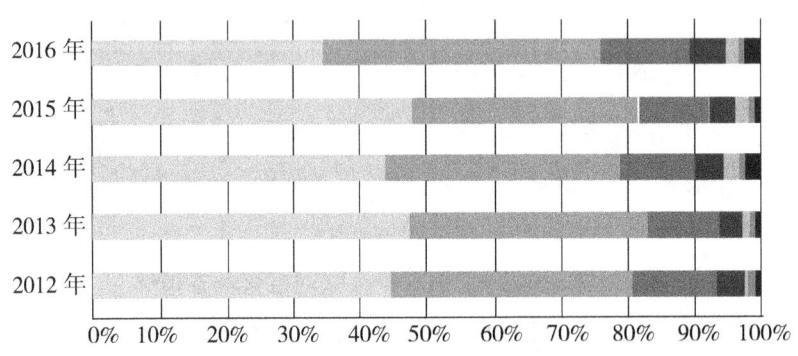

图 3-4 2012—2016 年中国互联网投资交易笔数轮次占比

从投资行业来看，企业服务项目获得融资的事件最多，电商、文娱和金融次之，如图 3-5 所示。

3 科技型中小企业现状、生命周期特点及其融资策略

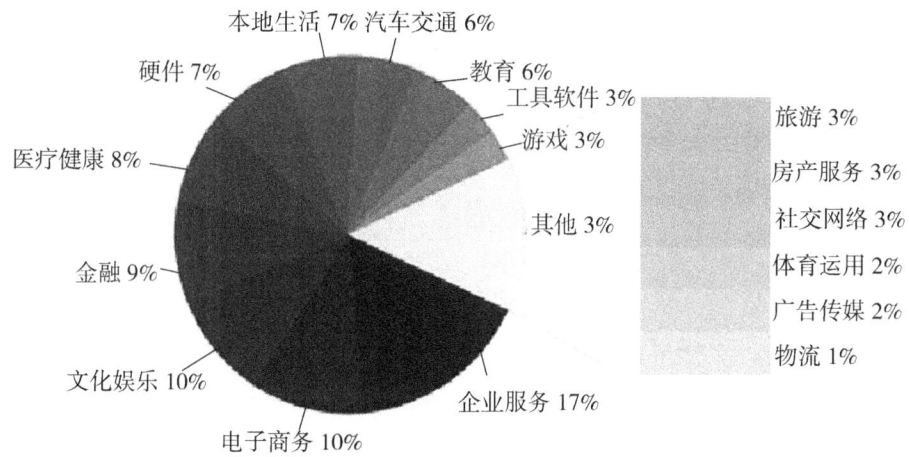

图3-5 中国互联网融资事件行业占比

从创业地区来看,北京虽然有雾霾的威胁,当地的投融资交易无论从数量或金额上,都遥遥领先于其他地区,如图3-6所示。

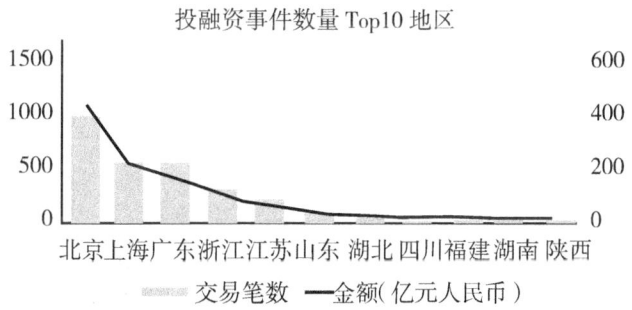

图3-6 2016年(1—11月)中国投融资情况地区分布

也许跟资本开始变得谨慎有关,创业者的创业热情被泼了一盆冷水,从新增互联网公司的数量来看,2016年前三个季度的新增创业公司数量,都远少于去年同期,如图3-7所示。

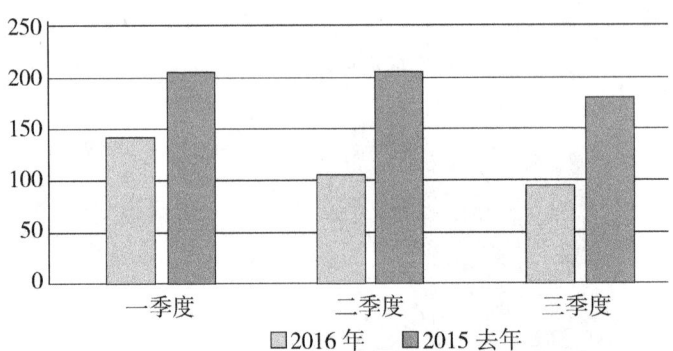

图 3-7　2016 年与 2015 年的前三季度互联网新增公司数量对比

退出情况，正如 36 氪科技创新创业综合服务集团此前撰文所言，美国硅谷科技公司随着资本寒冬的到来，也迎来 IPO 寒冬，因为担心估值降低，纷纷将上市事宜推迟到 2017 年。中国似乎也有类似的情况，2016 年中国企业无论是在境内还是境外，IPO 数量出现了同比下滑，海外 IPO 下降得尤为明显。如图 3-8 所示。

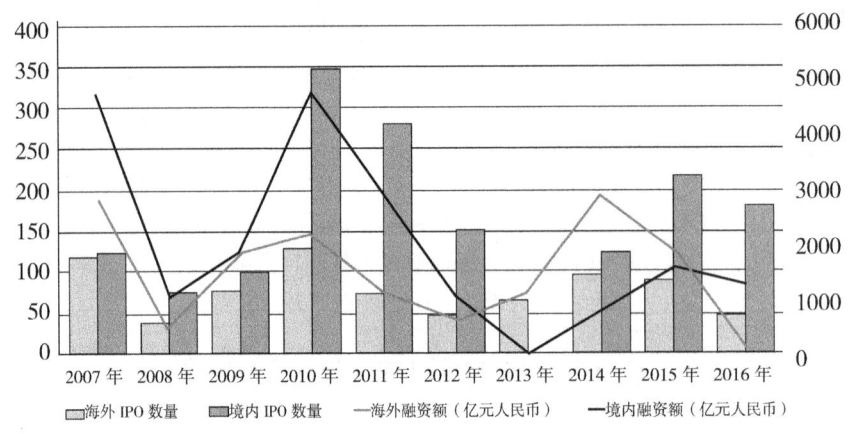

图 3-8　中国企业 2007—2016 年 IPO 情况对比

不过，中国创投市场的退出交易数量，却依然实现了上升，这已经是连续三年呈上升态势。如图 3-9 所示。

3 科技型中小企业现状、生命周期特点及其融资策略

图 3-9　2008—2016 年期间中国创投市场退出交易数量变化

至于在具体的退出方式上,挂牌新三板的占大多数,超过六成;而上市 IPO 和股权转让各占 12%。如图 3-10 所示。

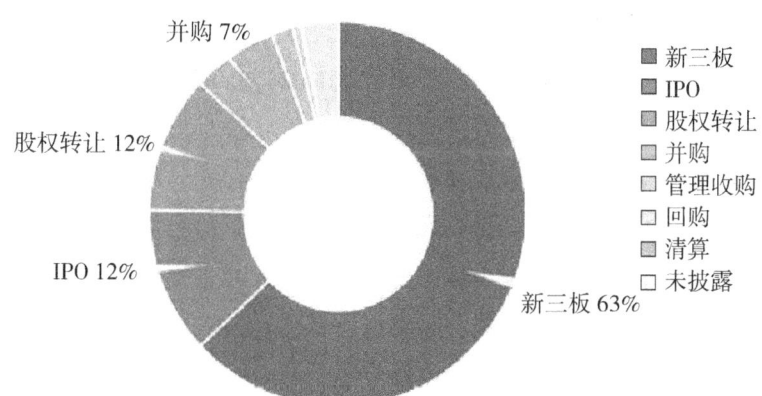

图 3-10　2016 年前 11 个月中国创投市场退出方式占比

3.2 科技型中小企业定义的内涵

科技型企业的创立一般有三类情况:一是创业者原本是技术出身,也拥有技术并相信有好的市场,于是用自有资金创立一企业,但其资金不具有持续性,需要后续资金支持;二是创业者原本是技术出身,他拥有技术并相信有好的市场,然后召集一些志同道合的人作为合伙人,按照一定的分工组建团队企业;三是创业者购买一项技术,由原技术所有

人按合同参与情况组建创业团队。所以我们可以认为科技型企业是一个拥有技术的团队组建并经营的一种企业形式,原始经营者称为拥有技术的创业者。

首先,创业者为什么要创业?这是因为创业者在专业化的学习、研究、创造中,经过较长一段时间的积淀后,形成了一种独特的思维能力与劳动品质。这种独特的思维能力与劳动品质由于其自身的隐蔽性和道德风险问题不易为外界所得知和信任。所以,一般情况下,这类人如果去一般企业从事工作,其所获得的收益往往低于其自身价值。在这种情况下,为使得自身收益与自身价值对称,创业者要选择创业,并在创业中实现自身价值。

其次,创业者为什么不把技术卖掉?这是因为技术尤其是创新性技术,在交易中存在如下问题:(1)技术的高度难言性与专用性决定了直接的市场交易将面临巨额的交易成本,市场的直接定价要么忽视或否定它的价值,要么不能全面反映其内涵,从而面临交易困难;(2)技术的高度不确定性与高风险性特征使其购买者产生诸如市场风险、生产风险、财务风险等,故购买者作为理想的经济人必然会高估技术风险,技术所有者面临技术被低估的现实;(3)技术的取得往往借助于技术所有人的社会网络,是其社会资源的整合,而出售必然面对社会资源的重新整合。这些说明技术所有者要么面临价值被低估的现实,要么自身参与创业。

综上所述,创业是创业者人力资本价值和技术价值的综合行为,科技型企业的创业和后续成长,集中反映了创业者人力资本的价值和技术的价值。

所谓科技型企业一般是指以高新技术及其产品的研发、生产和销售为主营业务的企业,它是目前所有企业中最具成长性和创新性的企业群体。本书根据2008年我国出台的《国家高新技术企业认定条件和办法》和国内银行对中小企业的划分标准,将同时满足下面四个条件的企业界定为科技型中小企业:(1)职工人数不超过300人、销售收入和资产总额不超过2亿元、大专以上学历的科技人员占职工总数的比例不低于 30%；（2）企业每年用于高新技术产品研发的经费不低于年总收入的 3%；（3）直接从事研发的科技人员占职工总数的 10% 以上；（4）技术性收入与高新技术产品产值的综合占企业当年总收入的比例不低于 50%。

科技型中小企业一般起源于创业型企业，创业型企业是根据企业发展历史的阶段特征对特定企业的一种描述。创业型企业如果发展方向和市场策略正确，有可能获得较快成长，并最后成为有一定竞争力的大企业或上市公司，如美国的微软、中国的联想。这类企业一般可分为两大类：一类是通常意义上的科技型企业或高新技术企业，主要从事信息、电子、生物工程、新材料、新能源、航天航空、核应用等高新技术产业领域的产品和新技术的开发、应用；另一类是以客户信息和偏好开发、供应链管理或特许经营、知识密集为特征的公司。二战以后，在美国及其他一些发达国家崛起了一大批从科技型中小企业发展起来的高新技术公司，如惠普、IBM、英特尔、索尼，及后来的苹果、微软、思科、雅虎，等等；还崛起一批基于服务、市场和管理创新的知识或信息密集型公司，如早期的联邦快递、耐克，20 世纪 80 年代以后的星巴克（咖啡连锁）、卡瓦德（DSL 电信服务）等新型公司。这些公司重现了过去的初创企业从小到大的经历。只不过基于后来的资本市场条件，如逐渐形成的风险投资、低门槛上市条件的纳斯达克股票交易系统出现等，这两类企业从小到大的周期大为缩短，企业显现出更加突出的成长性。微软、思科、雅虎等这些成立只有十几年，甚至几年的公司，很快获得了上市，并且其市值超过了众多有几十年、上百年历史的老牌公司。一般可以根据企业的生命周期理论界定公司是否是创业型企业。如图 3-11 所示。

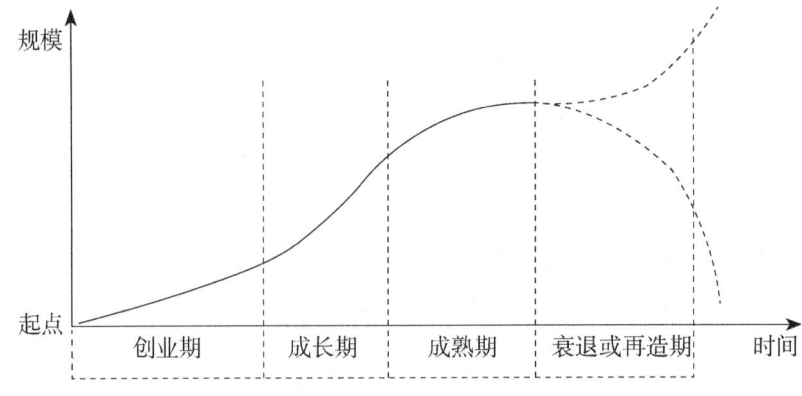

图 3-11 科技型中小企业生命曲线

一般企业的生命周期大致可分为五个阶段：种子期、创业期、成长期或扩张期、成熟期，最后是衰退期或企业再造期。再造期直接与下一轮的创业期连接起来。我们说的创业型企业主要是指尚处于创业阶段的企业，在不太长的、可预见的将来企业有机会迅速成长或扩张。为鼓励科技型、创业型企业的发展，一些国家制定了相应的法规和政策。美国是市场导向的经济，但政府对中小企业，特别是对科技型、知识或信息密集型创业型企业给予相当的支持，如减少大企业垄断、鼓励竞争等措施，还在其有关政策鼓励下发展起来的风险投资公司，对科技型、创业型企业有非常强烈的投资偏好。日本为了鼓励这类企业的发展，出台了《特定事业法》，通过对高新技术、知识密集、新型服务业创业企业的认定和政策支持，鼓励创业企业发展。我国也有"高新技术企业认定办法"，支持高新技术创业企业的发展。

3.3 科技型中小企业的特点

科技型或知识、信息密集的中小企业有这样一些特点。

（1）要素结构：从事技术和产品开发、设计的科技人员、专业人员占总员工人数的比例较高；R&D（research and development，科学研究与试验发展）经费占销售收入的比例较高。高新技术企业将 R&D 支出计入企业成本已是惯例。美国、印度等软件企业开发人员的现金工资计入 R&D

3 科技型中小企业现状、生命周期特点及其融资策略

支出已成为企业惯例。在客户信息和供应链管理的创业型企业，相应的专业人才占企业员工的比例也是相当高的，这些企业通常把有关的劳动密集型业务委托外包出去。

（2）主营方向：科技型企业主要从事业界认可的或有关部门以产品目录形式明确的高新技术产业领域的业务。如我国《国家高新技术产业开发区内高新技术企业认定办法》，根据当前世界科技发展趋势和我国的科技、经济、社会发展战略，划定的高新技术范围如下：电子与信息、生物工程与新医药、新材料及应用、先进制造、航空航天、现代农业、新能源与高效节能、环境保护、海洋工程、核应用及其他在传统产业改造中应用的新工艺、新技术。那些以客户信息和供应链管理、特许经营模式的创业型公司多是利用新的经营手段开辟新的市场，它们不是靠低成本的劳力，而是靠对消费者的理解赢得市场和高回报。

（3）组织特征：除航空航天、核能开发这类高技术大企业外，大多数科技型创业企业的组织都是比较扁平、哑铃型的。原因是这类企业核心业务是研究开发、营销运作或客户关系管理、技术或产品的集成；重视采用OEM（定点生产，俗称代工）运营模式，把一般制造加工、仓储、运输，甚至部分管理业务（如人事、公关、品管、杂务等等）的大部分予以外包，从而压缩了内部科层机构。

（4）创新管理：由于技术创新、市场创新、管理创新的核心是脑力劳动密集型的研发活动和信息加工业务，其产出和创新过程有相当不确定性。所以，科技型企业的内部管理弹性很大，信息技术得到广泛应用，其绩效评价与传统的生产或销售活动的评价非常不同。

（5）高成长性：产品或服务一旦在市场上获得成功，由于技术诀窍、技术领先、知识产权保护、特许经营等因素，企业能有明显的市场优势，产品和服务的附加值较高，企业可以超常速成长。

（6）高风险性：由于技术创新的不确定性和市场竞争非常激烈，使科技型企业面临较大风险。美国高技术公司10年的存活率在5%～10%之间，新创企业意欲上市并最后成功上市的概率为6/1000000，计划上市

并最后上市的概率为6/1000。我国改革开放以来涌现出的一批民营科技企业，现在只有20%～30%的企业还在发展着。高收益、高成长、高风险是科技型企业并行的特点。

3.4 科技型中小企业的融资策略

企业既是一个社会经济组织，又是一个生命有机体，它也像生物有机体一样，有一个从生到死、由盛转衰的过程。企业所呈现的生命周期现象是企业的基本活动规律之一，而影响企业生命周期的主要原因是持续的投融资能力和技术创新能力。由上可见，科技型中小企业的生命周期大致可以分为种子期、创业期、成长期、成熟期和衰退期5个阶段，在各阶段都面临着融资问题，而不同的发展阶段企业的具体情况又不完全相同。因此，科技型中小企业应根据不同生命周期阶段企业内外环境的特点，采用不同的融资方式进行融资。

3.4.1 科技型中小企业种子期的特点及其融资策略

种子期也称创意期，即创业前期，是科技人员提出高新技术设想或创意，通过其创造性地探索研究，形成新的理论、方法、技术、发明或进一步开发的阶段。在种子阶段，需要开展高新技术的研究与开发（R&D）。此阶段具有强烈的知识创新特征，核心的投入要素是科技人员的智力和技能。在这一阶段，企业的R&D投入大，技术不成熟，技术人员缺乏经验；产品性能不稳定，市场前景不明朗，缺乏管理经验。由于开发高新技术并将其转化为现实产品具有不确定性，所以这一阶段的主要风险是技术风险，风险指数较高。有关资料表明，在研究与开发活动中，从提出创意到成功开发出具有一定商业前景的项目比例仅为5%左右。种子期是技术的酝酿和发明阶段，此时产品无法生产，市场潜力很难预测，研究成本高，企业风险非常大，无论是权益性资本还是债务性资本，都很少介入；即使介入，其金额也有限。处于种子期的企业资金需求量相对较小，其资金一般来自：

①自有资本。创业者的自有资本或合伙人、合资人的股本投入，或是亲友借款及企业内部职工借款等。②职工持股。通过这种方式，一方面可以筹集到企业急需的资金；另一方面可形成利益共享、风险共担的激励约束机制。③政府基金。目前我国中央政府和地方各级政府为支持科技型中小企业的发展，设立了各种基金项目。拥有技术而无资金的企业，可以通过申请政府基金项目，获得企业种子期的发展资金。④天使投资，即富有个人的投资。天使投资是引入民间资本的有效形式。目前，很多科技型中小企业的初期资金都是由天使投资者提供的，他们在孵化创业企业时得到了"天使"的美誉。江苏、浙江、广东等沿海地区，天使投资异常活跃，这与当地民营经济快速发展是有一定联系的。因此，应在税收、担保等方面给予积极支持与鼓励，引导民间资本进入科技型中小企业的融资体系。

3.4.2 科技型中小企业创业期的特点及其融资策略

创业期也称孵化期，此时企业已经完成产品设计、样品生产，开始进行产品试销、市场导入，通过投入时间和资金向消费者介绍新产品的特点和用途。这个阶段不仅涉及科技人员将实验室成果向工业生产环节转移的技术行为，而且涉及科技创业者的企业家行为，即把原来较为松散自由的科研团体转化为具有生产经营职能和严密组织结构的经济实体，是取得、整合、运用技术、人才和资金等各种经济资源并创立企业的过程。这时，企业管理的最大难点在于缺乏完善的规章制度、明确的行为方针、健全的预算体系，管理漏洞多，容易受挫折。这一阶段的风险更多地表现为创业风险，即科技成果实现工业化生产的过程中所产生的各种经营风险、技术风险、产品风险、市场风险等。从资金需求和来源看，这一阶段资金需求数量大、投入密度强。

企业在创业期完成了产品的开发，但由于经营未进入正轨，还很少盈利，企业的技术风险和市场风险很大。在这一阶段，资本融通的高风险、低收益特点非常明显，决定了企业只能采取如下方式融资：①自有资本。创业者自有资本的注入从企业的种子期就开始进入企业，其所占比重会随着企业的发展逐渐下降，但仍然是科技型中小企业在创业期一个不可或缺的重要来源。②风险投资。在该阶段，企业可与风险投资机构接触，寻找合适的风险投资伙伴。风险投资一方面可以提供企业急需的、难以从其他融资渠道获得的长期性股权资本；另一方面，企业可以依靠风险投资专家丰富的管理经验，实现对企业的规范管理和运作。企业在寻找风险投资机构时，要考虑其能否为企业的进一步发展投入充裕的资金；同时要考虑其是否具有帮助企业加强管理、改善营销的能力。可以通过创业者或管理层持股等方式建立富有激励性的报酬体系，与企业形成一种利益共生关系，充分发挥创业者的积极性和潜能，弱化融资中的逆向选择行为和融资后的败德行为。视公司发展状况，风险资金应从少到多地分期投入，从而降低融资的风险和成本。③政府基金。政府为扶持高新技术产业的发展，在产业初期往往给予一定的资本扶持。④天使投资。一些富有的阶层，出于自身未来长远利益的考虑，也愿意冒风险将资金投给处于初创期的风险企业，扶持和帮助企业发展。⑤银行贷款。目前我国成立了许多贷款担保公司，初创期的科技型中小企业可以通过寻找贷款担保公司向商业银行提供担保，解决自身没有资产担保的问题，以获得银行贷款。

3.4.3　科技型中小企业成长期的特点及其融资策略

在成长期，企业的主要技术项目已经具备了可行性，通过技术手段形成产品，且产品市场初步形成。企业从关注技术的创新到技术与市场并重，增强了市场的营销能力，并打开分销渠道，使产品获得市场的认可。由于技术的日趋成熟，使得企业能够迅速改进产品，但有待开发出更具竞争力的产品，并进行大规模的市场开发。此时企业需要更多的资金来增加设备、扩大业务，并进行产品的完善和后续开发。在成长期，企业开始由经营者导向转向制度导向，这时企业的各种管理制度逐渐完善，控制力也得到加强。企业不仅具有很强的创新精神，而且具有将创造发明迅速投产的能力，企业规模进一步扩大，发展速度加快，经营者已积累了比较丰富的管理经验，管理体制逐步规范。处于成长期的科技型中小企业会遇到管理人员的

3 科技型中小企业现状、生命周期特点及其融资策略

有效使用问题。

很多创业者往往被眼前企业红火的经营状况所迷惑,明明知道职业经理人的重要作用,却不愿放下手中的权力,造成职业经理人无法顺利开展工作,有人才但产生不了人力资源效能。这一阶段的风险主要表现为企业运营的风险和市场环境变动所带来的市场风险。由于科技型中小企业主营业务的高新技术特征,其经营风险比普通企业高。在该阶段,企业的自我积累资金较少,必须进行再融资才能满足企业经营的需要。然而此时,企业的盈利状况还不理想,企业总体规模偏小,市场风险与经营风险还未释放完毕。这就使得以追求资金安全的金融机构不可能成为该阶段企业投资的主体,而其他面向大众的大规模筹资渠道,如公开发行股票、债券等,也因市场前景尚不完全确定而难以介入。因此,此阶段企业主要的融资策略仍然是风险资本。尽管此时风险资本是主要的融资渠道,但还应考虑其他的融资方式,以为企业进入快速成长阶段打下基础:①风险投资。处于成长期的企业,其明朗的市场前景、快速增长的市场收益基本上符合风险投资机构对预期回报的要求。企业要依靠风险投资,扩大生产规模。②银行贷款。相对于创业初期,处于成长期的企业具有了一定的抗风险能力、信用水平和抵押资产,可从银行获得一定的商业贷款。当然考虑到企业本身仍然具有较高的风险,商业银行对企业的贷款数量不会太多,贷款的成本也比较高,还可能附加一些其他条件。③资产证券化。资产证券化最早出现在20世纪70年代的美国,被用于解决住房抵押贷款资金的不足。由于其独特的构思和精妙的结构,使发起人获得所需资金,同时又有效分散了基础资产的风险,受到资本市场投融资者的青睐;此后,其应用范围被逐渐扩展到非抵押债权资产领域,如企业可以将应收账款证券化、无形资产证券化和具体项目证券化来进行融资。相对于权益融资和债务融资等传统融资方式,资产证券化有着诸多明显优势:能够有效回避科技型中小企业资信评级低、缺乏有效抵押担保的矛盾;能够有效降低企业融资风险;能够较大幅度降低企业融资成本。④资本运作。企业可以通过出售部分专利资产、部分股权,并购重组等资本运作方式进行融资。⑤融资租赁。融

资租赁是设备租赁的基本形式,以融通资金为主要目的。因缺乏资金而无力购买所需要的生产设备,融资租赁为解决这一难题提供了条件。⑥商业信用。企业可以向其他企业以延期付款、赊欠商品或要求其他企业提前付款等形式解决企业自身流动资金缺乏的问题。

3.4.4　科技型中小企业成熟期的特点及其融资策略

成熟期是科技型中小企业的规模化阶段,该阶段企业生产的产品在市场上已占有较大的份额,经营业绩良好,可抵押资产增多,风险也逐步降低。进入这一阶段的科技型中小企业基本上排除了技术风险,经营风险与市场风险逐渐降低,形成了自身的核心竞争能力;企业初具规模,企业形象、产品品牌在社会上已有一定的知名度和良好信誉,已对社会各界投资者产生诱惑力。进入成熟期后,企业的制度和组织结构逐渐完善,组织计划能够得到有效的执行,从核心事业部开始分化出新的事业部和组织,并且具有判断未来发展趋势的能力。然而,企业要想进一步做大做强,必须加强人本化管理,依靠具有特色的企业文化所形成的一套共同价值观、企业精神,实现自主自治。人本化管理就是以人为中心的管理,是建立一个充满活力的、能让每一位员工充分发挥其才能的组织架构,其中最为关键的是通过制度创新,激发全体员工的个人创造性和能动性。事实上,企业只有依靠强大的人本化管理,才能保障其可持续发展,避免过早地陷入衰退期。随着企业的发展壮大,它又开始面临进一步拓展市场、完善经营管理、提高经济效益等方面的问题。解决这些问题需要大量资金,如得不到持续的资金供应,企业将会失去高速成长的机会。在成熟期,企业的融资渠道较为广泛,可以选择较为适宜的融资方式:①银行贷款。企业进入成熟阶段后,经营业绩稳定,资产收益率高,可抵押的资产越来越多,银行愿意为进入该阶段的科技型中小企业贷款。因此,银行等金融机构的贷款已成为企业资金的主要来源。②上市融资。由于主板市场要求高,只适宜于少数大型科技型企业,所以,科技型中小企业可以选择在二板市场上市。对于一些企业来说,在二板市场上市也是可望不可即的,因此可以设想使多家处于同一产业链内、盈利水平相近、产品结构相似、位于同一地区的科技型中小企业联合重组,使其规模和收益符合(主板或二板)市场的要求,从而获得上市融资的机会。③债券融资。企业可以发行普通债券、可转换债券,来获得稳定的资金来源。④留存收益。企业从外部进行融资都伴随着一定的成本和融资风险。随着企业盈利能力的提高,自身积累也日益增多,企业也可将留存收益转化为资本。实际上,留存收益的成本还比较低,其主要原因是:第一,节税效应。如果将留存收益作为现金股利分配给股东,股东将支付个人所得税;而将其再投资,可不交税,因此可产生节税收益,从而降低资金成本。第二,节费效应。如果股东用取得的现金股利再投资,还会发生寻找投资机会、获取信息的费用和投资的手续费用等,而企业把留存收益再投资不会发生这些费用。

3.4.5 科技型中小企业衰退期的特点及其融资策略

在没有持续创新的情况下,企业在经历相当一段成熟期后往往会步入衰退期。进入衰退期的企业对市场的反应迟钝,企业内部的管理阻碍了技术和管理的创新,激励机制不适应市场的变化,具体表现为:企业的技术装备日趋落后、产品老化、生产萎缩、效益下降。这时,企业要么执行退出战略,要么进行管理创新和技术创新,加大技术创新投入,进行新产品开发,并适时调整发展战略,进行市场创新,以求二次创业。当二次创业时,资金需求主要满足设备的更新以及技术的创新与引进等。

衰退期企业的现金流量逐步下降、萎缩,甚至出现赤字,财务状况日益恶化,企业资金周转发生困难,负债不断加重,银行在未得到上述全面信息时还会发放贷款,但随着问题的逐渐暴露,银行不但会停止新的融资,而且还会向企业催收贷款,使企业走向死亡的边缘。企业为重生或蜕变,除获得银行的部分贷款外,进行商品贸易融资、租赁融资、票据融资、典当融资可使企业获得部分资金,还可通过企业内部职工借款、企业间的商业信用、民间借贷、信用担保机构担保贷款获得债权融资,或是通过产权交易市场、股权的场外交易获得股权融资以及并购和重组。

3.5 结论与建议

从上面的分析中可以看出,科技型中小企业从种子期、创业期、成长期、成熟期到走向衰退期,每一步都需要不同的融资战略。政府在科技型中小企业的融资体系中应扮演三个角色,它们分别是科技型中小企业的融资支持者、融资信用保障者、融资市场设立者。因此,政府应从以下方面给予支持与指导,为企业提供良好的融资发展环境:第一,完善多层次资本市场体系,包括创业板市场、场外交易市场等。第二,开办科技银行。为了降低风险,国家可通过政策倾斜鼓励科技银行与创业风险投资机构建立紧密的合作关系,甚至成为其股东或合伙人,以利用创业风险投资机构在人才、组织方面的优势及控制风险的能力。第三,完善社会信用体系,只有建立覆盖全社会、有效的信用体系,才能为科技型中小企业顺利融资创造良好的条件。第四,搭建金融机构与科技型中小企业之间的信息桥,最大限度地减少信息不对称,使企业的融资渠道更加顺畅。

4 资本市场金融产品促进科技型中小企业融资机制研究

4.1 金融产品及其创新

金融产品主要包括债权类产品、股权类产品和混合型产品。金融产品创新是指金融资源的分配形式与金融交易载体发生的变革与创新。金融产品创新是金融资源供给与需求各方金融要求多样化、金融交易制度与金融技术创新的必然结果。一方面,金融产品的创新活动最大限度地动员和分配了可支配的金融资源,满足了社会经济发展对金融资源的需要;另一方面,金融产品创新适应了社会财富不断增长的背景下,金融投资者对投资产品的多样化需要和投资风险管理的各种要求。

贷款类金融创新工具:目前国际上流行的贷款类金融创新工具有可调整利率的抵押贷款、浮动利率贷款、背靠背贷款、可转让贷款合同等。债券类金融创新工具:国际流行的浮动利率债券、零息债券、垃圾债券、可转换债券等。资产管理类创新工具:目前国际上已有股权化资产、债务—股权互换、资产证券化、无追索权之资产销售等多种形式。表外业务创新工具:国际上已存有期货、期权、互换、远期利率协定、信用证、各种票据发行工具、对各种证券增强信用的担保等名目繁多的表外业务创新工具。

4.2 科技型中小企业股权融资合约治理机制

4.2.1 科技型中小企业股权融资合约的特征

相比于成熟的资本市场,科技型企业的股权融资特征有:资本市场成熟度低、股东数量少、股东集中度高等,具体表现为:

(1)资本市场成熟度低,科技型企业资本市场刚刚起步,在美国也是如此,股权融资渠道少,数量有限,远远不能满足科技型企业的股权融资的需求;

(2)股东数量少,一般是几人或十几人,远不及一般成熟公司,更不及上市公司;

(3)股东集中度高,往往集中在1~3个创业投资者手中,有时股权集中度超过80%;

(4)股权变动小,一旦合约谈判成功,股权转让难度大,股权变动谈判成本高;

(5)股权参与度高,几乎所有股东都在一定程度上参与公司的事务,而成熟企业大多数中小股东很少参与公司事务;

(6)股东治理的依据是合约,一般成熟企业的依据是法律。

4.2.2 科技型中小企业股权融资合约治理的控制权机制效果

科技型企业一旦股权融资成功,创业者和投资者将围绕控制权分配、激励机制等实施企业的治理,从而实现企业的发展。

设中小企业家 EN 需要资金 K,来进一步发展其创立的科技型企业,企业家 EN 的自有资金为 B,并向一个富有的投资者融资 $K-B$,企业家和投资者的股权比例分别是 λ_1 和 $1-\lambda_1$。在企业经营的过程中,投资者进行监控,监控的成本为 c,监控的效率为 η($0<\eta<1$)。企业家努力工作,并获取一定的由控制权所带来的私人收益,控制权为 ρ($0<\rho<1$),控制权带来的最高私人收益为 A(此时 $\rho=1$),企业成功的概率为 p,而

不成功的概率为 1–p。如果企业成功，企业的息税前利润为 y。因为是股权投资于企业，所以可设无税无息，y 只有在企业家和股权投资者之间分配。在 y 实现之后，企业家先做出初始分配方案，并向外部投资者进行信息披露，我们将信息披露限制在对收益 y 的报告上。设企业家能够自由地观测到经营状态和真实的收益 y，而外部投资者只知道 y 的分布函数，投资者与企业家的信息不对称，企业家可能将 y 变为低收益 y' ⩽ y。因此对外披露的不是真实的 y 成为了分配的基础，但 y' 与投资者的监测是有直接关系的，即 y'= η y。如果企业失败，企业只剩下破产清算资产 u 在投资者和企业家之间按股权比例分配。这样企业家的期望利润可表示为：企业家期望利润 = 成功时企业家收益分成 + 不成功时企业家收益分成 + 企业收益信息披露差 + 企业家的控制权收益 – 企业家的投入资金，用公式可表示为：

$$y_{EN}=\lambda_1 \eta yp+\lambda_1 u(1-p)+y-\eta y+\rho A-B \quad (4-1)$$

投资者的期望利润可表示为：投资者期望收益 = 企业成功时投资者收益分成 + 企业不成功时投资者收益分成 – 投资者投入资金 – 监控成本，用公式可表示为：

$$y_{INV}=(1-\lambda_1)\eta yp+(1-\lambda_1)u(1-p)-(K-B)-c \quad (4-2)$$

设企业家拥有企业收益为 y^*_{EN}，投资者拥有的期望收益为 y^*_{INV}。由于企业家拥有技术优势和专用性的人力资本，企业家先拥有科技型企业的控制权。在合作的第一个时间段结束时，投资者将考核企业家的经营绩效，并依据合约确定下一阶段的控制权。

根据（4-2）可求得：

$$y=\frac{y^*_{INV}+c+K-B-(1-\lambda_1)u(1-p)}{(1-\lambda_1)\eta p} \quad (4-3)$$

根据（4-1）可求得

$$\rho=\frac{y_{EN}+B-(\lambda_1\eta p+1-\eta)y-\lambda_1 u(1-p)}{A} \quad (4-4)$$

将（4-3）代入（4-4）可得

$$\rho = \frac{y_{EN}+B-(\lambda_1\eta p+1-\eta)\dfrac{y^*_{INV}+c+K-B-(1-\lambda_1)u(1-p)}{(1-\lambda_1)\eta p}-\lambda_1 u(1-p)}{A} \quad (4-5)$$

由于企业失败后的清算资产 u 很小，几乎可以忽略，故（4-5）可以简化为

$$\rho = \frac{y_{EN}+B-(\lambda_1\eta p+1-\eta)\dfrac{y^*_{INV}+c+K-B}{(1-\lambda_1)\eta p}}{A} \quad (4-6)$$

整理（4-6）得：

$$\rho = \frac{y^*_{EN}}{A}+\frac{B}{A}-\frac{(\lambda_1\eta p+1-\eta)(y^*_{INV}+c+K-B)}{A(1-\lambda_1)\eta p} \quad (4-7)$$

由（4-7）可见，企业家的控制权比例由企业家的期望收益 y^*_{EN}、投资者的期望收益 y^*_{INV} 来平衡，并受到企业家的股权比例 λ_1、投资者的监控效率 η、企业成功的概率 p 的影响。

这样科技型企业实现了控制权的相机配置，控制权不是仅仅掌握在企业家手中或投资者手中。这种配置符合科技型企业的特点，一方面，在一定程度上削弱了企业家控制企业的道德风险；另一方面，也克服了由投资者控制企业而影响企业家的积极性、损害企业家利益等问题的出现。因此，这种股权融资工具的控制权配置能够促进科技型中小企业的发展。

4.2.3 科技型中小企业股权融资合约治理的激励机制效果

科技型中小企业的股权投资者（天使投资、创业投资、私募股权投资等）一般都拥有企业较大的股份，投资者一方面监控科技型企业，另一方面也通过激励机制来激励企业家努力工作。

下面通过一个博弈论模型来说明投资者对企业家的激励问题。

股权投资博弈的要素有三个：参与者，行动和信息。这里参与者即投资者和企业家，投资者的行动在激励与不激励之间选择，企业家的行动在努力与不努力之间选择，投资者与企业家拥有共同信息且同时决策。

4 资本市场金融产品促进科技型中小企业融资机制研究

设企业家付出努力时,企业的收益为 R,否则为 R',而努力的成本为 C,投资者对企业家的激励以货币 S 来表示,并且 $S>C$,企业家的股份为 r。

根据以上假设,构造博弈矩阵如表4-1所示。

表4-1 科技型中小企业股权投资者激励矩阵

		投资者	
		激励	不激励
科技型中小企业家	努力	$S-rC+rR$;$(1-r)R-S$	$-rC+rR$;$(1-r)R$
	不努力	$S+rR'$;$(1-r)R'-S$	rR';$(1-r)R'$

对于投资者来说,不激励是其占优策略。

对于企业家来说,则存在以下情况:

(1)若 $R' > R-C$,即在投资者不激励的条件下,企业家不努力的收益 $rR' > r(R-C)$,此时,企业家选择不努力为其占优策略,而纳什均衡为(不努力,不激励)。

(2)$R' < R-C$,即在投资者不激励的条件下,企业家不努力的收益 $rR' < r(R-C)$,此时企业家选择努力为其占优策略,而纳什均衡为(努力,不激励)。

进一步分析可知,(努力,激励)企业家和投资者博弈的最优结果,符合两者的共同利益,此时须通过一定的机制条件使 $R' < R-C$ 成立。

以上是在静态条件下的均衡分析。实际上股权投资往往是一个多阶段的投资过程。首先是因为中小企业面临的是不完善的资本市场,寻找投资者的交易成本很大,故倾向于与投资者签订多阶段融资合约;其次是投资者往往不愿根据科技型企业的现有表现而投入大量现金,出于风险规避的考虑,投资者倾向于签订多阶段的投资,以便在后续考察中确定自己的未来策略。这样,投资者在下一阶段是否继续投资,取决于企业家的努力程度,而努力的策略选择便成了企业家的占优策略。同时每一个阶段之前的投资对于投资者而言形成了沉淀成本,投资者需要在后续的企业运作中收回成本并获得收益,因此投资者将不断给予企业家激励以确保科技型企业后续经营的成功,这样,激励就成了投资者的占优策略。所以,在企业家与投资者的动态博弈活动中,(努力,激励)就是企业家和投资者博弈的最优结果,符合两者的共同利益。

从以上可见,投资者对科技型企业进行股权投资是一个多阶段的合约过程,从而保证了对企业家的激励作用,促进了企业的发展。

4.3 科技型中小企业债权融资合约治理机制

4.3.1 科技型中小企业债权融资合约的特征

科技型企业采用债权融资的原因有:

(1)科技型企业有知识产权,如专利、商标等,可以以无形资产质押的方式向商业银行贷款;

(2)个人(亲戚、朋友等)等社会资本广泛存在于科技型企业中;

(3)地区性中小银行机构、小额信贷公司等为科技型企业提供贷款;

(4)由于商业信用的存在,科技型企业通过赊销商品或服务形成间接性的债权融资。

可见,科技型企业的资金来源有多种渠道。因此,科技型企业的资金来源有三个主要特征:

(1)非正式金融,这种形式以亲戚地缘关系和朋友为依托,极大降低了科技型企业的信息不对称和交易成本;

(2)商业信用广泛存在,这说明科技型企业在成长初期已经广泛利用其社会网络,并积极建立商业合作伙伴之间的多种联系;

(3)声誉起着重要作用,由于科技型企业的非正规金融和商业信用通常是基于一种非正式的不完全合约安排,具有自我约束和自我实施的机制。

所以信任和道德约束成为非正规金融自我维系的重要力量。非正规金融和商业信用对借款人的担保、抵押要求非常低,有社会网络等隐性担保在起作用使得借款人的任何违约和失信行为都会对违约者的声誉和信用造成重大损失。这种非法律的制裁措施有很大的威慑力,为多数创业者所重视。由于良好声誉具有提高后续借款的可能性,科技型企业的创业者和投资者都普遍重视声誉的作用。

4.3.2 科技型中小企业债权融资合约治理的激励机制效果

科技型中小企业从地区性中小商业银行或富有的投资者中债权融资后,可通过提高企业家的剩余收益的分享比例来激励企业家,从而促进中小企业的发展。

下面通过一个模型来论述这一点。

设科技型中小企业家的投入资金为 K,并从天使投资、创业投资、私募股权投资等处股权融资 B,则科技型企业股权融资资金总额为 $K+B$,其中企业家的股份比例为 $K/(K+B)$。设股权融资数额不足以支撑科技型企业的经营需要,为此投资者对企业家进行债权投资,数额为 A。设资金的单位收益为 x,债务利息率为 y,所得税税率为 t。这样,企业家的股权收益为:

$$\pi = \frac{K}{K+B}[(K+B)x+(x-y)A](1-t) \quad (4-8)$$

整理(4-8)得:

$$\pi = Kx(1-t) + \frac{K}{K+B}(x-y)A(1-t) \quad (4-9)$$

对式(4-9)中 A 求偏导数得:

$$\frac{\delta\pi}{\delta A} = \frac{K}{K+B}(x-y)(1-t) \quad (4-10)$$

当 $x>y$ 时,由(4-10)可知,企业家的收益与债权融资额成正比,提高科技企业债权融资的比重可以提高企业家的收益。所以,随着科技企业债权融资比例的升高,企业家就会更加努力提高单位资金的收益,以谋求自身利益的最大化。这样债权融资就成了对企业家潜在的激励作用,促进了企业的发展。

同时,相对于企业的股权融资,科技型企业的债权融资也对公司价值有正的激励作用,这表现为税盾效应,即负债会因利息的减税作用而增加企业的价值。由于利息是税前支付的,而股息必须在税后支付,所以通过债权融资可以合理避税,从而提升企业的价值。

下面通过一个模型来分析。

设科技型中小企业的资产收益率为 R（$R=$ 息税前利润／总资产），市场利率为 i，企业的负债率（资本结构）为 d（$d=$ 负债／资产），企业所得税税率为 t。

这样,企业权益资本的收益率 r 可表示为：

$$r=(R-i\times d)(1-t)/(1-d) \qquad (4-11)$$

对式（4-11）中 d 求导数得：

$$\delta r/\delta d=(R-i)(1-t)/(1-d)^2 \qquad (4-12)$$

当 $R>i$ 时,式（4-12）为正,在其他条件不变的情况下,企业权益资本的收益率 r 随着企业的负债率 d 的增大而增大,税盾效应发挥了作用。

当 $R<i$ 时,式（4-12）为负,此时债权融资所导致的利息费用侵蚀全部利润并逐步侵蚀企业的权益资本,税盾效应无法体现。在这种情况下,企业举债是无益的,应尽可能避免举债。

综上可知,科技型企业债权融资合约激励的最终结果取决于对企业家的激励效应、提升企业价值的税盾效应的环境条件。若企业经营环境好,企业的单位资金的收益率大于单位借款的利率成本,则负债融资具有对企业家正的激励作用,同时能提升企业价值的税盾效应,从而促进企业的发展；若企业经营环境不好,企业单位资金的收益率小于单位借款的利率成本,则负债融资对企业家激励无效,税盾效应也无效,从而不利于企业的发展。

4.3.3 科技型中小企业债权融资合约治理的破产机制效果

破产是对企业家的最大惩罚。一旦科技型企业破产,企业家将失去自身对技术商业化的追求、丧失科技企业的控制权、损失长期积累的声誉。所以,科技型企业家一般不希望破产。

如果科技型企业家采用股权融资,则只要股东不提出解散企业,企业

4 资本市场金融产品促进科技型中小企业融资机制研究

一般不会破产；如果企业采用债权融资，只要企业在债务到期之日无法还本付息，企业就会面临破产的风险。

由前可知，负债对企业家具有激励作用，通过税盾效应也可提升企业家激励机制，但负债也有可能导致债权人和股东的利益冲突，有时甚至抵消了对企业家的激励作用和对企业的提升作用。这是因为科技型企业的股东关心的是红利和股东价值，而债权人关心的是本金和利息的支付。这样，股东和债权人的利息就存在冲突，从而产生代理成本。当这种冲突到一定程度时，便产生了股东和债权人之间的博弈问题。

这种博弈问题描述如下：

设科技型企业的实际收益为 R（债权人无法知道 R 的大小），企业需支付给债权人本金和利息为 D。如果企业的实际收益大于债权人要的本金和利息，则企业董事会会有两种选择，即履约或违约；债权人也有两种选择，即接受或拒绝。债权人如果拒绝，将会诉诸于法律，向法院申请企业破产。设企业选择违约时支付给债权人 F（$F<D$），若债权人接受，则债权人的收益为 F，企业股东收益为 $R-F$；若债权人不接受，企业进入破产程序，则债权人的收益为 $\min[(v-c), D]$，股东的收益为 $\max[0, v-c-D]$，其中 v 为公司价值，c 为清算成本。其博弈矩阵如表 4-2 所示。

表 4-2 科技型企业股东与债权人的博弈矩阵

		企业股东行为选择	
		履约	违约
债权人行为选择	接受	D；$R-D$	F；$R-F$
	拒绝		$\min[(v-c), D]$；$\max[0, v-c-D]$

由表 4-2 中的分析可知，当企业收益 $R>D$，企业和债权人之间的策略空间若为 {履约，接受}，则股东和债权人之间不会产生任何冲突。然而，科技型企业经营有可能出现企业盈利足以补偿债权人的本金和利息，但有可能出现补偿债权人的本金和利息后所剩无几的尴尬局面。此时，科技型企业往往提出延期支付一部分本金和利息，是否同意企业的要求取决于债权人的信息。如果债权人信息完全，则会向企业提出破产要求，迫于威胁

企业会偿还全部本金和利息；如果债权人信息不完全，认为破产清算后不足以拿回全部本金和利息，则会同意企业的违约，让企业继续经营并在下期偿还剩余本金和利息。

当企业收益 $R<D$ 时，企业只能选择支付 $f（0≤f≤D）$。债权人有接受或拒绝两种选择。当债权人选择接受时，债权人的收益为 f，企业股东的收益为 $R-f$；当债权人选择拒绝时，债权人的收益为 $v-c$，企业股东的收益为 0，如表 4-3 所示。

表 4-3 债权人的博弈矩阵

债权人行为选择		企业股东行为选择	
		履约	违约
债权人行为选择	接受	D；R-D	F；R-F
	拒绝		v-c；0

由表 4-3 中的分析可以看出，在企业选择违约时，债权人提出破产要求并不完全是占优策略。债权人往往会对企业做出相机抉择并对企业前景进行评估。如果债权人经过评估认为科技型企业前景较好，则为了能在将来收回部分本金和利息，债权人将会接受企业的违约行为；如果债权人经过评估认为科技型企业前景较差，则为了能在最大程度上收回部分本金和利息，债权人将会申请企业破产并接受自身遭受的一部分损失。

这种股东和债权人之间的利益冲突和冲突后的行为选择在一定程度上影响着科技型企业的发展。如果在冲突中，债权人通过一定的系统能够较全面掌握科技型企业的信息，并在策略选择时遵循相机抉择原则，则会对企业发展产生积极影响。相反，如果债权人根本不掌握科技型企业的信息，并在策略选择时一味妥协或强硬相对，则会对企业发展产生消极影响。

4.4 科技型中小企业可转换证券融资合约治理机制

4.4.1 科技型中小企业可转换证券融资合约治理特征

可转换债券一般在前期表现为债权性质，投资者获得固定的利息，而

4 资本市场金融产品促进科技型中小企业融资机制研究

在后期按照投资者和创业者之间的合约决定是否转换为债权。所以,可转换证券不仅能获得固定利息以及在清算时拥有优先清偿权,而且还能分享企业成长带来的收益,可转换证券的这一特性引起了创业者和投资者的广泛关注。

据 kaplan(2001)对 14 家创业投资公司的 213 次投资的调查,可转换证券使用次数达 204 次,可见可转换证券备受科技型企业的青睐。一般来讲,科技型企业使用的可转换证券具有债权性、股票期权性、可赎回性与回售性等特征。

1. 债权性

可转换证券是一种创新型的金融方式,其内涵决定了它首先表现为一种公司债券。可转换证券的进一步分析可知,可转换证券在融资后的第一期表现为债务性资产,科技型企业需要为此付出一定的固定利息。同时,在约定期满后,如果投资者不愿意将可转换证券转换为股票,科技型企业还必须履行还本付息的义务,可见,可转换证券具有债权性。

2. 股票期权性

可转换证券转换为股权的选择权是一种典型的股票买入期权。一方面,如果在约定的期限内投资者将可转换证券转换为股权,他将拥有与普通股类似的股权权益,可以行使股东的权利。另一方面,可转换证券的持有人也可以放弃权利,持有可转换证券到最后期限并收回本金和利息。可见,可转换证券具有明显的期权特征,体现为可转换证券的股票期权性。

3. 可赎回性与回售性

作为一种金融创新,可转换证券往往有一定的可赎回款项,规定在一定条件下科技型企业可以取消投资者的转换权,并按约定给予投资者一定的补偿。这一特征在科技型企业中尤为重要,因为科技型企业前景的不确定性往往使得可转换证券严重侵害创业者和投资者的利益,需要这一条款在一定程度上予以保护。同时,由于科技型企业的不成熟性,其后续发展可能出现创业者和投资者都无法预料的异常波动,从而在较大程度上影响创业者和投资者的利益,需要赎回性和回售性这些特殊条款予以协调。

同时，由于投资者是否将可转换证券转换为股权取决于其个人意识，故在投资者不执行转换权利时科技型企业按一定的条件将其回购也显得理所当然，是发行人用合约的形式赋予投资者的又一项权利。

科技型中小企业一旦可转换证券融资成功，将通过激励机制、控制权机制和监督机制影响着科技型企业的发展。

4.4.2 科技型中小企业可转换证券融资合约的激励机制效果

可转换证券设计立足于投资者和企业家的多期合作，并使得投资者和企业家都立足于企业的长期发展。显然，这种设计需要检验其是否有利于激励企业家努力工作。如果这种设计能有效激励企业家长期努力工作，则会促进企业的发展。如果这种设计仅仅激励企业家短期努力工作，而无法激励企业家长期努力工作，则会影响企业的发展。

下面通过一个理论模型来验证可转换证券设计是否能激励企业家长期努力工作。

（1）设投资者采用可转换证券投资于科技型企业，投资者与企业家的博弈过程如图4-1所示。

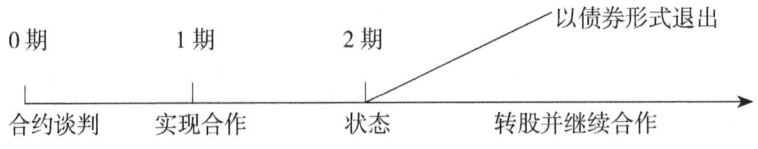

图4-1 投资者与企业家的博弈过程

设在这过程中科技型企业共获得投资者的投资额为 K，约定利息为 r，第一期结束后若转股则占科技型企业股权比例 β，而预计转股后每股收益为 λ，投资者转股的概率为 p。

（2）假设科技型企业的产出与企业家的努力 e 以及经营环境的外生不确定性因素 θ 线性相关。则科技型企业的产出可表述为：

$$y = ae + b\theta$$

其中 a 为努力的生产系数，θ 为外部不确定性因素（b 为系数，θ 满足均值为零、方差为 σ^2 的正态分布）。

4 资本市场金融产品促进科技型中小企业融资机制研究

（3）企业家经营科技型企业的行为有两种。短期努力行为（e_s）和长期努力行为（e_l）。其中，企业家的短期努力行为是指企业家通过努力在短期内企业有收益但长期内企业收益受损。企业家的长期努力行为是指企业家通过努力企业的长期收益受益，但企业短期成本（如研发费用等）会增加。企业家的短期行为将引起企业短期内的收益增长，设其系数为 D_s。同时，企业家的短期行为也将给企业的长期收益带来损失，设为 D_l。据经验，企业家短期努力行为引起的短期收益增加要远小于短期努力行为引起的企业长期收益的损失，即有 $D_l > D_s > 0$。企业家的长期努力行为将会引起企业短期利益的损失，设其系数 C_s。同时，企业家的长期努力行为将引起的企业短期利益的损失，设其系数为 C_l，$C_l > C_s > 0$。

根据以上假设，科技型企业的长期收益函数可表示为：

$$y = D_s e_s - D_l e_s + C_l e_l - C_s e_l + \theta$$

（4）设企业家努力成本 $C(e)$ 可以用货币成本计量，并进一步假定为：

$$C(e) = \frac{b_s e_s^2 + b_l e_l^2}{2}$$

根据上述四个假设，投资者的期望收益函数可表示为：

$$y_{INV} = (1-p)[(1+r)K] + p\beta\lambda(y-w)$$

其中 w 为企业家的固定薪金收入。

这时，企业家的收益为总收益减去投资者的收益：

$$y_{EN} = y - \{(1-p)[(1+r)K] + p\beta\lambda(y-w)\} - C(e)$$

$$y_{EN} = D_s e_s - D_l e_s + D_l e_l - D_s e_l + \theta - (1-p)[(1+r)K]$$

$$-p\beta\lambda(D_s e_s - D_l e_s + D_l e_l - D_s e_l + \theta - w) - \frac{b_s e_s^2 + b_l e_l^2}{2} \quad (4\text{-}13)$$

对式（4-13）中 e_s，e_l 求导数，可得：

$$\frac{\delta y_{EN}}{\delta e_s} = (D_s - D_l) - p\beta\lambda(D_s - D_l) - b_s e_s \quad (4\text{-}14)$$

$$\frac{\delta y_{EN}}{\delta e_l} = (C_l - D_s) - p\beta\lambda(C_l - C_s) - b_l e_l \quad (4\text{-}15)$$

令（4-14）（4-15）两式等于零，可解得企业家的最优短期努力程度和最优长期努力程度为：

$$e^*_s = \frac{(1-p\beta\lambda)(D_s-D_l)}{b_s} < 0$$

$$e^*_l = \frac{(1-p\beta\lambda)(C_l-C_s)}{b_l} > 0$$

由此可见，在采用可转换证券投资时，科技型企业家的短期努力程度为负，即企业家将放弃对短期利益的努力行为，同时，科技型企业家的长期努力程度为正，即企业家将实施长期利益的努力行为。所以可转换证券设计能有效激励企业家致力于长期努力工作，从而促进了科技型企业的发展。

4.4.3 科技型中小企业可转换证券融资合约的控制权与监督机制效果

Kaplan 等（2000）从实证的角度验证了可转换证券可以用来合理地分配控制权和现金流权，下面我们通过一个模型来分析控制权机制与监督机制是如何促进科技型企业发展的。

（1）投资者采用可转换证券投资，投资者与企业家的博弈过程如图4-2所示。

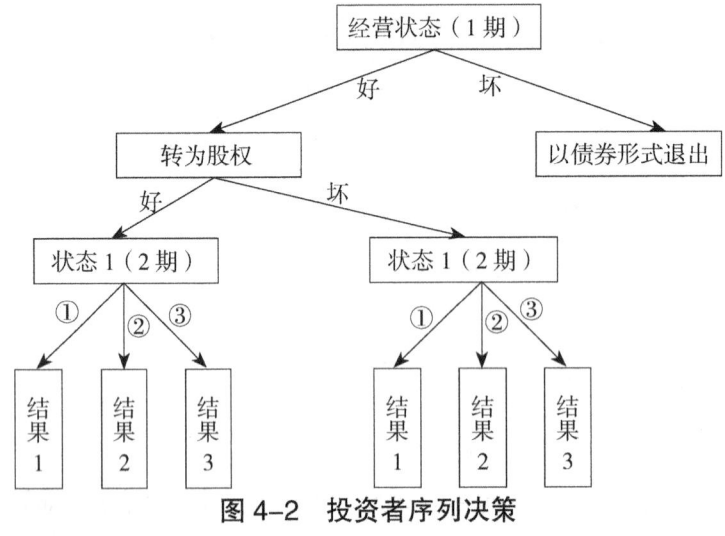

图4-2 投资者序列决策

4 资本市场金融产品促进科技型中小企业融资机制研究

假设在这过程中科技型企业共获得投资者额为 K,第一期结束后若转股则占科技型企业股权比例为 β。

(2)当投资发生后,投资者将根据第一期项目的属性决定自己的选择。若企业经营状态坏,则投资者将以债券形式退出,收回投资的本金和利息;若企业经营状态好,则投资者将转为普通股。投资者转为普通股后将面临第二期经营状态的不确定性(经营状态坏或经营状态好)。此时,投资者主动(拥有控制权)或被动(不拥有控制权)面临三种决策,即:扩大投资规模(e);维持现有投资规模(s);清算企业(l)。因此,投资者的系列决策如图4-2所示。

(3)科技型企业家的收益分为两部分,即股权收益和私人收益。股权收益是指科技型企业家拥有企业($1-\beta$)的股权而享有的收益,而私人收益是指科技型企业家拥有的在职消费、声誉、家族成员特殊利益等组成的企业经营中的收益。

如果第一期状态坏时,投资者将以债券形式退出,体现了第一期的相机抉择。

现在我们分第二期为好状态和第二期为坏状态两种情况来讨论建模。

1. 好状态下的控制权机制和监督机制

在好的状态下,科技型企业有三种选择,即假设(2)中所列出的:扩大投资规模(e);维持现有投资规模(s);清算企业(l)。显然,好的状态扩大投资是最优选择,此时的企业收益满足:$y_e > y_s > y_l$。

此时投资者和企业家的股权收益满足:

投资者:$\beta y_e > \beta y_s > \beta y_l$

企业家:$(1-\beta) y_e > (1-\beta) y_s > (1-\beta) y_l$

就企业家私人收益而言,维持现状是最优选择,一方面,扩大投资要求企业家更加努力工作;另一方面,清算企业企业家将丧失全部私人收益,即:$y_{p(s)} > y_{p(e)} > y_{p(l)}$。

这样,企业家的总收益将可能出现两种情况,即:

$$(1-\beta) y_e + y_{p(e)} > (1-\beta) y_s + y_{p(s)} > (1-\beta) y_l + y_{p(l)} \qquad (4-16)$$

$$(1-\beta)y_e+y_{p(s)} > (1-\beta)y_s+y_{p(e)} > (1-\beta)y_l+y_{p(l)} \qquad (4-17)$$

若出现式（4）的情况，即企业家扩大投资规模的总收益在三种状态中最大。此时，企业家扩大规模符合投资者和企业家的利益，同时也符合科技型企业的整体利益，达到了社会收益的最大化。此时，投资者和企业家的目标一致，投资者没有必要索取控制权，这种安排优化了公司治理，可以有效地促进科技型企业的成长。

若出现式（5）的情况，即企业家维持现有投资规模的总收益在三种状态中最大。此时企业家的利益与投资者产生冲突，这是因为扩大投资规模才是投资者的最大利益。当投资者与企业家产生冲突时就形成了代理成本。若投资者此时拥有企业控制权，他将选择扩大投资规模，这也符合科技型企业的整体利益。同时，若企业家拥有控制权，他将选择维持现有投资规模，从而损害了投资者和企业的利益。所以，此时投资者应积极索取企业的控制权，否则将恶化企业的公司治理，妨碍企业的发展。

2. 坏状态下的控制权机制和监督机制

在坏状态下，科技型企业同样有三种选择，即假设（2）中所列出的：扩大投资规模（e）；维持现有投资规模（s）；清算企业（l）。显然，清算企业是最优选择，此时的企业收益满足：

$$y_l > y_s > y_e$$

此时投资者和企业家的股权收益满足：

投资者：$\beta y_l > \beta y_s > \beta y_e$

企业家：$(1-\beta)y_l > (1-\beta)y_s > (1-\beta)y_e$

就企业家的私人收益而言，维持现状是最优选择，一方面，扩大投资要求企业家更加努力工作；另一方面，清算企业企业家将丧失全部私人收益，即：

$$y_{p(s)} > y_{p(e)} > y_{p(l)}$$

这样，企业家的总收益将可能出现三种情况，即：

$$(1-\beta)y_l+y_{p(l)} > (1-\beta)y_s+y_{p(s)} > (1-\beta)y_e+y_{p(e)} \qquad (4-18)$$

$$(1-\beta)y_s+y_{p(s)} > (1-\beta)y_l+y_{p(l)} > (1-\beta)y_e+y_{p(e)} \qquad (4-19)$$

$$(1-\beta)y_s+y_{p(s)} > (1-\beta)y_e+y_{p(e)} > (1-\beta)y_l+y_{p(l)} \quad (8)$$

若出现（6）式的情况，即清算企业的总收益在三种状态中最大。此时，清算企业符合投资者和企业家的利益，同时也符合科技型企业的整体利益，达到了社会收益的最大化。此时，投资者和企业家的目标一致，投资者没有必要索取控制权，这种安排优化了公司治理，可以有效地促进科技型企业的成长。

若出现（7）式或者（8）式的情况，即企业家维持现有投资规模的总收益在三种状态中最大。此时企业家的利益与投资者产生冲突，这是因为清算企业才是投资者的最大利益。当投资者与企业家产生冲突时就形成了代理成本。若投资者此时拥有企业控制权，他将选择清算企业，这也符合科技型企业的整体利益。同时，若企业家拥有控制权，他将选择维持现有投资规模，从而损害了投资者和企业的利益。所以，此时投资者应积极索取企业的控制权，否则将恶化企业的公司治理，妨碍企业的发展。

综上所述，可转换证券具有由控制权决定的相机治理机制和有效降低企业家私人收益的监督机制的共同作用，从而有效促进科技型企业的发展。

5 创业板资本市场上市公司股权结构与绩效关系研究

5.1 股权结构与公司绩效相关理论

5.1.1 基本概念

1. 股权结构

股权结构即股份有限公司的所有权结构,简单地讲,就是指在股份有限公司中,不同性质的股份或不同持股主体所持有的股份份额在公司总的股本里所占的比例。根据不同的界定标准,可对股权结构进行分类。

(1)从公司股权的数量关系角度来讲,股权结构主要分为股权集中度和股权制衡度。股权集中度,即第一大股东或前几大股东所持股份占公司总股份比例的大小,通常的考量指标有第一大股东持股比例、前五大股东持股比例、前十大股东持股比例。根据股权的集中程度不同,相应的股权结构有不同的划分。当股权集中度小于20%时,可以认为该公司股权高度分散;当股权集中度大于20%且小于50%时,该公司的股权被认为是相对集中的;当股权集中度大于50%时,判定该公司股权结构为高度集中。股权制衡是指非控股的大股东持股比例与第一大股东持股比例的比率,它衡量了非控股股东对控股股东的制衡作用的强弱。

（2）从公司股权的持股股东本身的属性来看，国内股权结构一般可以分为国有股、法人股以及社会公众股，国外一般分为内外部股东、机构投资者。由于创业板上市公司民营家族企业特征明显，国有股成分很低，故是否国有不是本章重点考察的内容，主要从机构持股的角度进行讨论。

（3）从公司股权的流通属性来划分，股权结构一般可以分为流通股与非流通股。在我国股票市场建立初期，许多上市公司的股票有很大一部分处于非流通状态，所以学者们将上市公司股票分为流通股和非流通股。随着我国股权分置改革的推进，现在市场上非流通股逐渐转变为流通股上市自由流通，所以关于股权的流通性的讨论意义已不大。

2. 公司绩效及其评价

根据《公司法》对公司的定义，公司是企业法人，以盈利为目的，有独立的法人财产，享有法人财产权，并以其全部财产对公司的债务承担责任。公司作为现代化的企业组织，主要分为有限责任公司和股份有限公司两种形式，本章讨论的主要是在股票市场上市的股份有限公司。

绩效，是指主体在一定的资源及条件下，对于目标的完成程度及效率的高低的一种表达。公司绩效就是指上市公司的业绩达成的效率，反映了公司的治理水平与运营情况。公司绩效作为公司治理成果的一个重要的衡量指标，一直以来都是管理者、股东及投资者关注的重要内容。

公司绩效本质上应该反映对资源的利用效率和配置能力，它不仅表现在外在的账面价值、公允市场价值方面，更应从公司内部的治理结构，组织形态进行衡量。公司的目的是盈利，所以公司的绩效也表现为公司能够实现持续性盈利。本章所研究的创业板上市公司，具有高风险、高收益、高科技含量等特性，邓小平同志曾经指出"科学技术是第一生产力"，高科技含量意味着企业未来有因为科技成果带来盈利的可能性，所以公司的成长性是创业板公司绩效评价的一个重要方面。

目前对于公司绩效评价的相关文献，主要有以下几种方式方法：

（1）单一财务绩效

在现在涉及公司绩效的研究文献中，对于公司绩效的评定，很多学者采用单一财务绩效评价的方法，他们往往选择的是 ROE 或者 ROA 作为评价指标。由于净资产收益率 ROE 是杜邦分析体系的核心指标，同时被纳入了中国证监会《公开发行证券公司信息披露编报规则》考核指标，所以被使用的频率最高，ROE 度量了公司对股东的投入资本的使用效率，综合反映了企业的盈利、运营和风险管理能力。但许多学者指出，中国证券市场信息造假严重，ROE 指标容易被操纵，很多时候 ROE 是被修饰过的数据，缺乏真实性，因此 ROE 的替代变量——总资产收益率 ROA 和主营业务收益率 CROA 也经常会被设定为评价指标。总资产收益率 ROA 能反映公司所有的资源为公司创造价值的情况，反映了企业的资产综合运作能力和全面经营成果。主营业务收益率 CROA 指标，反映了公司在主营业务上的经营成绩，更能体现企业的发展方向和成长潜力，并且该指标不容易被人为操纵。使用单一评价指标对公司价值进行评价，虽然数据比较容易获得，可比性高，但是容易被人为操纵，全面性不足，无法对公司的综合治理运营水平有一个全面的评价。

（2）市场价值托宾 Q

公司的绩效不仅限于账面绩效，市场价值也是重要的一个部分。对于公司市场价值的衡量，国内外学者特别是国外学者，历来使用最多的指标就是 Tobin Q（托宾 Q）值。Tobin Q 值是公司的价值与其重置成本之比，在实际的应用中，由于公司的重置成本往往难以估量，通常选择公司会计账面成本替代使用，它反映了股票市场对于公司价值的市场评价，避免了估计收益率和边际成本的困难。但由于托宾 Q 的前提是有效市场，与国外市场不同的是，我国市场发展年限短，公司上市制度存在一定的缺陷，股票市场相互分割，股票市场投机氛围浓厚，市场发展不成熟，市场价值准确估计困难，所以 Tobin Q 值在我国公司绩效的评估上，还是存在很大的争议。

(3)综合绩效指标

综合绩效指标法,是通过因子分析或主成分分析对初步筛选的一批绩效指标进行降维处理,提取因子或主成分,以代表因子去替代多个纬度相同的绩效指标,并计算各个因子的得分,最后通过方差贡献率进一步求出综合绩效指标得分的方法。这种方法在评价公司绩效时,考虑了更多的影响因素,避免了单一指标的单一性及操纵性,也避免了托宾 Q 值的市场估值困难的问题。通过不同维度的考虑,综合绩效指标法,容纳了更多的信息量,能更为全面和准确地反映上市公司的综合绩效水平。综合绩效指标法也正是本章准备采用的上市公司绩效评价方法。

3. 内生性

公司金融领域中,资本结构、公司治理与社会责任、股权结构与公司价值等许多研究主题都潜伏着内生性问题。内生性在计量经济学角度,是指在回归分析模型中,干扰项和解释变量相关,会导致OLS估计结果有偏,使检验结果的解释度大大降低。关于内生性问题可能的来源,目前有三种。

(1)互为因果

当解释变量和被解释变量之间存在互相影响的关系时,便会产生内生性问题。此时解释变量不仅作用于被解释变量,被解释变量也会对解释变量发生反作用。此时需要通过联立方程,把它们考虑为一个均衡机制所决定,如果再单一考虑它们的影响的话,就会造成解释变量与扰动项相关的情况,导致估计偏误。

(2)遗漏变量

在构造模型时,由于选择偏误,可能对于某些关键的变量有所遗漏,但是该变量与模型中的其他变量相关,此时就会造成遗漏项部分归入扰动项,导致解释变量与扰动项相关,使结果估计不准。

(3)衡量偏误

实证所用的数据,可能存在一些偏差与错误,很难做到完全精确,这种误差可能会进入扰动项。当误差项与某些解释变量相关时,进入扰动项的误差就会使得解释变量与扰动项出现相关问题,此时解释变量就变为内生解释变量,如果不加以处理,就会对结果造成干扰。

关于股权结构的内生性问题,J Chi(2005)对股权结构与公司价值可能存在的三种关系做了一个归纳,结论如图 5-1 所示。

由图 5-1 可以看到,Chi 将股权结构与公司价值的关系总结为三种可能的情况:第一种是外生情况,股权结构单向作用于公司价值;第二种是股权结构与公司价值存在相互影响的情况下导致的内生性;第三种可能的情况是存在一些不可观测的变量,同时影响着股权结构与公司价值而导致内生情况的出现。

内生性的处理方面,对于由不可观测变量引起的内生性问题的解决办法是通过固定效应模型,它要求解释变量是严格外生的;对于相互作用引起的内生性问题主要通过联立方程组解决,本章主要讨论的是股权结构与公司绩效之间的关系,即它们的相互影响。

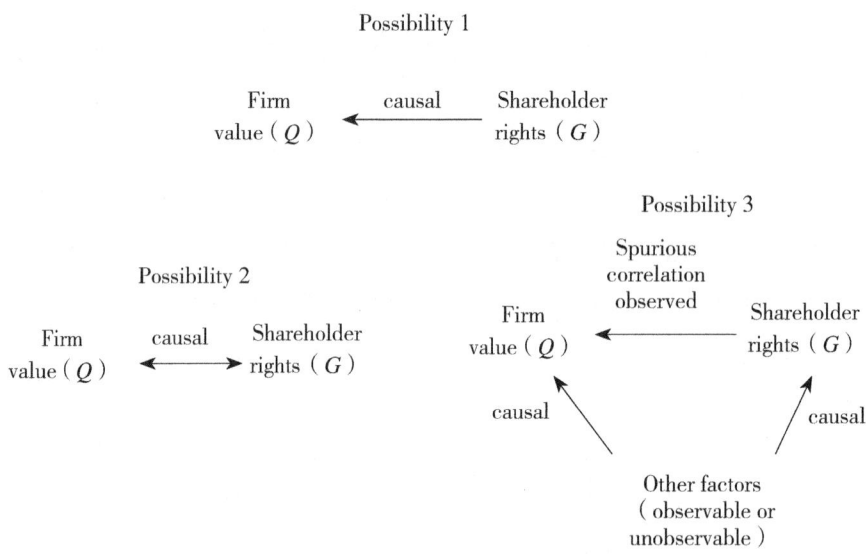

图 5-1　股权结构与公司价值关系图

5.1.2　理论基础

良好的公司治理机制是公司价值的最好表现。在公司制企业出现之前,

5 创业板资本市场上市公司股权结构与绩效关系研究

企业主要有个人业主制和合伙制两种组织形式,这两种最初形式的企业,决策灵活,发展速度快,但存在融资能力不足、周期性强、抗风险能力弱等局限性,往往在企业发展过程中,出现一次大的失误就可能使企业覆灭。正是在这样的背景下,现代公司制企业产生了,它聚集了许许多多个人的财富,并为社会创造了大量的财富。随着现代公司制度的不断发展,小公司要么被淘汰,要么被大公司收购或兼并,公司的规模不断扩大,对于公司的日常运作与管理也日益复杂化,要求有精细化与专业化的管理团队来对公司进行治理,职业经理人便逐渐出现在了公司治理的舞台上。公司规模的急剧扩大,也导致股权变得越来越分散,个人的股权也与公司的控制权发生了分离,个人股东对公司的影响力急剧下滑。小股东自身不仅缺乏对公司治理进行监督的积极性,也不具备相应的专业知识、精力和时间。众多小股东由此便产生了跟随效应和搭便车心理,他们转变为消极股东,把自己曾经拥有的控制权转移给了势力庞大的公司管理层。长此以往,就形成了控制权集中与股权分散并存的两权分离现象,"两权分离"是现代公司治理的基础。

1. 委托代理理论

Jensen,Meckling(1976)在他们发表的《企业理论:管理行为、代理成本与股权结构》一文中提出了委托代理理论,他们将公司的股权所有者定义为"委托人",将公司的管理者定义为"代理人"。委托人授予代理人一定的决策权,要求代理人提供有利于委托人的服务。如果委托代理双方都追求效益最大化,那么当委托人的利益与代理人的利益发生冲突时,就有理由相信代理人此时可能不会根据委托人利益最大化原则来采取行动。根据经验来看,委托人为了解决这个问题,通常选择"利益捆绑"或监督机制,但会因此产生代理成本。

在现代公司制度下,股东和经营管理者之间的关系是委托代理关系最典型的代表。股东以实现利润或公司价值最大化为目标,而经营管理者除了追求公司价值最大化,还希望自身利益最大化。在股权结构高度分散的公司中,很有可能出现作为代理人的经营管理者能够较为便宜地去实现自己的目标，并损害公司的经营绩效，侵占股东的合法利益。而在股权结构高度集中的公司中，控股股东拥有对公司的绝对控制权，有强烈的动机与能力积极参与公司的治理，他们能对管理层进行有效的监督与控制，因为控股股东有权直接任命和罢免公司的管理层，这在一定的程度上降低了作为代理人的公司管理层侵占股东利益的行为。

2. 市场短视理论

有些经济学家认为现行的资本市场存在一些本质性的缺陷，对公司治理目标的实现有巨大的负面作用。他们相信，资本市场在很大程度上是缺乏忍耐性和短视的。例如在股权分散的情形下，中小股东能够在股东大会上通过"用手投票"影响公司决策，行使自身权利的可行性很低，那么这部分中小股东只能选择"用脚投票"，往往就会选择赚取买卖差价成为他们持有公司股票的主要目的。因此，他们只是名义上的公司股票持有者，并没有成为从公司长期繁荣中分享利益的公司股票真正持有者。这部分高流动性的中小股东构成了短视的市场，他们希望通过短期买卖获益的投资理念，与公司发展战略为了长期利益进行投资相冲突，如在风险很高的新产品研究与开发方面持续进行投资，会降低本期的利润分配，这样会驱使短视者卖出股票，公司股价下跌。股价的下跌会对公司的管理层施加压力，迫使他们在很多时候放弃或减少长期战略性投资，而选择一些短期利益见效快的短视性投资决策，这必然导致公司资源的错配，将损害公司的长期利益，削弱公司的竞争能力，不利于公司的长远发展。

3. 利益相关者理论

委托代理理论与市场短视理论都属于传统的公司理论范畴，它们都强调公司的目标是追求利润最大化，公司的经营管理者主要对股东负责。与传统观点不同，利益相关者理论最早是由美国的经济学家弗里曼提出，他系统地论证了公司治理和管理者满足各种利益相关者群体的关系。利益相关者理论认为，公司是一系列明示及隐含的契约结点，股东在企业要服务的庞大"选民"集团中，只是一个很小的群体，财务指标也不能够对公司的全部价值进行反映。该理论认为公司是以人为本的，它的核心组织是人，公司由人组成，公司资源被人支配调节，公司的价值是为人服务。如果公司无法满足这群人——利益相关者的利益，那么它将不复存在。

根据利益相关者理论，但凡能影响公司目标实现，抑或公司目标实现过程能对其产生较大影响的经济主体，都属于该公司的利益相关者的范畴。一般来说，利益相关者主要包括六大群体，即股东、债权人、消费者、员工、供应商和社区。这些利益相关者，都不同程度地向公司投入了专用资产，并相应承担着公司经营失败所带来的风险。比如说，当公司破产时，股东先期的投入血本无归，债权人的贷出资本的本息有坏账损失风险，员工无法得到应有的劳动报酬，供应商无法得到应收账款，消费者无法享受售后服务等。正是出于这一系列原因考虑，利益相关者理论认为，这些公司的利益相关的人或团体，有必要通过适当的方式积极参与到公司治理中，以此寻求自己利益的保障。综合来讲，利益相关理论认为，公司是一个多元复杂的利益联结点，公司与利益相关者双方应积极开展合作，实现共赢。

4.权力滥用理论

权力滥用理论能够很好地解释在现实世界中，公司是如何选择治理目标及设计运作机制的。这种理论立足于真实现象，以其中存在的问题作为切入点，把解决实际问题作为终极目标，进而提升公司治理效率。因为无论是追求股东价值最大化，还是平衡各方利益相关者利益，人们都可能发现存在公司董事会、高层经理人员出现滥用权力的现象，会有损公司的既定目标的实现。权力滥用一般包含两层含义，其一是控股股东滥用控制权，其二是经理层滥用执行权。如果公司发生滥用权力时，公司就应该通过设计合理有效的治理机制，减少并防范这种错误做法，尽可能降低并消除它的负面影响，提升公司绩效水平。

在股权集中度高的公司，容易出现控股股东滥用控制权的问题，他们利用对上市公司的控制权来掠夺中小股东的利益。为什么控股股东能滥用控制权呢？因为他们能够利用一些制度来实施对公司绝对的控制。例如，由控股股东提名并任命的董事数量过多，很多时候占据了董事会中的大多数席位，这些董事服务于大股东，很少考虑其他股东的利益问题；独立董事的聘任和津贴由控股股东直接决定，使得他们对大股东的错误行为往往"视而不见"。控股股东对上市公司的控制程度越高，中小股东利益被盘剥的程度就可能更为严重。

在股份分散的公司，经理层往往跨越了董事会和股东大会，成为公司的实际操纵者。他们可以通过一系列手段如董事会提名、薪酬决定、公司重大议案的起草等来实现对公司决策、监督机制的操纵。在此情形下，公司体制就变成了自己监督自己，经理层有很大的动机倾向于损害股东及其他利益相关者利益来达到自我利益实现的目的。例如，通过对公司薪酬委员会施加影响，经理层在公司业绩好时可以增加报酬，但是当公司业绩转差的时候，他们的报酬并没有因此下降，出现了管理层薪酬只升不降的"棘轮效应"。

权力滥用的结果是损害了公司中弱势群体的利益，就经验观察来说，这些弱势群体包括外部债权人、公司员工、公司的中小股东等。为了解决权力滥用问题，学者们提出了诸如强制信息披露制度，增加上市公司信息透明度；强化公司独立董事制度，优化决策机制，减少因为控股股东或经理人员的自利性行为给其他股东带来的损害；加强股东大会制度，引入股东集体诉讼制度，对于控股股东或经理人员的错误决策带来的损失要进行追究。

5. 大股东掏空理论

大股东掏空是指大股东为了满足自身利益需求，利用其拥有对公司的控制权，采取一些非法手段，对公司的资源、财产进行转移，侵占其他股东利益的行为。这种掏空行为，常发生在市场投资者法律保护制度不完善，公司内部监管机制不健全的情况下。大股东的掏空方式主要有虚假出资、关联交易、并购重组、业绩操纵等。虚假出资是指大股东的实际出资额远远低于其名义的认缴额，这样公司未能得到足额的资金以供发展，正常经营活动可能会受此影响，同时公司的信用会受到损害，有损于中小股东的利益。大股东通过关联交易，可以将公司的资金转移至相关账户，并且长期对这部分资金占用，或借用公司的名义进行担保融资等行为，抵押公司的公共财产,严重损害了公司和其他股东的利益。并购重组是上市公司优化资源配置,调整经济结构,完成产业升级的一种重要方式,但在近些年,许多公司在大股东的授意下,虚假重组事件经常发生。许多资产重组的公司的股票价格都遭到了爆炒,股价飞上了天,虚假的重组使得股价上天的同时,大股东也暗度陈仓地在市场上进行套现,自己赚得钵满盆满,却严重损害了公司的价值。或者有的大股东利用资产重组,将公司的优质资源进行转移,最终使原公司成为一个空壳。业绩操纵常发生在经营情况比较差、公司业绩较差的公司,为了避免退市处理,将较差的业绩通过人为修改,使其符合相关要求,欺骗了广大投资者,对投资者形成一种掠夺,同时投资者投入的资金被大股东以各种方式进行转移,最终投资者投资的只是一个空壳。掏空行为扰乱了市场秩序,严重损害了公司利益与公司信用,阻碍了公司的正常经营与发展,降低了公司绩效与价值。黄志忠(2014)对上市公司大股东行为进行了研究,得出结论为大股东的掏空行为程度与其持股比例负相关。

5.1.3 股权结构与公司绩效的关系

1. 股权集中度与公司绩效

自 Berle,Means(1932)的《现代公司和私有产权》一书问世以来,关于股权结构和公司绩效的关系的研究讨论就从未停止过。关于股权结构与公司绩效表现的关系,从历年学者们的研究讨论来看,大致可以分为两种截然不同的假说,在公司存在控股股东时,股权结构对公司的治理及绩效表现的影响,划分为两种效应,其一是利益趋同效应,与之相应的是利益侵占效应。当公司的价值处于上涨阶段,财富效应的存在使得控股股东与中小股东的利益是同一方向的,此时,控股股东因为价值增值,有足够的动机去收集信息,对经理人员进行有效监督,避免了在股权高度分散时,外部股东的"搭便车"行为。同时,在某些情况下,控股股东直接介入公司的经营决策,外部股东与内部经理人员之间信息不对称问题在一定程度上得到了缓解,从而传统的代理问题也得到较好的解决,此时可以认为相对集中的股权结构更适合于公司提高盈利能力，实现公司价值最大化。

此外，随着股东持股比例的上升，高度集中的股权结构会产生利益侵占效应。这类存在高度控股的公司中，大股东因为绝对持股地位，实现了对董事会的控制，进而控制公司的经理层，此时容易出现控股股东滥用控制权，通过隧道行为，实施转移利润、转嫁成本的方式侵害中小股东的利益。这部分控股股东，既是公司的控制者，又是内部人，相较于普通外部中小股东来说，具有天然的信息优势，并对公司的关键资源有绝对控制权。如果大股东道德水平不高的话，那么他们有可能会在自利的动机驱使下，做出一些有损中小股东利益的决策。但是此时大股东的控股比例高，公司利益与其关联度大大增加，他们的掏空行为会因此减少。

综合来讲，当公司的股权集中度较低时，公司的股东权力分散，此时管理层往往把控着公司的命脉，存在一定的利益侵害效应，同时分散的股权结构使各个股东都有搭便车的动机，不利于对经理层公司运作的监管，可能会出现经理层中饱私囊的问题，有损于公司价值。随着股权集中度的提升，相对控股股东会与公司形成强利益协同，动用自身的外部资源，促进公司的发展，也有充足的动力对经理层进行监督，同时其他股东也有一定的话语权，能对控股股东形成适当的牵制，有利于公司良好发展。集中的股权结构，也有利于公司抵御外部的恶意收购，给公司提供了稳定的发展环境。当股权高度集中时，此时控股股东对公司有绝对控制权，控股股东利益与公司高度一致，掏空行为减少，但他们能够左右董事会的决策，公司的发展往往以控股股东的意志为转移。当控股股东能力有限时，公司可能出现决策错误，增加了公司的经营风险，不利于公司治理水平与绩效的提高。同时，存在大股东侵占中小股东利益的行为，中小股东作为回应卖出公司股票，股价下跌，不利于公司形象与绩效的提升。

当公司绩效提高时，一般来说公司的股票价格会上升，此时股东如果认为公司的股价高于实际价值就会进行减持套现；如果股东认为公司的发展潜力巨大，可能会增持公司的股票，股东的不同选择行为，会对公司股权结构产生不同的影响。

2. 股权制衡与公司绩效

大股东与小股东之间的利益冲突不断加剧，为了改善这种状况，许多学者提出了"股权制衡"一词。股权制衡就是除了控股股东外，公司中还存在其他几个大股东与控股股东之间形成的一种相互制衡的股权结构。当存在股权制衡时，公司治理相对规范，控股股东对公司只能是相对控制，无法绝对控制，董事会不再是"一言堂"，公司的运营决策更加合理有效，一定程度上遏制了控股股东对公司的掏空行为，限制了控股股东对中小股东的掠夺行为，保护了弱势投资者的利益。过高的股权制衡度也有一定的负面影响，股权制衡度高的公司大股东之间容易产生矛盾冲突与权力争斗，可能导致公司决策时间加长，难以达成一致意见，决策成本大大增加，公司决策效率损失，绩效下降。从另一个角度来看，过高的股权制衡度，意味着控股股东在公司中的股权比重不高，导致其参与公司治理的积极性不高，降低了他们的勤勉尽责程度。基于此情况，往往容易形成经理层对公司的超强控制，进而引发更大的代理矛盾，增加了代理成本，并最终导致上市公司治理混乱，绩效降低。

同样，公司绩效的变化对于股权制衡度的影响也是存在多种可能的，当控股股东减持，其他大股东增持时，此时股权制衡度提高；当控股股东增持，其他大股东减持时，股权制衡度降低；当控股股东与其他大股东的股权都被稀释，但大股东稀释程度更大时，股权制衡度也会降低。

3. 机构持股与公司绩效

机构投资者相较于普通投资者而言，具有更为专业化的人才团队、更充分的市场信息及强大的信息处理能力、更丰富的投资经验及管理制度。正是由于机构所拥有的这一系列优势，使得他们往往能够更容易地参与公司的治理，并对管理层的经营活动进行监督，进而有助于公司的绩效水平提升。当机构所投资的公司运作效率不断提高时，作为持股份额相对较大的机构，能够在很大程度上从中受益，出于保障自身利益的目的，机构将积极参与公司治理的过程。表决权是公司股东的重要权力，行使该权力时，一般采用按出资比例或者一股一票的形式，公司决议往往是按持股多数通过作为原则，由于机构在公司中的持股相对比例相较于中小投资者来说要高很多，所以机构的表决权是有一定分量的。同时，随着机构投资者持股比例的上升，控制权相应上升，其有实力与公司管理层之间进行博弈，由此机构参与公司治理的积极性得到提高。所以通常认为，机构投资者参股能提高公司的治理效率，提升上市公司绩效。

当公司绩效提高时，出于对公司良好发展前景的考虑，机构可能会继续增持公司股票，所以公司绩效的提高可能对于机构持股比例有正向影响。

5.2 创业板上市公司股权结构与绩效现状分析

5.2.1 中国创业板市场现状

创业板市场作为一类新兴战略市场，近年来在全球范围内发展迅速。目前来说发展最好的创业板市场是美国1971年设立的纳斯达克市场，它的设立为新兴产业的融资提供了渠道，促进了产业发展，增强了美国的新兴产业的竞争力。中国的创业板市场起步较晚，于2009年10月才正式推出。作为中国资本市场的重要拼图，创业板市场为我们国家的经济结构调整以及多层次资本市场体系的建设做出了重要贡献，为许多创新型的中小微企业的发展提供了融资平台，完善了我国直接融资体系。但在肯定创业成绩的同时，我们不得不正视目前创业板中存在的这样那样的问题。本章选取了创业板相关数据进行分析，以期能对创业板市场及创业板上市公司的现状做一个概览，数据来源wind资讯金融终端、东方财富网、巨潮资讯网。

1. 创业板市场规模及行业、地域分布情况

我国的创业板市场自2009年10月30日成立以来，经历了近十个年头的发展，在创业板上市的公司数量不断增加，从最初上市的36家挂牌公司到2015年底的中国创业板上市公司数量已达到492家，市场规模不断扩大。2009—2015年期间创业板上市公司数如表5-1所示。

5 创业板资本市场上市公司股权结构与绩效关系研究

表5-1 创业板上市公司上市年份汇总表

	2009年	2010年	2011年	2012年	2013年	2014年	2015年
当年上市公司家数	36	117	127	74	0	51	87
累计上市公司家数	36	153	280	354	354	405	492

资料来源：wind资讯金融终端。

从表5-1中可以观察到，我国创业板市场的上市公司从2009年上市36家，经过2010、2011、2012年三年的快速扩容，已经达到了354家，之后2013年中止发行了一年后，便又逐渐恢复。创业板市场的发展速度，还是比较快的。表5-2展示了我国创业板市场上市公司的市值现状。

表5-2 创业板市场上市公司市值现状

观测值（家）	年份	极大值	极小值	均值	标准差
355	2012	100.8987	2.0391	9.5373	9.2533
355	2013	225.9271	1.9210	23.0789	29.0141
406	2014	256.1204	2.3310	32.3583	36.1006
492	2015	1658.1882	12.0720	113.7132	123.2400

数据来源：wind资讯金融终端。

依照2015年12月31日的股票收盘价计算上市公司市值，总市值为55946.89亿元，流通市值23343.48亿元，规模不可谓不庞大。

同时，从表5-2观察可知，创业板上市公司的数量逐年递增的同时，市值也在不断增大，但是创业板上市公司规模的两极分化也很严重，大的有上千亿市值的公司，小的市值才12亿，差距十分明显。就均值来看，创业板上市公司市值的均值是逐年增大的，说明随着创业板市场的发展，投资人对于创业板公司的价值越来越认同。

换个角度，从中国创业板市场接近500家上市公司的行业领域来看，以中国证监会行业分类门类指标作为标准，这些上市公司中，数量最多的是制造业，有351家上市公司，占比71.34%；其次是信息技术行业，有84家，占比17.1%；其他包括采矿业、建筑业、交通运输、农林牧渔、科研服务等行业，一共57家，共占比11.59%。由此我们可以发现，我国创业板市场目前的上市公司行业领域多集中分布于制造业和信息技术业，其他行业占比较小,总体分布不均衡,抗风险能力不强。从创业板行业分布饼状图中,我们可以很直观地看出制造业在创业板上市公司所有行业中占据着绝对地位。但是创业板的行业种类齐全,充分体现了它的多样性与包容性,也预示着未来可以接纳更多元、更有特色的各类公司上市。图5-2展示了我国创业板上市公司的行业分布现状。

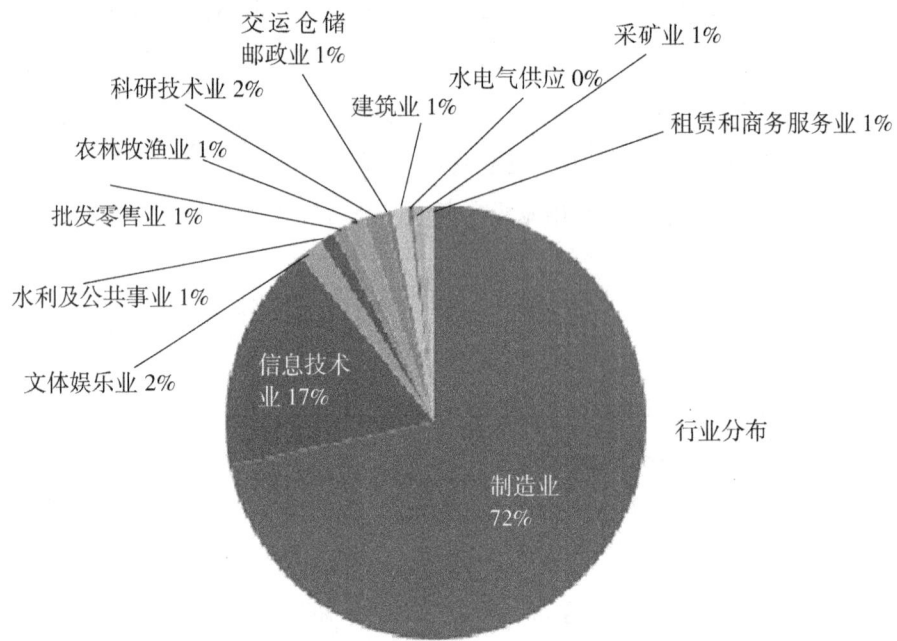

图5-2 创业板上市公司行业分布图(截至2015年底)

由图5-2可以很直观地观察到制造业在创业板行业分类中,占据了大半壁江山,公司数量远大于其他行业公司的数量,因此,本章选择以创业板上市公司作为研究对象有一定的代表性。

在创业板上市公司所处的地域分布上,以省份为划分标准,这些上市公司分布最多的三大省份分别是广东省有99家,占比20.12%;北京市有80家,占比16.26%;江苏省57家,占比11.58%,前三名一共占比47.97%,几乎占据了创业板上市公司的半壁江山。与此形成对照的是西藏、青海、宁夏三省(自治区)没有公司在创业板上市,云南、广西、贵州三省(自治区)分别有1家公司于创业板上市。从区域来说,东部地方的创业板公司数量要远远多于西部地区，这说明创业板上市公司地域分布两极分化严重，呈现东强西弱的格局，这与我国的地区经济发展状况也有很大的关系。相较于西部地区，东部地区经济发展较快，改革开放力度更大，市场制度相对完善，经济总量远远领先于西部地区。详细的创业板公司地域分布图如图5-3所示。

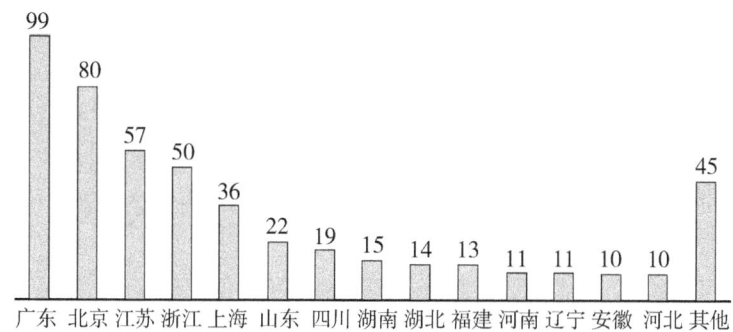

图5-3 创业板上市公司地域分布情况图

2.创业板市场与主板市场比较

创业板市场的设立，扶持了高科技企业的发展，降低了中小微企业的融资门槛，促进了企业高效发展，它是对主板市场的重要补充。创业板的企业以高成长性、高科技含量的高新技术企业为主，这些企业规模小，多数处于初创期，以新技术、新概念为核心竞争力，成长速度高，发展快，但是它们资金需要量大，融资能力有限，风险相对较大。由于创业板上市公司的特殊性，所以创业板市场和主板市场之间，有一定的差异。表5-3对于创业板与主板的差异做了一个比较。

表5-3 创业板与主板差异比较

相关要素	创业板	主板
主体资格	依法设立且持续经营3年以上的股份有限公司，一般为自主创新企业或成长创新企业	依法设立且合法存续的股份有限公司
股本要求	发行后的股本总额不少于3000万元	发行前股本不少于3000万元，发行后不少于5000万元

续表

相关要素	创业板	主板
盈利要求	最近两年连续盈利,最近两年净利润累计不少于1000万元;或者最近一年盈利,最近一年的营业收入不少于5000万元。净利润以扣除非经常性损益前后孰低者为计算依据	最近三个会计年度净利润均为正数且累计超过3000万元;最近三个会计年度产生的现金流量净额超过5000万元或者营业收入累计超过3亿元;最近一期不存在未弥补亏损
资产要求	最近一期末净资产不少于2000万元	最近一期末无形资产占净资产的比例不高于20%
主营业务要求	发行人应当主营一种业务,且最近两年内未发生变更	最近三年内主营业务没有发生重大变化
同业竞争和关联交易	发行人的业务与控股股东、实际控制人及其控制的其他企业不存在同业竞争,以及影响独立性或者显失公允的关联交易	除创业板的条件外,还要求募集投资项目实施后不会产生同业竞争或者对发行人的独立性产生不利影响
投资者要求	除了主板的要求外,需要是具有两年以上(含两年)股票交易经验的自然人投资者,尚未具备相关交易经验的投资者,须充分了解创业板市场的风险,并签署《创业板市场投资风险揭示书》	主板投资者只需在相应证券公司合法开户,并拥有足够的资金,就可以参与主板市场股票交易
平均首发价格	26.48元/股	12.29元/股

资料来源:《中小企业板、创业板股票发行上市问答》。

从表5-3中可以看出,创业板作为中国的二板市场,和主板市场还是有一定的差异性,有其独有的特征。它在市场主体、股本要求、资产要求等一系列指标上,相对主板来说要宽松许多,这是由于高新技术企业往往都是有技术,但是缺资本,所以创业板作为它们的直接融资渠道,意义十分重大。

3. 创业板市场存在的问题

(1) 市盈率偏高

普通股每股价格与普通股每股盈利的比率,衡量了上市公司股票的投资价值。根据统计资料显示,截至2015年12月31日,我国创业板市场的492家上市公司的平均市盈率居然达到了220.85倍,这种脱离企业实际利润增长和发展空间的市盈率,存在着很大的隐患。它反映出市场对于创业板公司未来增长的过度乐观,体现了投资者缺乏成熟与理性,也暴露出创业板市场浓郁的投机炒作氛围下的高风险性。

（2）创富效应过强

公司在创业板进行上市，是一个价值的实现过程。创业者通过公司股票价格的飙升，身家随之水涨船高，风险资本也能够通过创业板市场成功完成资本退出，实现投资回报，这体现了创业板市场的创富效应。但是由于目前创业板公司高估值上市现象严重，许多公司上市的动机不纯，有些甚至上市就是为了"圈钱"，创业板市场很多时候成了"财富机器"，与它初始定位有所偏离。

（3）超募现象严重

创业板市场的设立初衷是为创新型中小微企业提供融资渠道，支撑高新技术产业发展。然而目前创业板市场的上市公司中，超募现象频频发生，致使大量的社会资源白白浪费。同时，超募的资金会降低资金回报率，进而影响公司的业绩，并且大量的资金会严重腐蚀创业者的进取心，造成创新后劲不足。过度的资金也会使公司财务指标失真，掩盖公司发展中存在的一些矛盾与问题，加大了监督管理的难度。根据最新的数据显示，以首发募集资金为例，截至2015年12月31日，491家创业板上市公司原计划募集资金1323.65亿元，但实际募集金额为2762.74亿元，超额募集1439.09亿元，超募比例108.7%，超募情况十分严重。通过观察可以发现，超募现象主要发生在2009—2012年，这四年间上市的创业板公司；随着时间的推移，创业板市场的不断发展，2014—2015年上市的创业板公司超募现象基本上消失了。这说明我国的创业板市场发展很快，市场在不断进步，制度体制在不断完善。

（4）信息泄露现象

相较于主板来说，创业板的信息泄露问题显得尤为严重，往往在有较大利好公布之前，创业板上市公司的股票都会提前大涨，引起了市场的异常波动。这种情况破坏了创业板市场的公平公正环境，践踏了法律的尊严，对大量处于信息弱势的投资者造成了利益侵占。长此以往，将使越来越多的投资者远离创业板市场，这不利于创业板市场的发展，更加不利于创业板上市公司的发展。

5.2.2 创业板上市公司绩效现状

公司绩效现状的分析，参照《企业绩效评价操作细则》的标准，主要囊括了盈利能力、运营能力、成长能力以及偿债能力这四个维度的相关指标，本节主要从这四个维度对创业板上市公司的现状进行分析。

1. 盈利能力现状

公司的绩效，首先要表现出它能给股东带来收益。盈利能力，就是公司获取利润的能力，体现了公司的经营管理状况，通过对其分析，能发现公司在经营过程中，出现或可能出现的问题与状况，是公司绩效评判的一个重要指标。本章根据实际情况，选择了每股收益 EPS、销售净利率 NPS、总资产报酬率 ROA、净资产收益率 ROE 四个分量指标来评判公司的盈利能力现状。创业板上市公司的盈利能力现状描述如表 5-4 所示。

表 5-4 创业板上市公司盈利能力现状

盈利能力指标	年份	极大值	极小值	均值	标准差
每股收益 EPS [元]	2012	2.8200	-2.5570	0.3625	0.3995
	2013	1.7400	-1.4010	0.3049	0.3468
	2014	1.6100	-0.2000	0.3154	0.2631
销售净利率 NPS [%]	2012	90.8108	-327.2294	11.6423	27.1334
	2013	43.1084	-85.3401	9.2966	14.4538
	2014	40.9037	-29.4033	10.9589	8.3916
总资产报酬率 ROA [%]	2012	31.7628	-35.5653	5.8405	5.6899
	2013	27.1858	-25.0176	5.5565	5.8314
	2014	26.6888	-5.4221	6.4911	4.7666
净资产收益率 ROE [%]	2012	36.2224	-53.2371	6.5060	7.2348
	2013	29.5134	-47.7491	6.1575	7.5585
	2014	30.4426	-4.5732	7.6189	5.6376

数据来源：wind 资讯金融终端。

由表 5-4 可以看到，这四项分量的年平均值在 2012—2014 年的三年间，呈现出了先下降后上升的趋势，表明创业板上市公司总体的盈利能力在这几年先下降后上升。从各项指标的极大值来看，也随着年份的推移而递减，说明创业板中业绩较好的公司的盈利能力是有所下降的，各指标的极小值在逐年增大，标准差亦逐年缩小，说明创业板上市竞争激烈，两极分化现象在不断改善。各指标的均值在2013年都相对较小，可能和当年的经济状况不景气有关。参照《企业绩效标准值2015》一书里的制造行业的相关指标，将企业的各项能力指标分为了优秀、良好、平均、较低、较差五个等级，创业板上市公司的销售净利率NPS处于略低于行业平均值水平（平均值11.5），总资产报酬率ROA高于行业良好值水平（良好值4.1），净资产收益率ROE处于略低于行业良好值水平（良好值8.1）。综合来看，创业板上市公司的盈利能力处于良好与平均水平之间。

2. 运营能力现状

运营能力主要指上市公司对各种资源的使用效率与效益，反映了公司的经营状况，特别是公司管理层的运作管理能力。它主要通过存货周转率、流动资产周转率、总资产周转率等指标进行衡量。良好的运营能力，有助于公司资产的周转，提高公司的偿债能力和盈利能力，促进公司的有序高效运作，提升公司的绩效水平。本章主要从存货周转率ITR、流动资产周转率CAT、总资产周转率TAT三个分量来评判创业板上市公司的运营能力现状。创业板上市公司的运营能力现状描述如表5-5所示。

表5-5 创业板上市公司运营能力现状

运营能力指标	年份	极大值	极小值	均值	标准差
存货周转率ITR[次]	2012	27.8449	0.4893	3.3257	2.5486
	2013	21.1801	0.4677	3.3530	2.4526
	2014	16.6206	0.3885	3.2975	2.3840
流动资产周转率CAT[次]	2012	2.4591	0.1013	0.6618	0.4584
	2013	3.9553	0.0958	0.7977	0.4441
	2014	3.1725	0.0638	0.8931	0.4584
总资产周转率TAT[次]	2012	1.5097	0.0958	0.4578	0.2045
	2013	1.3719	0.0861	0.4991	0.2239
	2014	1.2289	0.0546	0.5157	0.2151

数据来源：wind资讯金融终端。

由表5-5可以看到，这三项指标的变化规律都不大相同，表明创业板上市公司的各项运营状况都有所差异。存货周转率ITR的极大值与极小值都呈逐年下降的趋势，在一定程度上说明了这几年创业板公司无论业绩好坏，在存货的周转上，都出现了不同程度的下滑，这可能与外围经济环境不景气有关联。均值变化不大，说明存货周转整体上较为稳定，从均值上判断存货周转率 ITR 略高于行业较低值（较低值 2.7）。流动资产周转率 CAT 的极大值在 2013 年最大，而极小值则逐年降低，说明流动资产运营情况差的公司，周转情况越来越坏；流动资产周转率在均值上呈逐年上升的态势，说明整个行业的运营情况在向好的方向发展，目前处于行业平均值与较低值之间（较低值 0.5，平均值 1.2）。总资产的周转情况则是表现出极大值与极小值的逐年下降，均值逐年上升的态势，说明总资产运营情况最好的和最差的企业的周转情况都有所下降，但整个行业的总资产周转情况不断提升，目前总资产的周转率 TAT 处于行业良好值附近（良好值 0.5）。综合来看，创业板上市公司的运营情况现状处于平均水平。

3.成长能力现状

创业板市场的设立初衷就是为了支持高成长的中小微企业的发展，所以对于创业板的上市公司来说，成长能力是衡量其绩效表现的一个关键因素。成长能力的度量包括公司未来的发展趋势和发展速度，体现着公司对于不断变化的市场，能否保持住持续增长的动力，是公司未来发展前景的反映。由于发展趋势不容易量化，因此本章选取了营业收入增长率 IBR、总资产增长率 TAG、净资产增长率 NAG 作为发展速度的指标，以期对创业板上市公司的成长发展能力现状进行描述。具体情况如表 5-6 所示。

表 5-6　创业板上市公司成长能力现状

成长能力指标	年份	极大值	极小值	均值	标准差
营业收入增长率 IBR[%]	2012	170.3286	-79.0866	17.8696	33.7738
	2013	170.3803	-61.7320	23.9837	30.1622
	2014	580.1714	-64.7778	29.3594	56.8995
总资产增长率 TAG[%]	2012	105.0074	-26.9945	11.3120	15.1112
	2013	253.5569	-48.7812	15.3466	24.2646
	2014	538.2741	-26.1379	27.3413	55.7060
净资产增长率 NAG[%]	2012	42.3403	-43.0837	4.2853	7.6944
	2013	264.7096	-38.5463	8.2397	23.1986
	2014	377.2151	-48.4464	19.1418	46.1215

数据来源：wind 资讯金融终端。

由表 5-6 可以看到，创业板上市公司的成长能力总体都在向好的方向发展，成长能力强的公司，发展动力越来越强，成长能力差的也在不断提高自身的竞争力，但就标准差以及极大、极小值水平来看，创业板上市公司的成长能力在不断分化，两极趋势愈发明显，可能是因为成长能力强的优质公司发展速度过快，拉大了与一般公司的差距。通过比较各项指标与标准值的情况可以发现，营业收入增长率 IBR 的均值高于行业优秀水平（优秀值 13.1），总资产增长率 TAG 的均值也高于行业优秀水平（优秀值 10.8），说明创业板上市公司的成长性很强，成长能力远大于一般的制造业公司，也证实了创业板公司的高成长性特征。

4. 偿债能力现状

偿债能力是指公司以其资产作为保障，对短期债务或长期债务进行偿还的能力。它是反映公司财务状况和经营能力的重要指标，当公司出现资不抵债时，就可能会有破产风险，影响公司的正常运营。偿债能力指标对公司健康发展做出了规范，在一定程度上约束了公司高负债经营的风险行为。无论是经营者还是投资者，评价一家公司绩效时，必然会关注这家公司的债务情况，偿债能力就自然而然的是他们考虑的重要条件。本章选取了速动比率 QR 和资产负债率 DAR 作为考量指标，如表 5-7 所示。

表 5-7 创业板上市公司偿债能力现状

偿债能力指标	年份	极大值	极小值	均值	标准差
速动比率 QR [%]	2012	74.6949	0.5670	5.9142	7.5851
	2013	135.603	0.4913	4.5374	9.9823
	2014	72.0846	0.4306	3.4007	5.7709
资产负债率 DAR [%]	2012	64.8548	1.1370	21.1226	13.3079
	2013	66.3526	1.1054	25.1586	14.4594
	2014	68.8930	1.3990	28.7077	15.4580

数据来源：wind 资讯金融终端。

速动比率是速动资产与流动负债的比率，它主要用来衡量公司中可以即时变现的资产用以偿债的能力，从表 5-7 中可以看到，创业板上市公司的速动比率极大值与极小值之间差异也很大，两极分化严重。从均值来看，也是偏大的，究其原因，可以认为是部分极端值对总体样本的

影响。资产负债率是公司的股债总额与资产总额的比率，它衡量公司的资产成分中有多少是通过负债来进行筹集的。在表5-6中，创业板上市公司的资产负债率指标三年表现平稳上升态势，说明创业板上市公司债务情况稳定，但负债呈逐年上升的趋势。速动比率的整体情况好于行业优秀水平（优秀值1.034），资产负债率的整体情况较低，好于行业优秀水平（优秀值50%），说明创业板上市公司的债务比率较低，偿债能力比较强。

综合以上分析，目前的创业板上市公司呈现出了一定的两极分化现象，经营管理强、绩效水平高的公司与业绩差、治理水平低的"劣等生"之间差异巨大。但就整体表现来说，目前创业板上市公司成长能力强，债务风险低，与此同时，运营状况与治理水平不甚理想，盈利能力有待提高。

5.2.3 创业板上市公司股权结构现状

优秀的公司治理机制，是上市公司价值的体现，股权结构是公司治理的基础。创业板作为新兴板块，其股权结构可能与传统主板上市公司的股权结构存在一定的差异。本节主要从创业板上市公司的股权集中度、股权制衡度、机构持股情况这几个方面进行一个现状梳理。

1. 股权集中度现状

股权结构中最核心的问题就是股权集中度的问题，对于股权集中度的度量标准，以往学者主要以第一大股东持股比例、前五大股东持股比例、前十大股东持股比例来度量，本章在此基础上，根据创业板公司自身家族控制的特点，加入了实际控制人及其一致行动人持股比例之和作为衡量股权集中的一个指标。我们将股权集中度按每20%为一个阶段，共划分为五个阶段，分别统计各个股权集中段的公司数量，希望以此从直观上发现创业板上市公司的股权分布情况，具体的股权现状如表5-8所示。

5 创业板资本市场上市公司股权结构与绩效关系研究

表 5-8 创业板上市公司股权集中度现状

股权集中度		股东持股比例 [%]					持股比例均值 [%]
		[0, 20]	[20, 40]	[40, 60]	[60, 80]	[80, 100]	
		对应的公司数量					
第一大股东持股比例 CR_1	2012	25	113	58	5	0	34.78
	2013	31	110	56	4	0	33.93
	2014	34	110	55	2	0	32.28
前五大股东持股比例 CR_5	2012	0	11	70	119	1	61.41
	2013	0	18	90	92	1	57.58
	2014	1	30	97	72	1	53.41
前十大股东持股比例 CR_{10}	2012	0	0	45	147	9	67.66
	2013	0	7	59	132	3	63.38
	2014	0	14	86	97	4	59.08
实控人及一致人持股比例 CR	2012	2	74	93	32	0	45.60
	2013	7	73	94	27	0	44.00
	2014	6	97	84	14	0	40.71

数据来源：wind 资讯金融终端、巨潮资讯网。

从表 5-8 可以发现，2012—2014 年三年来，我国创业板市场制造业公司的股权集中度的均值是逐年降低的，说明我国创业板上市公司有股权分散的趋势。分开来看，首先是第一大股东持股比例，从三年的数据可以发现，分布数量最多的区间是 20%～40% 这一股权比例，超过 60% 的公司数量很少，超过 80% 的没有；前五大股东持股比例主要集中在 40%～80% 这一区间，并且有向 20%～40% 扩散的趋势；前十大股东主要集中在 60%～80% 这一区间，但可以看到在 2014 年 20%～40% 这一区间的公司数量明显增多，高控股比例的公司在减少，股权有分散趋势；从实际控制人及其一致行动人持股比例可以看到，他们主要集中在 20%～60%，说明实际控制人的股权结构为相对集中，但在 2014 年的 20%～40% 这一区间的公司数量明显增多，60%～80% 这一区间的公司数量明显减少，说明实际控制人的股权结构有分散的趋势。从各变量的均值来看，第一大股东对公司相对控制，前五大及前十大股东持股比例构成对公司的绝对控制，实际控制人及其一致行动人的股权比例构成对公司的偏绝对控制。从各持股比例的均值的下降程度来分析，第一大股东持股比例均值下滑不大，远远小于前五大、前十大股东持股比例的逐年降低幅度，说明可能存在非控股大股东股权被稀释的可能性,这样间接巩固了控股股东对公司的控制权。

2. 股权制衡度现状

股权制衡是上市公司内部除了控股股东,还存在其他几个大股东,与控股股东分享公司的控制权,大股东之间形成互相牵制,互相监督,在一定程度上限制了控股股东的权力滥用行为,减少了控股股东掏空公司的机会,对于公司价值的维护起到了积极作用。本章以前十大股东对于实际控股集团的制衡度作为衡量股权制衡度的标准,详细的情况如表5-9所示。

表5-9 创业板上市公司股权制衡度现状

	年份	极大值	极小值	均值	标准差
股权制衡度 Z	2012	3.4273	0.0217	0.6067	0.5183
	2013	5.4205	0.0242	0.5826	0.6158
	2014	3.6129	0.0490	0.5675	0.5085

数据来源:wind资讯金融终端。

根据表5-9显示的资料,可以看到创业板上市公司的股权制衡度的均值在逐年降低,说明对于实际控股集团的制衡度是在逐年下降的,也证实了前一节对于非控股股东股权被稀释可能的猜想。从极大值与极小值可以看到,股权制衡度高和制衡度低的公司的制衡度都有所提高,说明两极的公司的治理水平和监督水平都有所提升。借鉴刘银国、高莹(2008)的做法,把股权制衡度以1作为划分,大于1为制衡明显,小于或等于1为制衡不明显,从均值上可以看出,创业板上市公司目前整体股权制衡不明显,因为创业板公司多是民营企业,家族控制现象比较严重,控股程度比较高,其他股东持股比例很低。创业板上市公司股权制衡明显程度如表5-10所示。

表5-10 创业板上市公司股权制衡分类表

	公司数量		
	2012年	2013年	2014年
制衡明显($Z>1$)	34	31	30
制衡不明显($Z\leq 1$)	167	170	171

数据来源:wind资讯金融终端。

由表5-10可以发现,创业板上市公司在2012—2014年,制衡明显的公司数量逐年减少,制衡不明显的公司数量逐年增加;同时,股权制衡不明显的公司数量远远多于制衡明显的公司数量,说明创业板上市公司的股权制衡情况不容乐观。

3. 机构持股现状

关于股权性质的研究,以往的文献大多以国有股、法人股、社会公众股为划分标准,这样的划分对于公司的股东性质做出了鉴别,比较适合于主板的上市公司,这些公司股权结构的国有成分影响较大。但是就目前创业板上市公司的情况来看,实际控制人为国有法人的公司只有11家,占比太小,而绝大多数公司都是民营企业,家族控制现象严重,再以通常的标准去划分股权性质,可能就不太适合了。机构持股是股权结构中重要的一环,本节主要以2012—2014年三年的机构持股比例,试图对创业板上市公司机构持股现状做一些归纳。具体的结果如表5-11所示,由于wind资讯金融终端的机构持股数据有较大明显错误,故机构持股数据手工抄录于东方财富网。

表5-11 创业板上市公司机构持股比例现状

股权性质	年份	样本数	极大值	极小值	均值	标准差
机构持股比例[%]	2012	188	28.85	0.01	5.5005	6.4180
	2013	181	34.05	0.02	7.5299	8.4309
	2014	196	32.57	0.01	7.2213	6.4227

数据来源:东方财富网。

注:剔除了机构未持股的公司。

通过观察表5-11,我们可以看到,创业板上市公司机构持股比例的两极分化现象严重,机构持股比例最高有到30%多的,最低的接近于0,结合创业板上市公司的实际情况,可以推断出机构投资者在创业板市场中的扎堆现象很严重,也在一定程度上反映了创业板上市公司的价值分化严重,市场上的投机情况也比较严重。从均值来看,先增大后降低,2014年相较于2012年来说,总体上是有明显增加的,说明机构投资者对于创业板上市公司的发展与绩效表现的认同有所加强。

5.3 创业板上市公司股权结构与公司绩效关系实证分析

5.3.1 研究假设

根据前文的理论基础,股权结构主要指公司的股权构成情况,包括股权集中度、股权制衡度以及股权的主体属性等。结合创业板上市公司自身的股权特点,本节主要从上市公司股权集中度、股权制衡度以及机构持股比例三个方面提出相应的假设。

1. 创业板上市公司股权集中度与绩效关系的假设

通过研究发现,创业板公司的民营特点十分突出:公司的高管层多为公司的初创者,持有大量公司股票;公司内存在家族控制现象严重;股权往往集中于以实际控制人为核心的利益一致体,可能会形成"一股独大"或者"一家独大"的局面,导致董事会失去应有的作用,独立董事、监事机制的正常运作也受到了很大的考验,公司的决策往往带有很深的个人色彩,没有广纳群思。如果控制人的个人能力水平有限的话,对于公司的发展将会很不利。但是股权集中度较低时,大股东对公司的掏空效应比较明显,随着大股东持股比例的提高,公司的股权更为集中,控股股东对公司的控制能力进一步加强,此时他们的利益和公司的利益高度一致,会降低他们对公司实施掏空行为的动机;同时,分散的股权结构下,各股东由于所持股份比例低,对于公司的发展及监督缺乏应有的积极性,并且此时经理层可能受到中小股东短视行为的倒逼,做出不利于公司长远发展的短期行为。由于权力分散,无法对经理层形成有效的约束,间接扩大了管理者的权力,可能发生经理层的权力滥用行为,不利于公司的绩效提高。随着公司绩效水平的变动,公司的股权结构也在发生着相应的变化,但是由于股东行为的不确定性,所以有待实证进行检验。骆振心(2008)、郝云宏(2010)基于内生性条件研究了股权结构与公司绩效的关系,均发现股权集中度与公司绩效之间存在明显的正向影响。结合第3章现状分析的结果,目前创业板上市公司的股权集中度处于相对集中状态,提高股权集中度能使实际控股集团的利益和公司利益高度一致,能有效降低大股东掏空行为。因此,做出如下假设。

假设一:在内生性条件下,股权集中度与公司绩效存在正向影响。

2. 创业板上市公司股权制衡度与绩效关系的假设

股权制衡度反映了除其他大股东对第一大股东的制衡程度。合理的股权制衡度能在各大股东之间形成很好的制衡,形成股东之间相互监督,减轻了控股股东及股东联盟对中小股东的利益侵占行为,提高公司治理水平,提升公司运作效率,促进绩效的增长。过高的股权制衡度会导致公司内过度制衡,决策效率低下,降低公司绩效。与此同时,公司绩效的改变,能使得各大股东基于不同的目的选择增持或者减持公司股票。因此做出如下假设。

假设二:在内生性条件下,股权制衡度与公司绩效存在相互影响,方向待定。

3. 创业板上市公司机构持股比例与绩效关系的假设

随着创业板市场的发展,机构投资者对该板块的关注越来越多,其对相关上市公司的影响也愈发深远。机构拥有优秀的研究能力,成熟的管理能力,对于创业板公司价值的发掘能力要强于普通投资者。同时,机构拥有庞大的资金,对于创业板公司的持股,不仅为这些公司注入了充足的资金,还带来了先进的管理技术,监督着这些公司的高效治理。机构投资者持股比例越高,他们去主动关注公司发展与绩效提升的动力就越足。良好的公司绩效也能吸引更多的机构关注与介入,但是伴随着好的绩效,公司的股票市场价格会升高,此时机构有可能会减持套现。因此做出如下假设。

假设三:在内生性条件下,机构持股比例与公司绩效存在相互影响,方向待定。

5.3.2 实证研究设计

1. 样本选取及数据来源

截至 2015 年 12 月 31 日，我国创业板市场一共有上市公司 492 家。本节基于以下原因选取了 201 家创业板上市公司 2012—2014 年三年的财务数据以及股权数据进行研究。

（1）制造业是一个国家经济的脊梁，反映了一国实体经济的发展状况，在国民经济中占据着重要地位。

（2）创业板行业分类多样，不同的行业在股权结构及公司价值方面，可能差异较大，个别行业样本少，数据不全，为了避免行业差异引起对研究结果的偏误，而选择在创业板市场中分布最广，最具有代表性的就是制造业上市公司。

（3）由于 2015 年的创业板公司年报数据还未全部披露，数据缺失较多，早年的数据由于创业板市场刚起步，制度不完善。考虑到数据的时效性，不一定能很好地反映当下的创业板市场绩效情况，故主要以 2012—2014 年三年的相关数据进行研究。

（4）为了保证数据的完整性和连续性，同时避免刚上市公司财务包装的影响，剔除了 2011 年 12 月 31 日后上市的创业板公司。

（5）剔除了相关数据存在缺失的公司。

本节数据来源：财务绩效指标数据及部分股权数据来源于 wind 资讯金融终端，实际控制人及其一致行动人持股数据来源于巨潮资讯网的各年上市公司年报，机构持股比例数据来源于东方财富网；本节使用的数据处理工具主要有：Excel，SPSS 19，Stata 12。

2. 变量设计

实证研究主要包含的变量包括公司绩效变量、股权结构变量、控制变量三类相关指标。

（1）公司绩效变量

公司绩效，是衡量公司治理水平及公司发展情况的一个重要指标。关于公司绩效的评价,通常选择两类指标,一类是会计指标,分为单一绩效指标 ROE、ROA 等和综合绩效指标,另一类是市场绩效指标托宾 Q 值。由于托宾 Q 的市场价值难以准确估量,使用存在很大争议,单一绩效指标容易被人为操纵,难以反映公司实际情况。综合绩效指标可能更为全面合理,能从多个维度评价公司的治理水平。我们借鉴肖淑芳(2012)的指标选取方法,并结合创业板的实际情况,本章选择了上市公司的盈利能力、运营能力、成长能力和偿债能力四个维度,12 个指标进行因子分析,最后得出综合绩效因子得分来量化公司的绩效表现。此处设定综合绩效指标得分为 Y。

(2)股权结构变量

在股权结构变量的选取上,主要考虑了三类指标,第一类是反映股权集中度的指标。以往大多数学者以笼统的第一大、前五大、前十大股东持股比例这样的指标来进行衡量,可能和现实中公司的真实控股情况有所差异,本章对于股权集中度的衡量指标选取的是实际控制人及其一致行动人的总持股比例(无实际控制人公司取第一大股东持股比例)。通过分析创业板的股权结构发现,创业板公司的家族控股现象严重。对于公司的控制往往是实际控制人和一致行动人共同控制,虽然表面上许多公司股东持股比较分散,但通过关系分析就可以发现,可能这几个分散的大股东是一致行动人,他们的决策是一致的,共同控制着公司的发展。所以笔者认为选择实际控制人及其一致行动人总持股比例作为创业板上市公司股权集中度的衡量标准有一定的意义。第二类是股权制衡度指标。以前十大股东持股比例与实际控股集团(实际控制人及其一致行动人)持股比例之差除以实际控股集团持股比例的比值作为衡量,它的数值越大,说明前十大股东对于实际控股集团的制衡作用越明显。第三类是机构持股比例指标。机构持股比例越大,说明机构在该公司的股权比例越多,越有动机去监督甚至参与公司的治理与运营。

(3)控制变量

对于股权结构及公司绩效的影响因素很多,如果不加以控制,可能会对实证结果产生一定的影响。公司规模不同,会产生不同的治理结构与融资结构，公司的发展能力与抗风险能力也有很大差异，公司规模的不同会对股权结构以及公司绩效产生较大影响，故本章主要选取了公司规模的对数 lnTA 作为实证研究的一个控制变量。不同公司的资产负债状况，代表了公司不同的债权结构，会对公司的治理水平、绩效以及相应的股权结构产生影响，故应将资产负债率 DAR 纳入控制变量予以考虑。公司的成长性对股权结构及公司绩效都有重要影响，本章选取营业利润增长率作为成长性衡量指标。毛世平（2009）指出公司是否有金字塔控股结构也会对公司绩效产生重要影响，是否国有也是一个重要的控制因素，因为国有与非国有公司在政府关系、融资渠道方面都存在较大差异。同时，本章也将实际控制人是否同时兼任董事长和总经理两职纳入控制变量的范畴。股东户数的变化可能影响股权结构，科研投入对公司绩效会产生影响，因此将这两个变量也纳入控制变量。

表 5–12 列出个各变量的设定与指标说明。

表 5–12 变量设定与指标说明

变量性质	变量名称	变量符号	说明
公司绩效变量	综合绩效	Y	12 个相关指标通过因子分析求得的综合因子得分
股权结构变量	股权集中度	CR	实际控制人及其一致行动人持股比例
	股权制衡度	Z	前十大股东持股比例 / 实际控制人及其一致行动人持股比例 –1
	机构持股指标	CJ	机构持股数量 / 总股本
控制变量	公司规模	lnTA	取总资产的对数
	资产负债率	DAR	总负债 / 总资产
	公司成长性	GR	营业利润同比增长率
	金字塔控制	JZT	虚拟变量，是取 1，不是取 0
	是否国有	GY	虚拟变量，国有取 1，非国有取 0
	两职兼任	JR	虚拟变量，董事长、总经理两职兼任取 1，非取 0
	股东户数	lnGD	取股东户数的对数
	科研投入	KY	科研费用 / 总收入

3. 模型构建

在内生性存在的条件下，单一方程估计会产生较大偏误，根据 4.1 节的研究假设，借鉴谭兴民、宋增基、杨天赋（2010）的做法，建立联立方程模型：

$$Y_{i,t}=\beta_0+\beta_1 \text{Ownership structure}_{i,t}+\beta_2\ln TA_{i,t}+\beta_3 DAR_{i,t}+\beta_4 GR_{i,t}$$
$$+\beta_5 JZT_{i,t}+\beta_6 GY_{i,t}+\beta_7 JR_{i,t}+\beta_8 KY_{i,t}+\varepsilon \quad (5-1)$$

$$\text{Ownership structure}_{i,t}=\alpha_0+\alpha_1 Y_{i,t}+\alpha_2\ln TA_{i,t}+\alpha_3 DAR_{i,t}+\alpha_4 GR_{i,t}$$
$$+\alpha_5 JZT_{i,t}+\alpha_6 GY_{i,t}+\alpha_7 JR_{i,t}+\alpha_8 \ln GD_{i,t}+\mu \quad (5-2)$$

其中，Y 为综合绩效因子得分，它用于衡量公司的绩效表现，β_0、α_0 为截距项，$\beta_2 \sim \beta_8$、$\alpha_2 \sim \alpha_8$ 为各变量对应的回归系数，Ownership structure 为股权结构指标，它包括股权集中度 CR、股权制衡度 Z_1、Z_2 以及机构持股比例 CJ；lnTA 为公司规模指标，DAR 为公司资产负债指标，CR 为成长性指标，JZT 为是否金字塔控股指标，GY 为是否国有指标，JR 为是否董事长、总经理两职兼任指标，KY 为公司的科研投入指标，lnGD 为股东户数指标，i 代表对应的创业板上市公司，t 代表相应的年份，ε、μ 为各自的残差项。股权集中度 CR、股权制衡度 Z、机构持股比例 CJ 都是股权结构的相关变量，它们之间有可能存在相关性，为了防止解释变量之间出现多重共线性问题，影响结论的可靠性，故本章选择将股权结构变量分别代入模型进行检验的方法。

5.3.3 公司绩效因子分析

本章选取的是通过综合绩效得分来评价公司的治理与绩效水平。参照 wind 资讯金融终端的财务分析指标分类，主要从四个维度进行指标选取。在盈利能力方面选取了每股收益 EPS、销售净利率 NPS、总资产报酬率 ROA、净资产收益率 ROE 这四个指标；运营能力方面选取了存货周转率 ITR、流动资产周转率 CAT、总资产周转率 TAT 三个指标；成长能力方面选取了营业收入增长率 IBR、总资产增长率 TAG、净资产增长率 NAG 三个指标；偿债能力方面选取了速动比率 QR 和资产负债率 DAR 两个指标。通过这 12 个指标的选取，希望尽可能真实地反映出公司的综合绩效水平。

因子分析的基本原理是将多个具有一定关系的变量，通过降维的方法，综合为数量较少的几个因子，由少数几个因子来反映这些变量的整体情况。

通过因子分析后的一组数据，其数量将大大低于原始数据量，不仅简化了运算，更有效地消除了数据间常见的共线性问题，提高了实证结果的准确性。

本章通过因子分析法对12个相关绩效的指标进行处理，各指标和计算方法如表5-13所示。

表5-13 综合绩效指标因子

维度	相关指标	指标符号	计算方法	指标性质
盈利能力	每股收益	EPS	净利润/期末总股本	正向
	销售净利率	NPS	净利润/销售收入	正向
	总资产报酬率	ROA	（利润总额+利息支出）/平均资产总额	正向
	净资产收益率	ROE	税后利润/所有者权益	正向
运营能力	存货周转率	ITR	销货成本/存货平均余额	正向
	流动资产周转率	CAT	主营业务收入净额/平均流动资产总额	正向
	总资产周转率	TAT	销售收入/总资产	正向
成长能力	营业收入增长率	IBR	营业收入增长额/上年营业收入总额	正向
	总资产增长率	TAG	本年总资产增长额/年初资产总额	正向
	净资产增长率	NAG	净资产增长额/年初净资产总额	正向
偿债能力	速动比率	QR	速动资产/流动负债	适度
	资产负债率	DAR	期末负债总额/资产总额	适度

通过观察表5-13，可以发现在这12个指标中，速动比率和资产负债率两个指标是适度指标，与其他指标不在同一个方向，不能直接进行因子分析，必须首先对其进行趋同化处理。

数据趋同化是通过将原始数据减去一个适度值K，得到与标准值的距离，再取倒数便得到相应的正向指标。通过趋同化处理后，速度比率与资产负债率指标和其他指标的方向一致。在趋同化处理的K值选取上，速度比率K值取100%，资产负债率指标K值取50%。

由于使用SPSS进行因子分析时，软件会自动对数据进行标准化处理，因此本章省去了相关数据的标准化处理步骤。

1. 适用性检验

首先是对这12个指标进行相应的t检验，以判断每一个指标在正常公司和非正常的公司之间是否有显著性差异。通过单样本t检验的结果显著性概率 Sig（双侧）的值来判断是否通过显著性 t 检验，只有通过 t 检验的指标，才能进行深入分析。各指标的 t 检验结果如表5-14所示。

表5-14 绩效指标 t 检验

	检验值=0				差分的95%置信区间	
	t	df	Sig.（双侧）	均值差值	下限	上限
每股收益 EPS	23.557	602	0.000	0.3275960	0.300285	0.354907
销售净利率 NPS	14.194	602	0.000	10.6325988	9.161453	12.103745
总资产报酬率 ROA	26.842	602	0.000	5.9627028	5.526444	6.398961
净资产收益率 ROE	24.135	602	0.000	6.7607980	6.210650	7.310946
存货周转率 ITR	33.213	602	0.000	3.3254083	3.128771	3.522045
流动资产周转率 CAT	44.923	602	0.000	0.7842174	0.749933	0.818502
总资产周转率 TAT	55.876	602	0.000	0.4908697	0.473617	0.508123
营业收入增长率 IBR	13.820	602	0.000	23.7376035	20.364450	27.110757
总资产增长率 TAG	12.035	602	0.000	17.9999803	15.062715	20.937245
净资产增长率 NAG	8.433	602	0.000	10.5556300	8.097459	13.013802
速动比率 QR	38.734	602	0.000	0.4355041	0.413423	0.457585
资产负债率 DAR	231.921	602	0.000	0.8017020	0.794913	0.808491

数据来源：wind 资讯金融终端。

从表5-14可以看出，各个指标都十分显著地通过了 t 检验，说明这些指标在正常与不正常公司间的差异性十分显著，适合进一步研究。

进行因子分析的指标之间只有具有一定的相关关系，才适合去做因子分析。因为因子分析就是要在一些相关的指标之间提取出共同因子，来反映出大部分指标的情况。表5-15展示了这些指标的相关性分析结果。

表5-15 绩效指标相关性分析

	EPS	NPS	ROA	ROE	ITR	CAT	TAT	IBR	TAG	NAG	QR	DAR
EPS	1.000											
NPS	0.710***	1.000										
ROA	0.804***	0.700***	1.000									
ROE	0.838***	0.740***	0.961***	1.000								
ITR	0.034	-0.032	0.111***	0.088**	1.000							
CAT	0.143***	-0.032	0.318***	0.277***	0.522***	1.000						

续表

	EPS	NPS	ROA	ROE	ITR	CAT	TAT	IBR	TAG	NAG	QR	DAR
TAT	0.226***	−0.000	0.397***	0.369***	0.538***	0.842***	1.000					
IBR	0.192***	0.126***	0.249***	0.244***	0.193***	0.319***	0.292***	1.000				
TAG	0.128***	0.073*	0.148***	0.152***	0.042	0.179***	0.128***	0.636***	1.000			
NAG	0.180***	0.125***	0.188***	0.190***	−0.000	0.133***	0.077*	0.533***	0.916***	1.000		
QR	−0.151***	−0.303***	−0.111***	−0.107***	0.050	0.461***	0.324***	0.211***	0.271***	0.163***	1.000	
DAR	−0.138***	−0.258***	−0.087**	−0.075*	0.087**	0.353***	0.316***	0.208***	0.241***	0.095**	0.865***	1.000

数据来源：wind 资讯金融终端。

注：***、**、* 分别表示在 1%、5%、10% 的置信水平下通过显著性检验。

通过观察表 5-15 中各指标相关系数的显著性，可以发现在各个维度内的因子之间的相关性都很强，且都通过了显著性检验，说明很适合做因子分析处理，提取公共因子。接下来通过 KMO 检验和 Bartlett 检验，来进一步判断这些指标是否适合因子分析法。检验结果如表 5-16 所示。

表 5-16　KMO 和 Bartlett 检验

取样足够度的 Kaiser-Meyer-Olkin 度量		0.708
Bartlett 的球形度检验	近似卡方	6806.768
	df	66
	Sig.	0.000

通常来说，KMO 值大于 0.5 的样本，就适合进行因子分析。表 5-16 中显示的 KMO 结果为 0.708，远大于 0.5，同时结合 Bartlett 检验结果近似卡方非常大，达到了 6806.768，Sig 值为 0.000，显著性非常好，因此可以认为本样本非常适合因子分析处理。

2. 因子成分提取

通过 SPSS 软件对数据进行处理，可以得到因子成分、因子贡献率，碎石图等相关指标。通常来说，当变量的特征值大于 1 时，通常把此变量提取出来作为因子，所提取的因子的累计方差贡献率越高，表明损失的信息量越少，因子对整体的反映越准确和全面。解释的总方差情况如表 5-17 所示。

5 创业板资本市场上市公司股权结构与绩效关系研究

表 5-17 解释的总方差

成分	初始特征值			提取平方和载入			旋转平方和载入		
	合计	方差的解释度 %	累积 %	合计	方差的解释度 %	累积 %	合计	方差的解释度 %	累积 %
1	4.016	33.470	33.470	4.016	33.470	33.470	3.443	28.695	28.695
2	3.036	25.297	58.767	3.036	25.297	58.767	2.421	20.177	48.872
3	1.970	16.417	75.185	1.970	16.417	75.185	2.303	19.189	68.060
4	1.190	9.917	85.101	1.190	9.917	85.101	2.045	17.041	85.101
5	0.497	4.138	89.239						
6	0.461	3.838	93.077						
7	0.272	2.269	95.347						
8	0.212	1.764	97.111						
9	0.166	1.387	98.497						
10	0.084	0.701	99.199						
11	0.062	0.515	99.713						
12	0.034	0.287	100.000						

提取方法：主成分分析。

从表 5-17 可以看到，因子分析的处理结果很理想，系统一共提取了 4 个因子，第一个因子的特征值是 4.016，它对这 12 个指标的总方差解释程度为 33.470%；第二个因子的特征值是 3.036，方差解释度为 25.297%；第三个特征值为 1.970，方差解释度为 16.417；第四个特征值为 1.190，方差解释度为 9.917%。这四个因子的累计方差贡献率达到了 85.101%，能很好地反映样本的整体情况。各成分与对应特征值的碎石图如图 5-4 所示。

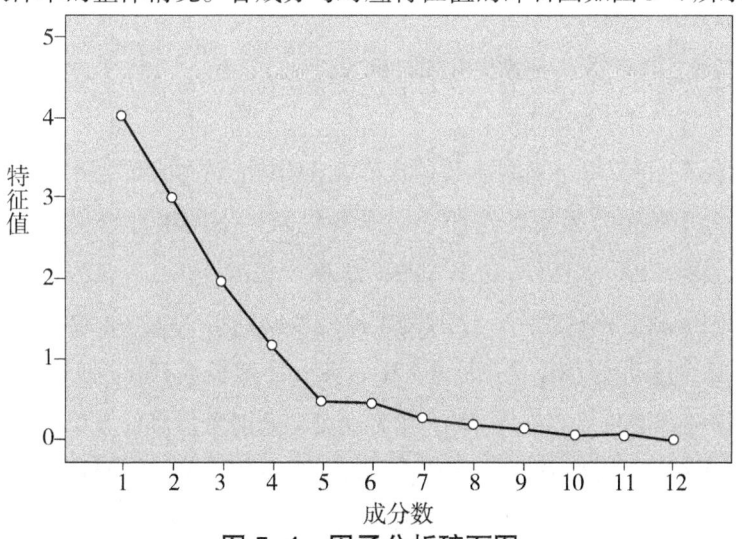

图 5-4 因子分析碎石图

碎石图的原理是一颗石头从高处滚下来，只要取出石头滚得快的点，即斜率较大的点，就能很好地对石头的滚落现象进行解释。从图 5-4 的碎石图中各因子成分的斜率可以看到，前四个因子斜率较大，后面几个因子较为平缓，所以前四个因子能很好地解释样本的整体情况。

通过观察因子的旋转矩阵，观察各因子的得分，可以找出不同因子所包含的内容，发现它们的主要解释变量并对各个因子进行定义，具体的因子旋转成分矩阵如表 5-18 所示。

表 5-18 旋转成分矩阵 [a]

	1	2	3	4
每股收益 EPS	0.903	0.092	0.046	−0.059
销售净利率 NPS	0.842	0.064	−0.112	−0.219
总资产报酬率 ROA	0.929	0.100	0.213	−0.014
净资产收益率 ROE	0.952	0.101	0.168	−0.002
存货周转率 ITR	−0.063	0.048	0.854	−0.145
流动资产周转率 CAT	0.154	0.114	0.819	0.370
总资产周转率 TAT	0.235	0.055	0.843	0.291
营业收入增长率 IBR	0.141	0.742	0.259	0.103
总资产增长率 TAG	0.054	0.956	0.007	0.151
净资产增长率 NAG	0.103	0.934	−0.039	0.035
速动比率 QR	−0.144	0.151	0.145	0.930
资产负债率 DAR	−0.111	0.107	0.121	0.922

提取方法：主成分。

旋转法：具有 Kaiser 标准化的正交旋转法。

a. 旋转在 5 次迭代后收敛。

对表 5-18 中每一列因子载荷比较高的指标进行加粗处理，通过观察旋转成分矩阵可以发现，这四个因子各代表了不同维度的得分。因子 1 中每股收益 EPS、销售净利率 NPS、总资产报酬率 ROA、净资产收益率 ROE 的因子载荷相对较大，分别为 0.903、0.842、0.929、0.952，可以把因子 1 划归为盈利能力因子；因子 2 中营业收入增长率 IBR、总资产增长率 TAG、净资产增长率 NAG 的因子载荷较大，分别为 0.742、0.956、0.934，可以把因子 2 划归为成长能力因子；因子 3 中存货周转率 ITR、流动资产周转率 CAT、总资产周转率 TAT 的因子载荷较大，分别为 0.854、0.819、0.843，把因子3划归为运营能力因子;因子4中速动比率QR和资产负债率DAR的因子载荷较大,分别为0.930和0.922,将因子4划归为偿债能力因子。这样通过因子分析提取出了4个因子,这4个因子正好和之前假设的四个维度相吻合,也验证了之前因子指标选取的正确性。

3. 计算因子得分

因子分析的目的是为了对多元数据进行降维,找出能解释大多数变量的因子,以少量的几个因子去替代原始数据,并通过计算综合因子得分来反映原始数据的情况。计算综合因子得分,首先要计算出每个因子的得分情况。由因子得分系数矩阵,可以求得各因子的计算公式,因子成分的得分系数矩阵如表5-19所示。

表5-19 成分得分系数矩阵

	1	2	3	4
每股收益 EPS	0.281	−0.028	−0.059	0.044
销售净利率 NPS	0.261	−0.012	−0.104	−0.026
总资产报酬率 ROA	0.277	−0.036	0.017	0.041
净资产收益率 ROE	0.290	−0.038	−0.011	0.059
存货周转率 ITR	−0.128	0.026	0.481	−0.266
流动资产周转率 CAT	−0.001	−0.026	0.339	0.069
总资产周转率 TAT	0.020	−0.050	0.360	0.032
营业收入增长率 IBR	−0.031	0.314	0.084	−0.064
总资产增长率 TAG	−0.047	0.420	−0.054	−0.022
净资产增长率 NAG	−0.037	0.421	−0.060	−0.075
速动比率 QR	0.028	−0.036	−0.093	0.501
资产负债率 DAR	0.044	−0.058	−0.107	0.510

提取方法:主成分。

旋转法:具有Kaiser标准化的正交旋转法。

根据表5-19的系数矩阵,可以得到这四个因子的计算公式。

F_1=0.281*EPS+0.261*NPS+0.277*ROA+0.29*ROE−0.128*ITR−0.01*CAT+0.02*TAT−0.031*IBR−0.047*TAG−0.037*NAG+0.028*QR+0.044*DAR

(5-3)

F_2=−0.028*EPS−0.012*NPS−0.036*ROA−0.038*ROE+0.026*ITR−

0.026*CAT−0.05*TAT+0.314*IBR+0.42*TAG+0.421*NAG−0.036*QR−0.058*DAR　　　　　　　　　　　　　　　　　　　　　　（5−4）

F_3=−0.059*EPS−0.104*NPS+0.017*ROA−0.011*ROE+0.481*ITR+0.339*CAT+0.36*TAT+0.084*IBR−0.054*TAG−0.06*NAG−0.093*QR−0.107*DAR
　　　　　　　　　　　　　　　　　　　　　　　　　（5−5）

F_4=0.044*EPS−0.026*NPS+0.041*ROA+0.059*ROE−0.266*ITR+0.069*CAT+0.032*TAT−0.064*IBR−0.022*TAG−0.075*NAG+0.501*QR+0.51*DAR　　　　　　　　　（5−6）

通过上面这个公式我们就能够计算出各个因子的得分，结合各自的方差贡献率，我们就可以得到最终反映公司价值的综合绩效得分公式。

$$Y=0.3372*F_1+0.2371*F_2+0.2255*F_3+0.2002*F_4 \quad (5-7)$$

最终通过以上公式，可以计算出 201 家公司 2012—2014 年三年的综合绩效得分 Y，为后文的回归分析打下了基础。

5.3.4　实证分析

1. 变量描述性统计分析

表 5-20 展示了相关变量的描述性的统计结果。

表 5-20　描述性统计结果

	N	极大值	极小值	中位数	均值	标准差
公司绩效 Y	603	2.7636	−3.7404	−0.0316	0.0001	0.5107
股权集中度 CR	603	74.76	4.96	42.69	43.44	13.5836
股权制衡度 Z	603	5.4205	0.0217	0.4156	0.5856	0.5489
机构持股比例 CJ	565	34.05	0.01	4.21	6.75	7.1692
公司规模 lnTA	603	22.6534	19.5628	20.9116	20.9765	0.5973
资产负债率 DAR	603	68.893	1.1054	22.4919	24.9963	14.7411
公司成长性 GR	603	3552.915	−5421.491	8.1223	4.1198	419.0008
股东户数 lnGD	603	11.3253	7.7454	9.1934	9.2193	0.5721
科研投入 KY	603	72.5630	0.0178	4.5336	6.4408	6.6127

从表 5-20 中可以看到，创业板上市公司的综合绩效两极分化较大，公司绩效高低有很大差距，治理水平高的公司绩效表现很好，治理水平低的公司绩效表现很差，说明各个公司的治理水平相差较大，管理层的管理

能力参差不齐，同时创业板上市公司绩效整体情况不太理想。实际控制人及其一致行动人的股权集中情况相对集中，前十大股东对于实际控制人的制衡度不高，机构持股比例普遍偏低，说明创业板上市公司的权力基本上还是集中在实际控制人及其一致行动人的手中。创业板上市公司的规模分布比较适度，资产负债虽然两端差异大，但是总体上较为均衡与合理，公司的成长性差异较大，成长性好的公司与成长性差的公司的营业利润增长率分化严重，说明目前创业板上市公司的经营状况在不同公司之间仍存在很大的差距。股东户数各个公司基本较为稳定，科研投入方面重视科研投入的公司和不重视科研投入的公司之间的差距也十分巨大，说明创业板上市公司的科研水平参差不齐，整体来看，创业板科研投入相对较低。

2. 变量相关性分析

在进行联立方程回归前，首先通过相关性分析初步考察变量之间的关系，各变量之间的相关系数矩阵如表 5-21 所示。

表 5-21 相关性分析结果

	Y	CR	Z	CJ	lnTA	DAR	GR	lnGD	KY
Y	1.000								
CR	0.012	1.000							
Z	0.020	−0.736***	1.000						
CJ	0.368***	−0.083**	0.085**	1.000					
lnTA	0.344***	−0.134***	0.131***	0.253***	1.000				
DAR	0.390***	−0.112***	0.049	0.119***	0.403*	1.000			
GR	0.325***	−0.041	0.035	0.057	0.081*	0.006	1.000		
lnGD	−0.127	−0.277***	0.022*	−0.303***	0.360**	0.064	0.001	1.000	
KY	−0.353***	−0.150	0.193	0.035	−0.013	−0.266***	0.025	0.040	1.000

注：***、**、* 分别表示在 1%、5%、10% 的置信水平通过显著性检验，处理工具：Stata。

从表 5-21 相关系数矩阵，可以得出：

（1）公司综合绩效得分 Y 与实际控制集团股权集中度 CR、前十大股东对实际控制集团制衡度 Z、机构持股比例 CJ 都呈正相关关系，CJ 通过了 1% 置信水平的显著性检验，但 CR、Z 并未通过显著性检验，单纯通过相关性分析尚无法准确地说明各变量之间的关系。

（2）公司综合绩效得分 Y 与股东户数 lnGD 之间，未有显著的相关关系，但与科研投入 KY 之间存在负向关系，且通过了显著性检验；股权结构与科研投入之间无显著性相关关系，但与股东户数 lnGD 之间呈现了一定的相关关系，股权集中度 CR 与股东户数 lnGD 在 1% 的显著性水平呈负相关，股权制衡度 Z 与股东户数 lnGD 在 10% 显著性水平呈正相关，机构持股比例 CJ 与股东户数 lnGD 在 1% 显著性水平呈负相关。

（3）各股权结构变量之间呈现出明显的相关关系，且通过了显著性检验，若同时代入模型会导致多重共线性问题。这也证实了前文建模时将各个股权指标分别代入模型检验的方法的正确性。

通过上述相关性分析，我们可以发现创业板上市公司绩效与公司股权结构之间存在一定的相关关系，但仅通过相关性分析尚无法得出准确的结论，因此还需要进一步的研究分析。

3. 内生性检验

内生性检验的方法分为两步：第一步将可疑具有内生性的解释变量作为被解释变量，以选取的工具变量和其他外生变量作为解释变量进行 OLS 回归，得到回归的残差 Resid；第二步将上一步的回归残差 Resid 及所有的解释变量放入主回归方程进行 OLS 回归，观察回归结果的残差项的系数是否显著，若显著，则说明可疑解释变量确实具有内生性。本章以股东户数作为工具变量，进行内生性检验，检验结果如表 5-22 所示。

表 5-22　内生性检验结果

	残差系数	标准误差	t 值	P 值
CR	0.0381***	0.0051	7.42	0.000
Z	2.7489***	0.9390	2.93	0.004
CJ	0.0232***	0.0060	3.88	0.000

注：***、**、*分别表示在 1%、5%、10% 的置信水平通过显著性检验，处理工具：stata。

由表 5-22 的内生性结果可以看到，股权集中度 CR、股权制衡度 Z、机构持股比例 Z 的残差系数都显著不为 0，说明这三个股权结构变量确实是内生的。

4. 联立方程回归分析

对于内生性问题的处理方法，大多数学者采用联立方程两阶段最小二乘法（2SLS）或三阶段最小二乘法（3SLS）。本章选择联立方程三阶段最小二乘法（3SLS），因为它能考虑不同的每个结构参数受总体结构的影响，充分利用模型的结构信息，同时还考虑了不同方程之间扰动项存在相关性的问题。

分别将公司绩效得分 Y、股权集中度 CR、股权制衡度 Z、机构持股比例 CJ 代入前面构建的模型，得到以下方程：

$$Y_{i,t}=\beta_0+\beta_1 CR_{i,t}+\beta_2 \ln TA_{i,t}+\beta_3 DAR_{i,t}+\beta_4 GR_{i,t}+\beta_5 JZT_{i,t}+\beta_6 GY_{i,t}+\beta_7 JR_{i,t}+\beta_8 KY_{i,t}+\varepsilon \quad (5-8)$$

$$CR_{i,t}=\alpha_0+\alpha_1 Y_{i,t}+\alpha_2 \ln TA_{i,t}+\alpha_3 DAR_{i,t}+\alpha_4 GR_{i,t}+\alpha_5 JZT_{i,t}+\alpha_6 GY_{i,t}+\alpha_7 JR_{i,t}+\alpha_8 \ln GD_{i,t}+\mu \quad (5-9)$$

$$Y_{i,t}=\beta_0+\beta_1 Z_{i,t}+\beta_2 \ln TA_{i,t}+\beta_3 DAR_{i,t}+\beta_4 GR_{i,t}+\beta_5 JZT_{i,t}+\beta_6 GY_{i,t}+\beta_7 JR_{i,t}+\beta_8 KY_{i,t}+\varepsilon \quad (5-10)$$

$$Z_{i,t}=\alpha_0+\alpha_1 Y_{i,t}+\alpha_2 \ln TA_{i,t}+\alpha_3 DAR_{i,t}+\alpha_4 GR_t+\alpha_5 JZT_{i,t}+\alpha_6 GY_{i,t}+\alpha_7 JR_{i,t}+\alpha_8 \ln GD_{i,t}+\mu \quad (5-11)$$

$$Y_{i,t}=\beta_0+\beta_1 CJ_{i,t}+\beta_2 \ln TA_{i,t}+\beta_3 DAR_{i,t}+\beta_4 GR_{i,t}+\beta_5 JZT_{i,t}+\beta_6 GY_{i,t}+\beta_7 JR_{i,t}+\beta_8 KY_{i,t}+\varepsilon \quad (5-12)$$

$$CJ_{i,t}=\alpha_0+\alpha_1 Y_{i,t}+\alpha_2 \ln TA_{i,t}+\alpha_3 DAR_{i,t}+\alpha_4 GR_{i,t}+\alpha_5 JZT_{i,t}+\alpha_6 GY_{i,t}+\alpha_7 JR_{i,t}+\alpha_8 \ln GD_{i,t}+\mu \quad (5-13)$$

联立方程 5-8 和方程 5-9 检验股权集中度与公司绩效之间的关系，联立方程 5-10 和方程 5-11 检验股权制衡度与公司绩效之间的关系，联立方程 5-12 和方程 5-13 检验机构持股比例与公司绩效之间的关系。各联立的方程组均使用三阶段最小二乘法（3SLS）进行系数估计，3SLS 回归结果如表 5-23 所示。

表 5-23 3SLS 回归结果

变量	股权集中度 CR		股权制衡度 Z		机构持股比例 CJ	
	方程 5-8	方程 5-9	方程 5-10	方程 5-11	方程 5-12	方程 5-13
_cons	-7.1570*** (-6.14)	151.3935*** (5.58)	1.6408** (1.07)	-5.8727*** (-2.89)	-1.5346** (-2.08)	-69.5696*** (-5.49)
Y		15.5541*** (3.69)		1.2687*** (3.18)		-3.3827* (-1.72)
CR	0.0361*** (4.62)					
Z			3.2099 (1.33)			
CJ					0.0411*** (7.12)	
lnTA	0.2578*** (5.22)	-3.7449** (-2.35)	0.0273* (1.37)	-0.1330 (-1.32)	0.0599* (1.63)	6.2865*** (8.44)
DAR	-0.0122*** (-5.52)	-0.2542*** (-4.23)	-0.0065** (-2.22)	0.0046* (1.68)	-0.0070*** (-5.50)	0.0181 (0.65)
GR	0.0004*** (6.93)	-0.0074*** (-3.54)	0.0003*** (3.47)	0.0002** (2.21)	0.0003*** (8.68)	0.0018* (1.83)
lnGD		-2.6669** (-1.84)		0.1537* (1.75)		-6.0811*** (-8.97)
KY	-0.0097** (-1.99)		-0.0398*** (-4.03)		-0.0251*** (-9.56)	
JZT	-0.1065* (-1.82)	2.8875** (2.29)	-0.2451*** (-3.91)	0.2849** (2.28)	-0.0123 (-0.35)	-0.4440 (-0.75)
GY	0.2902 (1.08)	-8.1770*** (-2.98)	0.1543 (1.13)	0.2220 (1.31)	-0.0229 (-0.30)	0.2406 (0.19)
JR	-0.0832 (-1.54)	2.0824* (1.73)	-0.2114*** (-3.58)	0.2173** (2.03)	-0.0001 (-0.00)	-0.5060 (-0.90)
Adj.R^2	-0.4586	-0.1090	0.1127	0.2957	0.3863	0.1203
卡方统计量	172.81	77.57	36.42	25.73	410.75	168.61
模型 P 值	0.0000	0.0000	0.0032	0.0012	0.0000	0.0000

注：***、**、* 分别表示在 1%、5%、10% 的置信水平上通过显著性检验，括号内为 Z 检验的 z 值。

在估计 R^2 时，R^2 的计算公式是 $R^2=1-SSR/SST$，当模型中引入工具变量后，SSR 可能出现大于 SST 的情况，此时估计的 Adj.R^2 值为负。

（1）股权集中度与公司绩效的回归结果分析

由表 5-23 可以看出，方程 5-8 中实际控制人及其一致行动人股权集中度的系数是 0.0361，方程 5-9 中公司绩效的系数为 15.5541，两者都为正数，说明了实际控制人及其一致行动人的股权集中度与公司绩效之间存在相互的正向影响，且两者均通过了 1% 的置信水平的显著性检验，说明实际控制人及其一致行动人股权集中度与公司绩效之间的正向影响是十分显著的，前文假设一得到了证实。可能的解释是，随着实际控制人及其一致行动人持股比例的提高，他们的利益与公司利益的重合度越来越高，公司的绩效提高与他们的利益关系愈发密切，所以此时他们有更大的动力去治理或监督公司的良好运转。同时，随着利益的一致化，他们此时的最佳选择就不再是掏空公司，而是支持公司的发展。根据市场短视理论，高流动性的中小股东短期投机性高，不利于公司的发展，实际控制人及其一致行动人持股比例的提升，相对降低了具有短视行为的中小股东的股权比例，在一定程度上降低了管理层因为中小股东短视行为倒逼导致的短期投资决策，有利于公司资源合理配置，提高公司绩效。

（2）股权制衡度与公司绩效的回归结果分析

观察表 5-23 可以发现，方程 5-10 中前十大股东对实际控制人及其一致行动人的制衡度的回归系数为 3.2099，但未通过显著性检验；但方程 5-11 中公司绩效的系数为 1.2687，且通过了 1% 置信水平的显著性检验，说明创业板上市公司的前十大股东对实际控制人及其一致行动人的制衡度对公司绩效没有明显的影响，而公司绩效对股权制衡度有显著的正向影响，股权制衡度与公司绩效之间没有相互影响，两者之间只有单向的正向影响，实证结果与假设二有所出入。可能的原因是，在创业板上市公司中，前十大股东对于实际控制人及其一致行动人的制衡度长期来说都比较低，这种低的制衡度无法对控股集团形成有效制衡。长此以往，这种制衡效应逐渐衰退，甚至根本不起作用。非核心利益集团的大股东由于持股比例相对实际控股团体的股权比例低很多，没有足够的动机，也没有足够的能力去对大股东形成监督。渐渐地，他们也就形成了"搭便车"的行为模式，此时存在的制衡只是名义上的，实际中并没有任何效果。但是，公司绩效的变化却能影响这些非控股股东，当公司绩效提高时，意味着公司有良好的前景,往往公司股票价格都会上涨,这些股东此时便会增持公司股票,但实际控制人及其一致行动人一般持股比例都会保持一个相对稳定状态,这样名义上的股权制衡度相对来说,就会有所提升。抑或实际控制人及其一致行动人利用利好出货,在不影响其控制权的情况下,减持所持股票套现,这样股权制衡度也会提高。

(3)机构持股对公司绩效的回归结果分析

根据表5-23中的信息,方程5-12机构持股比例的回归系数为0.0411,且在1%的置信水平下通过了显著性检验,说明机构持股比例对创业板上市公司绩效有明显的正向影响;方程5-13中公司绩效的回归系数为-3.3827,且通过了10%置信水平的显著性检验,说明创业板上市公司绩效对于机构持股比例有较为显著的负向影响,假设三得到验证。可能的解释是,随着公司机构持股比例的提高,机构为了自身利益,有足够的动机去监督甚至直接参与到公司的治理中来,在一定程度上对实际控制人及其一致行动人形成了有效的制衡,这样减少了股东的私利行为,促进了公司效率的提升,机构也能给公司带来优秀的管理经验。但是随着公司绩效的提高,公司的股票会在市场上通过价格上涨的方式来有所反映,当股票价格高于公司的实际价值时,即股价虚高时,此时机构会选择降低持股比例,换取足够的流动性。

(4)控制变量与公司绩效的回归结果分析

对于控制变量,我们由表5-23可以看到,公司规模对公司绩效的回归系数都为正,且分别通过了1%、10%、10%置信水平的显著性检验,说明公司的规模越大,组织架构越完善,管理水平越高,治理越规范,公司绩效越高。随着公司规模的扩大,业务种类也相应增多,融资能力增强,抗风险能力也得到相应提升,同时还印证了公司的规模效应。资产负债率对公司绩效的回归系数均为负,且分别通过了1%、5%、1%置信水平的显著性检验,说明资产负债率越低的公司,公司绩效水平越高,因为往往债务较多的公司,都存在一定的经营问题。公司成长性对公司绩效影响的回归系数都为正,且均通过了1%置信水平的显著性检验,说明成长性高的公司，绩效表现一般都会比较好。科研投入对公司绩效的回归系数都为负，分别通过了5%、1%、1%置信水平的显著性检验，说明创业板上市公司的科研产出情况不容乐观，科研投入很难得到相应的产出，甚至还会降低公司绩效，这与创业板公司盲目进行科研投入行为是分不开的。股东户数越多，实际控制团体持股比例越低，股权制衡度越高，机构持股比例越低。金字塔控股的系数都为负，且有两个通过了显著性检验，在一定程度上说明了金字塔控股模式不利于公司绩效的提高，究其原因是因为金字塔控股情形下，控股股东能够更加隐蔽地对公司进行掏空，也更容易全身而退。实际控制人为国有控股对公司绩效没有明显的影响，两职兼任对公司绩效无明显影响。

5. 稳健性检验

为了考察各模型的稳健性，用净资产收益率ROE替换公司综合绩效变量Y代入原模型，其他变量保持不变，进行联立方程检验。同样采用三阶段最小二乘法进行系数估计。稳健性检验结果如表5-24所示。

表5-24 稳健性检验结果

变量	股权集中度 CR		股权制衡度 Z		机构持股比例 CJ	
	方程 5-8	方程 5-9	方程 5-10	方程 5-11	方程 5-12	方程 5-13
_cons	−69.9874*** (−5.10)	152.1748*** (5.12)	0.0208 (0.02)	−55.5076*** (−3.55)	−20.4419** (−2.02)	−69.7395*** (−5.12)
Y		1.4857*** (3.39)		4.0575** (3.79)		−0.3231 (−1.61)
CR	0.3181*** (3.45)					
Z			0.0259 (1.18)			
CJ					0.3624*** (4.58)	
lnTA	3.1456*** (5.40)	−4.3554** (−2.34)	0.0056 (0.08)	4.6298*** (5.31)	1.4021*** (2.79)	6.4193*** (7.52)
DAR	−0.0564** (2.18)	0.0055 (0.10)	0.0054** (1.97)	−0.0654** (−2.28)	−0.1019*** (−5.86)	−0.0383 (−1.46)
GR	0.0066*** (9.11)	−0.0107*** (−3.49)	0.0001 (0.76)	0.0067*** (7.19)	0.0058*** (10.86)	0.0025* (1.78)

续表

变量	股权集中度 CR		股权制衡度 Z		机构持股比例 CJ	
	方程 5-8	方程 5-9	方程 5-10	方程 5-11	方程 5-12	方程 5-13
lnGD		-3.2074**		-2.6378***		-5.9635***
		(-2.16)		(-3.54)		(-8.77)
KY	-0.1219**		-0.0224***		-0.2582***	
	(-2.13)		(-3.60)		(-7.17)	
JZT	-1.6507**	3.9324***	-0.0113	-1.1933	-0.6037	-0.6713
	(-2.40)	(2.81)	(-0.22)	(-1.41)	(-1.24)	(-1.05)
GY	2.8663*	-8.6645***	0.4018***	5.9333**	0.1079	0.3466
	(1.74)	(-2.91)	(3.84)	(2.39)	(0.10)	(0.25)
JR	-0.9121	2.3027*	-0.0593	-1.2975	-0.1798	-0.5540
	(-1.43)	(1.74)	(-1.29)	(-1.62)	(-0.39)	(-0.91)
Adj.R^2	-0.1157	-0.3182	0.0034	-0.8621	0.3651	-0.0056
卡方统计量	138.10	65.26	54.27	82.74	242.67	147.50
模型 P 值	0.0000	0.0000	0.0000	0.0000	0.0000	0.0000

注：***、**、* 分别表示在 1%、5%、10% 的置信水平上通过显著性检验，括号内为 Z 检验的 z 值。

通过表 5-24 的稳健性回归结果，可以发现各方程中各主要变量系数正负和表 5-23 基本一致，只是有些变量的显著性水平有所下降，说明选取综合绩效指标来衡量公司的绩效水平更为恰当。稳健性的结果充分说明了原模型稳健性较好，通过原模型得出的实证分析结论是可靠的。

5.4 结论与建议

5.4.1 研究结论

本章在理论分析与现状分析的基础上，通过因子分析法，计算得到了公司绩效综合因子得分作为衡量公司绩效的变量，从内生性视角研究了创业板上市公司实际控制人及其一致行动人股权集中度、前十大股东对实际控制人及其一致行动人的股权制衡度、机构持股比例与公司绩效的关系，建立联立方程模型，运用三阶段最小二乘法估计各因素之间的关系，得到以下结论：

5 创业板资本市场上市公司股权结构与绩效关系研究

1. 创业板上市公司的绩效存在严重的两极分化

本章通过对创业板的相关公司2012—2014年三年的数据进行研究，选取了盈利能力、运营能力、成长能力、偿债能力四个维度的12个相关指标，构建因子模型，最后通过计算求得各公司的综合因子得分。观察得到的公司得分情况，我们会发现在这些公司里，因子得分的两极分化趋势十分明显，这就意味着强者恒强，弱者愈弱，绩效好的公司能得到更多的关注，有利于得到充分的监督，减少股东私利行为，绩效进一步提升；而绩效差的公司，一般来说治理都存在较大问题，会不断走下坡路，最后被市场所淘汰。这种分化现象除了与公司的治理水平有关，还与公司的业务结构、规模大小、抗风险能力及外部环境条件等密切相关。同时，通过现状分析，也发现创业板上市公司成长能力和偿债能力都比较出色，充分体现了创业板市场公司的高成长性特点，但也存在一些问题，如盈利能力较弱，运营周转情况有待提高，科研投入转化效率低下。

2. 创业板上市公司的股权结构情况

创业板上市公司从整体上来看，除极个别股权高度分散的公司外，实际控制人及其一致行动人的股权集中度比较高，并且大部分公司都表现出比较稳定，基本达到了对公司的控制；创业板上市公司前十大股东对实际控制人及其一致行动人的股权制衡度比较低，因为前十大股东中大部分股东都是实际控制人的一致行动人，同时这种低制衡现象有继续恶化的趋势；创业板上市公司的机构投资者持股比例相对来说也比较低，但有逐年提高的趋势，机构投资者对创业板的关注度不断提升。

3. 创业板上市公司股权结构与绩效关系

创业板上市公司的实际控制人及其一致行动人的股权集中度与公司绩效呈正向相互影响关系，股权集中度的提高能带来公司业绩的提升。创业板上市公司可能存在大股东对公司的掏空行为，随着股权集中度的提高，此时利益协同效应发挥作用，当大股东利益与公司高度一致时，大股东没有动机去掏空公司，而是会去动用各方资源来支持公司的发展。伴随着股权集中度的提高，实际控制人及其一致行动人有更大的动力去监督与管理公司，这样公司的绩效就会提高。同时公司业绩的提升，公司治理水平的提高，能让公司拥有更为光明与美好的前景，实际控制人及其一致行动人也会选择增持公司的股票来更多地分享公司的收益，股权集中度相应会得到提高，股权集中度与公司绩效是相互促进、互为因果的关系。创业板上市公司的前十大股东对实际控制人及其一致行动人的股权制衡度对公司绩效没有明显影响，也正反映出当下创业板上市公司的股权制衡缺失，股权制衡效应没能充分发挥作用的尴尬现状；但公司绩效明显对股权制衡度产生了正向影响，随着公司绩效的提升，公司的股权制衡度会随之提高。机构持股比例对创业板上市公司绩效有显著的正向影响，机构持股比例高的公司，能加强公司外部的制衡与监督，提高公司的效率，最终提升公司绩效；但随之公司绩效与机构持股比例呈较为显著的负相关，因为当公司绩效提高时，市场上公司股票价格往往会随着抬高，此时机构出于投机目的的短期行为，就会选择卖出股票，这样的结果指出了目前创业板市场上机构的短期投机行为较为严重。

5.4.2 建议

基于以上的研究内容与结论，结合中国创业板的实际情况，为了创业板市场及公司更好地发展，提出如下意见。

1. 继续完善相关法律法规，规范市场运行

虽然目前创业板市场发展很快，市值不断增大，市场也不断成熟，但还是存在着一些问题，有些法律规章还有待进一步完善，要充分考虑并保护投资者，特别是中小投资者的利益。建立规范的市场制度，严格按照相应的规则运行，对于不合法不合规的公司及股东行为，要及时制止并予以处罚，特别是对于大股东掏空上市公司的行为，要给予严厉制裁。要为创业板公司与创业板投资者营造一个良好的市场环境，让投资人通过投资分享企业发展的收益，让企业能通过市场获得发展所需的资金。

2. 引导公司构筑合理股权结构，加强监督机制

虽然目前创业板上市公司的股权集中度与公司绩效之间呈现正相关关

系，但是如果股权长期高度集中，就会形成一言堂。长远来看，公司运营与决策风险会加大，不利于公司的发展，高度控股也不利于公司股权的合理流通，所以要引导创业板公司构筑合理的股权结构，例如引进长期战略投资者。要强化创业板公司的监督机制，包括内部监督与外部监督，内部监督股权制衡现在还处于失效状态，需要引导公司建立合理的股权制衡结构，形成有效的内部监督；同时，外部市场监督也要充分调动起来。目前创业板对于股权转让与股权收购有一定的限制，这其实不利于对创业板公司的外部监督机制发挥作用，这些限制应予以适度放开。

3. 促进企业交流，共同提升业绩

可以看到创业板上市公司的绩效两极分化现象严重，往往绩效好的公司都有一套良好的公司治理思路与方法，公司的管理运作体系十分完善，而绩效差的公司则缺乏相应的技术与能力。提倡促进企业间的交流，可以是管理交流，也可以是文化交流，亦可技术交流。绩效表现差的公司要多与绩效表现好的公司进行交流，学习借鉴优秀公司的先进文化与技术，同时绩效好的公司也应该从绩效差的公司身上总结经验，避免犯同样的错误。这样绩效差的公司状况得到改善，绩效好的公司更上一层楼，实现共赢式发展。

4. 投资者与大股东教育

对于中小投资者，要加强理性教育，疏导价值投资的思想，减少中小投资者的短期短视行为，因为短视行为既不利于投资者财富增值，也不利于市场的稳定，对公司的发展也造成了不良的影响。对于机构投资者，要进行规范化教育与长期投资鼓励，要让机构的投资行为规范化，减少其投机性行为，机构投资者的短期行为会加剧市场波动，不利于公司的发展；而长期的机构投资者能为公司发展带来稳定的环境，充裕的资金与丰富的管理经验，有利于公司的长远高效发展。对于公司的大股东要进行法制与道德教育，最大程度地减低他们掏空上市公司的动机与行为。

5. 加大对企业的技术指导与支持

目前创业板上市公司的科研投入虽然总体比例都不是很高，但是科研

投入的产出却对公司绩效产生了副作用,说明当下创业板公司的科研投入具有一定的盲目性,科研投入不能很好地转化为公司盈利,反而造成资金、人力与物力的白白浪费。政府应该加大对企业的技术指导与支持,促成企业与高校进行合作,产学研相结合,同时要根据实际的情况指导企业合理进行科研投入,不能在科研上粗犷式发展。

6 私募股权投资与经济转型关系机理分析

6.1 私募股权及经济转型

6.1.1 私募股权投资的界定

私募股权投资（Private Equity Investment，简称 PE）是指投资于非上市股权，或者上市公司非公开交易股权的一种投资方式。它通过私募的形式对非上市企业进行权益性投资，并通过被投资企业的上市、并购、股权转让等一系列方式退出投资并获利的一种投资方式。

私募股权投资有广义和狭义之分（如图 6-1 所示）。广义的私募股权投资包含了各个企业发展阶段的股权投资，如种子期、初创期、发展期、扩展期、成熟期、Pre-IPO 等时期，其对应的私募股权投资基金分别为天使投资基金（Angel Capital，简称 AC）、创业（风险）投资基金（Venture Capital，简称 VC）、发展基金（Development Capital）、并购基金（Buyout Fund）、夹层基金（Mezzanine Capital）、Pre-IPO 资本；此外，还包括上市后的私募股权投资（如 PIPE）。而狭义的私募股权投资则是专指对处于发展到 Pre-IPO 期间的，已经形成一定规模并产生稳定现金流的成熟企业的投资①。

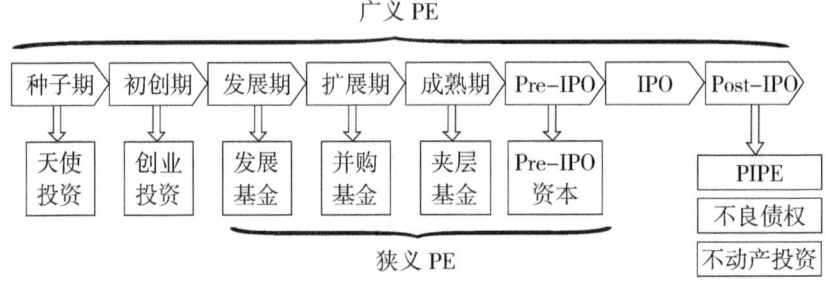

图 6-1 私募股权投资的分类

6.1.2 私募股权投资的基本现状

2004—2014 年我国经披露的私募股权投资金额变化情况如图 6-2 所示。2005 年是我国私募股权投资快速发展时期的开端，其私募股权投资总额约是 2004 年的 6 倍，且其后两年延续着较高的发展速度。2008 年受全球金融危机影响，我国私募股权投资额一度下挫，但其后不久便得到复苏，直到 2010 年都在持续增长。2012 年受宏观经济下行影响，私募股权投资市场也随之进入结构性调整阶段。2013 年由于经济走势不明朗，导致境外投资者对中国的投资严重萎缩；加之国内 IPO 全年紧闭，私募股权投资退出渠道受阻，在投资和退出均出现困难的局面下，2013 年我国私募股权投资处于深度调整阶段。2014 年，随着新一轮国企混改、境内外并购市场火爆，加之 IPO 重新开闸，使多层次资本退出市场得到稳定，再次刺激了投资市场的热情，2014 年私募股权投资额得到了大幅上升，再次步入了高速发展道路。PE 投资额在各年均占据了大部分比重。

---

① 为便于区分，如无特别说明，本书提到的"私募股权投资"均指广义上的私募股权投资，并用 PE 代表狭义上的私募股权投资；VC 代表风险投资；AC 代表天使投资。

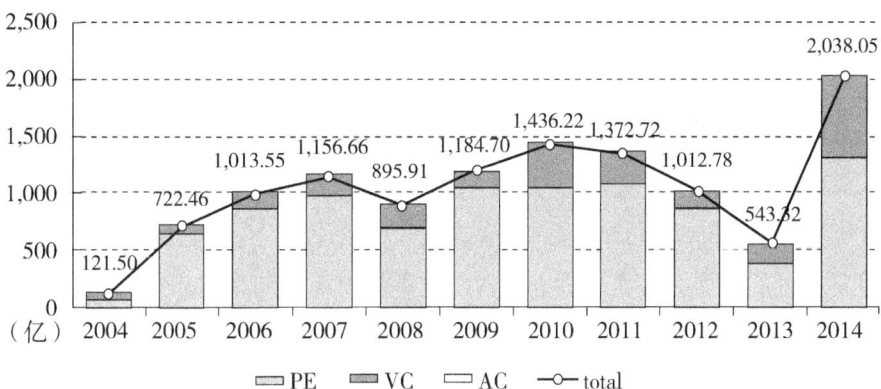

图 6-2　2004—2014 年经披露的私募股权投资金额（单位：亿元）

数据来源：Wind 数据平台。

从我国私募股权投资额的地区分布来看，北京无疑是我国私募股权投资最发达的地区，在多数年份中北京的私募股权投资金额在全国各省份中排行第一，且领先幅度较大。其次是上海、广东和江苏，但和北京相比仍有较大差距。北京、上海、广东和江苏四个地区的私募股权投资在全国来看具有较大的代表性，它们在各年份获得的投资金额情况如图 6-3 所示。

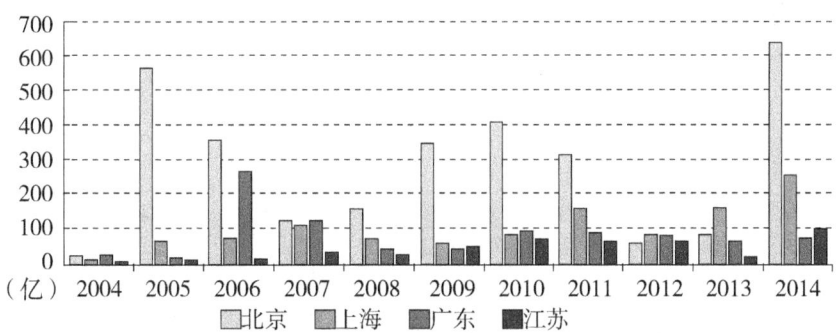

图 6-3　2004—2014 年各主要地区经披露的私募股权投资金额（单位：亿元）

数据来源：Wind 数据平台。

从私募股权投资的行业分布来看（如图6-4所示），2014年PE投资金额位列前五的行业分别是房地产、能源及矿产、连锁及零售、金融、互联网，当中主要以传统行业为主；而VC投资金额位列前五的行业则分别是互联网、电信及增值服务、半导体、金融、生物技术/医疗健康，当中主要以高新技术产业为主。PE与VC投资的主要行业的差异主要是由于其投资对象的不同而形成的，PE主要投资于比较成熟、有稳定现金流的企业，因而对应的主要为传统行业；而VC主要投资于初期、有较大成长能力的企业，因而对应的主要为高新技术产业。

VC	PE
互联网，3595.67	房地产，9496.56
电信及增值服务，2852.20	能源及矿产，7831.94
半导体，1556.49	连锁及零售，6656.26
金融，1530.30	金融，4302.64
生物技术/医疗健康，1419.47	互联网，4084.27

图6-4 2014年我国PE/VC投资市场排行前五行业金额分布（单位：百万美元）

数据来源：清科研究中心。

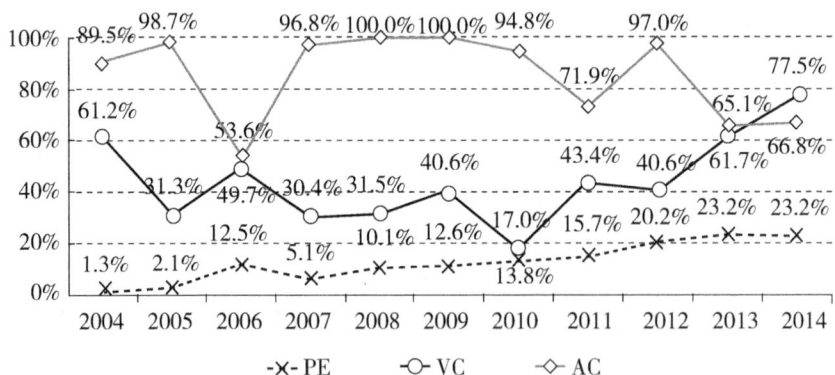

图6-5 2004—2014年PE、VC和AC投向高新技术产业金额比重

数据来源：Wind数据平台。

图6-5反映了2004—2014年PE、VC、AC投资总额当中投向高新技术产业的投资额所占比例。AC由于其自身特点,其投向高新技术产业的比例一直处于高水平;相对之下,VC和PE中投向高新技术产业的比例较AC要低,但呈现了较明显的上升趋势。

6.1.3 经济转型的内涵

"转型升级"在近年来是一个热门话题,大至政府部门在强调经济要进行转型升级,小至居民小区的物业管理部门也在谈转型升级。经济转型指一个国家或地区的经济体制及经济制度在一定时期内的根本转变,其具体内涵涉及多个方面,且随着我国经济的不断发展而得到不断的丰富。

"转型升级"这个概念最早是在党的十七届五中全会通过的《中共中央关于制定国民经济和社会发展第十二个五年规划的建议》中提出的。[①] 而此前的文献关于这方面的表述则多是采用"转变发展方式"。2011年3月14日十一届全国人大四次会议通过的《中华人民共和国国民经济和社会发展第十二个五年规划纲要》中全面阐述了一系列关于转型升级、提高产业竞争力的问题,包括改造提升制造业、培育发展战略性新兴产业、推动能源生产和利用方式变革、构建综合交通运输体系、全面提高信息化水平、推进海洋经济发展等,首次真正从产业发展的角度,把"转型"和"升级"统称为"转型升级",并直接加以使用。[②] 2012年11月18日,党的十八大报告进一步为经济转型指明了方向,报告指出要把推动发展的立足点从过去提高增长速度转到提高质量和效益上来;提出坚持工业化、信息化、城镇化、农业现代化同步发展的新的四化目标;此外,要全面深化经济体制改革;实施创新驱动发展战略;推进经济结构战略性调整;推动城乡发展一体化;全面提高开放型经济水平。

本书根据经济转型内涵的演变,并立足于十八大报告对经济转型内涵

---

① 中共中央关于制定国民经济和社会发展第十二个五年规划的建议[N].人民日报,2010-10-28.

② 中华人民共和国国民经济和社会发展第十二个五年规划纲要[N].人民日报,2011-3-17.

新的阐述，把其概括为五个方面：① 居民收入水平——经济转型的最终目标；② 创新驱动——经济转型的根本动力；③ 市场化——经济转型的重要基础；④ 四化同步——经济转型实现的主要路径；⑤ 开放型经济——经济转型的外部条件[①]。

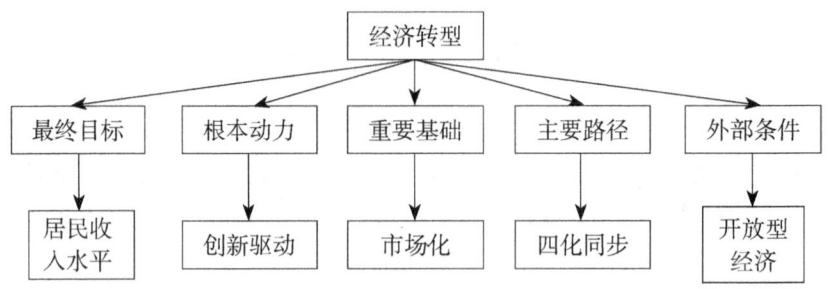

图 6-6　经济转型的内涵

1. 居民收入水平

中国进行经济转型的目标说到底是为了通过改变经济的发展方式，顺应当今发展潮流，来实现中国经济的可持续增长，并最终提高居民收入水平。居民收入水平在此包含了两层含义：一是绝对收入的高低；二是收入分配的公平性。

在绝对收入方面，我国在各个发展时期里提出不同的任务目标：十六大提出了要在 2000—2020 年这 20 年间实现 GDP 总量翻两倍；十七大则提出人均 GDP 翻两倍，把"总量"改为了"人均"，但仍未提及收入增长目标；胡锦涛同志在十八大报告中首次明确提出了居民的收入水平要在十年的时间里实现倍增，即到 2020 年实现的国内生产总值和城乡居民人均收入要比 2010 年翻倍，这是党对居民收入增长目标进行量化的一大突破。居民收入水平的提高能够有效刺激整个社会的消费，拉动经济的增长，从而促进经济转型的成功。

虽然我国居民收入的水平正在逐步提升，但收入差距却也在进一步扩大，

---

① 胡锦涛，坚定不移沿着中国特色社会主义道路前进　为全面建成小康社会而奋斗——在中国共产党第十八次代表大会上的报告 [N]. 人民日报，2012-11-18.

表明我国收入分配制度在初次分配和再分配两个层面上都存在着分配不公平的缺陷,形成收入分配严重失衡的格局。随着收入的上升,消费边际倾向下降,因此我国大部分财富集中在少数人手中,将造成"富人有钱不想花、穷人想花没有钱"的现象,极不利于整个社会消费水平的提升。同时,收入分配差异的扩大也违背了我国共同富裕的原则,阻碍我国经济转型的进程。

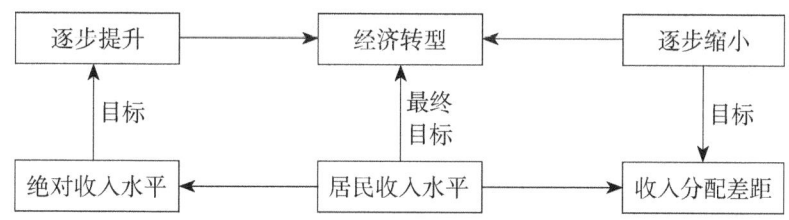

图 6-7 居民收入水平和经济转型的关系

2. 创新驱动

我国改革开放四十多年来,主要是以要素驱动、投资驱动和出口拉动的发展方式来支撑经济的发展,得益于我国劳动力成本低和资源丰富的优势,我国从这样的发展方式中取得举世瞩目的发展成就,但同时也面临着严峻的挑战,其弊端正日益突显。第一,由于生产要素报酬递减,要素成本正在提升,要素投入难以成为我国经济的主要驱动力量;第二,我国过去过分追求经济增长速度,而忽略了经济效益,从而消耗了大量资源,造成严重的生态问题;第三,过分依赖出口贸易驱动,内部消费需求驱动力不足;第四,产业结构不合理,第三产业比例明显偏低;第五,要素结构不合理,传统性要素(自然资源、资本、劳动力等)的投入偏多,知识性要素(技术、人力资源、管理等)投入不足。在要素成本上升、资源枯竭、环境破坏、内需不足等问题的阻挠下,过去的发展方式不能使经济可持续发展。创新驱动是必由之路,是今后经济转型的根本驱动力。我国现有的很大一部分科学技术是通过国外引进和模仿的,核心技术不在我们手中,即技术在我国是外生的。为进行创新驱动,我国必须把技术由外生转化为内生,加强自主创新,掌握核心技术,把创新技术作为经济发展的主要驱动力。

创新驱动可概括为包含人才和技术两大要素,具体来说,通过优秀的人力资源、有才能的企业家的管理活动、创新的科学技术，可以把原有的要素进行重新整合，并创造出新的要素组合，新要素组合能促进经济结构调整，使经济发展具有更高的效益。第一，通过技术的创新，可以在市场上创造出多层次满足消费者的产品与服务，让消费者获得更多的选择，改变消费者的消费模式，从而拉动内需，进一步刺激投资；第二，创新驱动的发展方式将掀起高新技术产业蓬勃发展的浪潮，改善现在第三产业比重偏低的产业结构；第三，创新驱动的发展战略将使得知识和技术作为一种投入要素更加受到重视，改变传统要素投入比重过高的不合理要素结构，从而提高经济效益。创新驱动战略通过需求结构、产业结构、要素结构的调整，最终推动我国经济的转型升级。

在创新驱动战略推动经济转型升级的过程中，市场、政府和高等院校起到了不可或缺的作用。市场在当中产生了竞争效应和示范效应——激烈的市场竞争促使企业不断加强创新，以取得领先优势；而创新能力领先的优秀企业则起到示范作用，带动其他竞争企业发展。政府为知识产权的保护提供法律保障，这是创新活动能够顺利开展的重要基础；此外，政府对创新个体的激励政策，也能促进创新活动开展的良性循环。高校是培养创新人才和进行知识创新的地方，汇集了进行创新的大部分资源，通过产学研联合创新，能解决企业自主创新能力不足的问题，并促使高校的研究成果向产业转化，有效整合社会资源并推动产业升级。如图 6-8 所示。

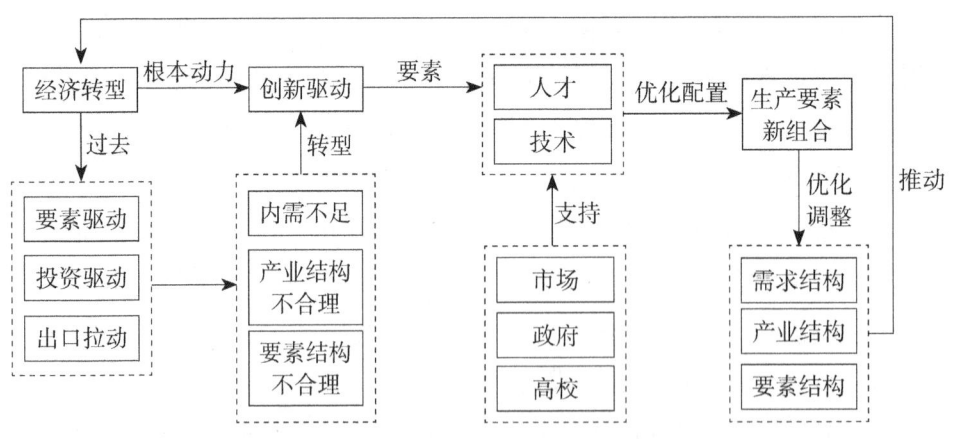

图 6-8 创新驱动和经济转型的关系

3. 市场化

对于市场化，中国已经经历了几十年的探索。改革开放之前，中国处于排斥市场调节机制的高度集中的计划经济，其弊端日益突出。改革开放后，我国对市场经济的看法有了本质上的转变，市场的地位开始逐步确立。1982年党的十二大指出，"正确贯彻计划经济为主，市场调节为辅的原则，是经济体制改革的一个根本性问题"，不再完全排斥市场。1987年十三大指出，社会主义有计划的商品经济体制是"国家调节市场，市场引导企业"的体制，进一步肯定了市场的地位。1992年十四大提出我国经济体制改革的目标是建立社会主义市场经济体制，并强调使市场在国家宏观调控下对资源配置起基础性作用。1997年十五大在提出进一步发挥市场基础性作用的同时，强调了政府进行宏观调控的目标和手段。2002年十六大对政府的职能定位为"经济调节、市场监管、社会管理和公共服务"，并要"健全统一、开放、竞争、有序的现代市场体系"。2012年十八大指出，处理好政府与市场的关系是经济体制改革的核心。2013年十八届三中全会对市场的定位再次取得突破，提出"使市场在资源配置中起决定性作用"并"更好发挥政府作用"。市场在我国经济的地位从最初受到排斥到被承认，从"调节作用"到"基础性作用"，再到"决定性作用"，进行了几次本质上的提升。市场化贯穿了整个中国经济转型的进程，是经济转型的重要基础。

通过以市场对资源配置起决定性作用，政府进行宏观调控的市场经济体制，可以对资源进行有效的优化配置，促进市场公平竞争，推动我国经济转型。但当下我国市场经济体系尚不完善，市场竞争不公平现象明显，特别是国企与民企间的不公平待遇尤为严重，国企往往在资源、资金、行业垄断、法律保护等方面具有先天的优势，这不利于市场竞争机制的运作。十八大报告指出要在不同市场竞争主体间实现"三个平等"，即"平等使用生产要素、公平参与市场竞争、同等受到法律保护"，这是中国特色社会主义经济理论的重大创新，能有效加强市场公平竞争。

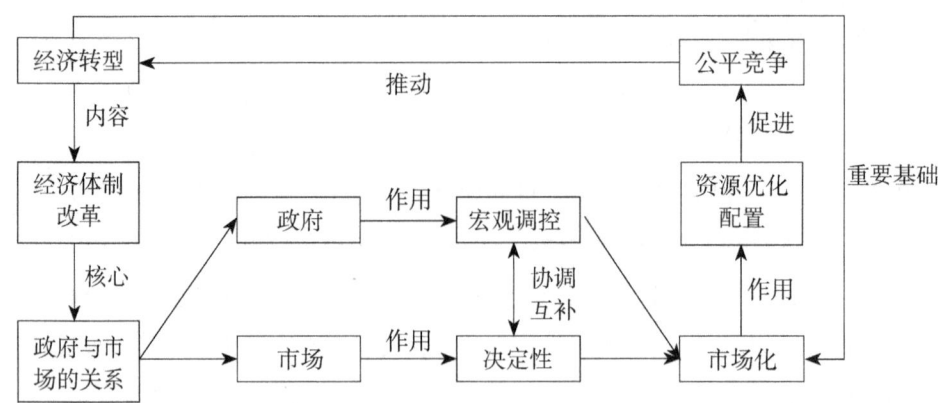

图 6-9 市场化和经济转型的关系

4. 四化同步

党的十八大报告首次提出了"四化同步"的观点,即"坚持走中国特色新型工业化、信息化、城镇化、农业现代化道路,推动信息化和工业化深度融合、工业化和城镇化良性互动、城镇化和农业现代化相互协调,促进工业化、信息化、城镇化、农业现代化同步发展"。在"四化同步"观点提出之前,便有"三化协调发展"的发展战略,现在进一步把信息化提升到战略地位,并与"三化"深度融合。

工业化是整个改变经济发展方式和调整经济结构过程中的主战场,它为社会创造源源不断的物质、技术与财富,为农业现代化提供了技术支持,为城镇化提供了经济支撑。工业化与信息化融合,走新型工业化道路,能有效提高工业生产的科技含量,提高资源的利用效率,降低工业排放,大大改善工业发展的经济效益。

农业作为基础产业,为工业化和城镇化提供了物质基础。农业信息化是农业现代化与信息化的融合,通过将通信技术和计算机技术在农村生产、生活、管理等方面实现推广和应用,从而调整农村经济结构和转变农业的发展方式,促进农业的发展。

城镇化是传统乡村型社会向现代城市型社会转变的过程,能吸收农村剩余劳动力并促进农村产业结构调整,带动农业现代化的发展。城镇化具

6 私募股权投资与经济转型关系机理分析

有聚集效应和规模效应,并且是最大的内需潜力所在,为工业化的发展提供了空间依托。"智慧城市"是城镇化和信息化的融合,真正对应到衣食住行和城市管理的各方面,大力促进城镇化的发展。

四化同步战略通过其内部机制的相互作用,转变经济发展方式,提高经济效益,并优化产业结构和需求结构,促进各区域的共同发展,从而促进了我国经济的可持续发展,推动经济转型的进行,是我国经济转型的主要路径。

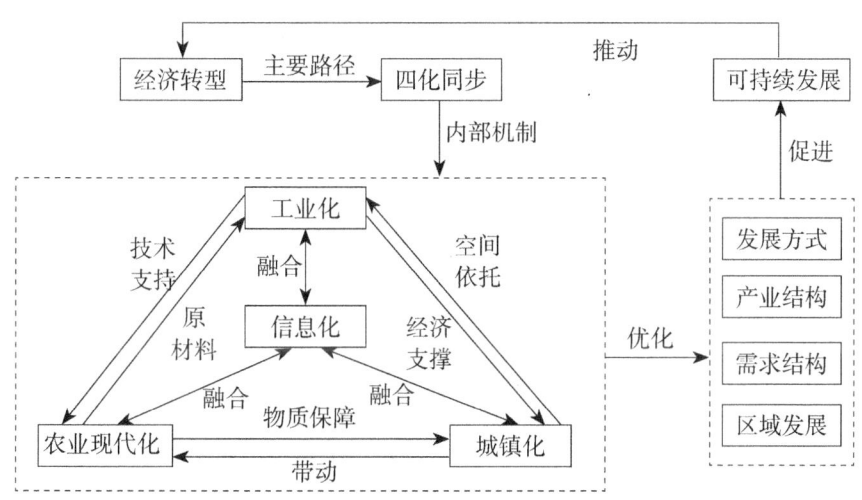

图 6-10 四化同步和经济转型的关系

5. 开放型经济

开放型经济是中国经济转型的外部条件,党的十八大报告指出:"适应经济全球化新形势,必须实行更加积极主动的开放战略,完善互利共赢、多元平衡、安全高效的开放型经济体系。"

中国的技术条件仍相对落后,核心技术和关键部件都比较依赖于从国外引进,在对外经济产业链中处于末端,从事的是低技术和劳动密集的生产加工环节。此外,我国东部地区在过去依赖于从对外贸易获取经济的高速增长,内需相对匮乏。自2008年金融危机爆发以来,国际市场的需求结构产生了明显的变化,欧美市场不再如以往那么景气。中国的开放型经济要在新的国际形势下寻求出路,必须进行转型。

首先，我国需要加强技术创新，掌握核心技术，从现在生产所处的高端产业低端环节转向高端产业高端环节；从生产低附加值产品转向生产高附加值产品，打造一批具有自主知识产权的国际品牌，增强国际影响力。其次，优化外贸产业结构，提高具有高附加值的服务贸易的比重，适应全球经济竞争从产品领域向服务领域转移的大趋势。最后，我国迫切需要摆脱以往过分注重发展速度，而忽略发展质量的发展方式，把推动对外贸易的立足点转移到提高发展质量与效益上面。

通过以上的转型措施，能对外贸产业结构和对外发展方式进行优化，从而促进全球范围的资源优化配置，从外部推动我国经济转型的进行。

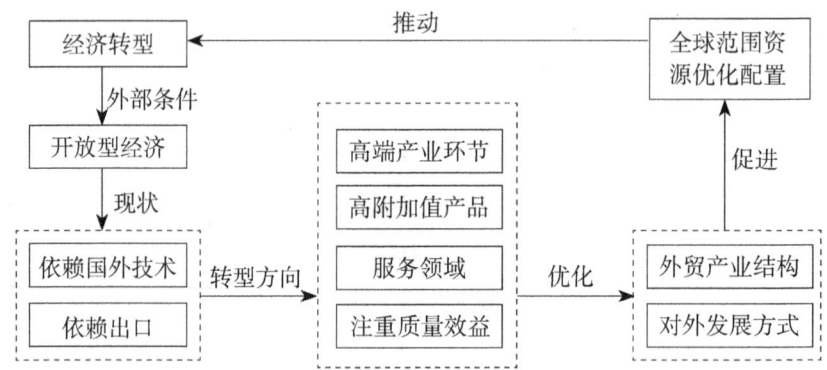

图 6-11　开放型经济和经济转型的关系

6. 小结

本节首先对私募股权投资的定义进行界定，并对文中出现的相关名词做出约定；然后通过私募股权行业数据的整合，对其发展现状做简要的介绍；最后对我国经济转型内涵概括为居民收入水平、创新驱动、市场化、四化同步、开放新经济五个方面，并对当中的相互关系做出定性分析，为后文私募股权投资与经济转型关系研究打下基础。

6.2　私募股权投资与经济转型关系机理分析

上一节把经济转型概括为居民收入水平、创新驱动、市场化、四化同步和开放型经济五个层面,本节继续通过这五个层面来分析我国私募股权投资与经济转型关系的作用机理。

6.2.1 私募股权投资与居民收入水平的关系

私募股权投资对我国经济的影响总体上来看可以从宏观、中观和宏观三个层次来进行分析。

从宏观方面来看,市场上的资源是稀缺的,需要通过资源的重新分配来提高其利用效率。私募股权投资基金以私募的形式汇集社会上投资者的资金,为有融资需求的企业提供资金,在我国的资源优化配置上起到了重要的作用。特别是对于从事高新技术行业的中小企业更是具有深刻的意义,在我国中小企业融资难的背景下,这些企业想要通过银行贷款十分困难,私募股权投资为它们提供了一条重要的融资渠道,并有利于我国多层次资本市场的形成。

从中观方面来看,由于第三产业特别是一些高新技术行业往往是私募股权投资的重要投资对象,私募股权投资对这类型企业的投资,将有利于促进我国产业转型升级。通过资金与管理的投入,促进高新技术产业的发展,提高第三产业产值的比重,符合国际发展竞争大趋势的要求。

从微观方面来看,通过私募股权投资机构的参与,获投企业一方面取得了大量的经营资金,另一方面也获得了私募股权投资机构投后的管理。私募股权投资机构对企业的管理活动对企业的成长有很大意义,特别是处于初期的企业,往往缺乏管理经验,而私募股权投资机构一般对投资的行业有较深的了解,具备专业人才与管理经验,在其帮助下有助于公司业绩的提升,以及管理层和职工薪酬的提升。

私募股权投资通过资源优化配置、促进产业转型升级、改善公司治理等方面的作用,能有效促进经济增长,从而提升居民收入水平。私募股权投资与居民收入水平的关系如图6-12所示。

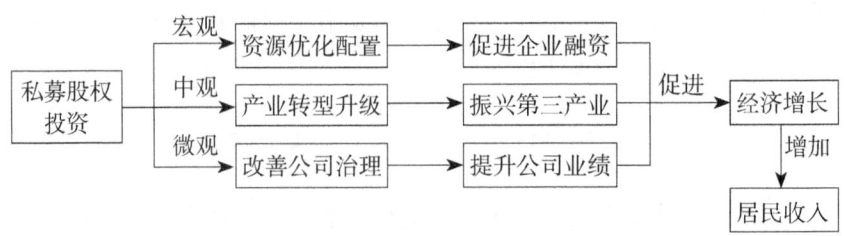

图 6-12　私募股权投资与居民收入水平的关系

6.2.2　私募股权投资与创新驱动的关系

习近平同志指出，为实施创新驱动发展战略，需要"改革国家科技创新战略规划和资源配置体制机制"，优化科技资源配置是创新驱动发展战略的重要基础。企业的融资无疑是进行优化科技资源配置中的重要一环。传统的银行贷款主要面向制造业，交通运输、仓储和邮政业，房地产业，电力、燃气及水的生产和供应业等传统行业；而信息技术、计算机服务和软件等新兴产业占比很低，高新技术企业想进行银行贷款困难重重。私募股权投资的兴起为科技型中小企业的融资开辟了一条重要的道路，大大降低了这些企业的融资门槛，新兴行业的投资比重在私募股权投资（特别对于天使投资和风险投资）中正逐步提高（参考图 6-5）。私募股权投资能有效促进高新技术企业的融资，丰富了我国多层次资本市场对科技型中小企业的金融支持，对我国进行优化科技资源配置做出了重要的贡献。

中国传统产业升级和结构调整面临巨大压力，创新和创业是根本出路。2015 年 6 月，国务院印发的《关于大力推进大众创业万众创新若干政策措施的意见》明确指出，"推进大众创业、万众创新，是发展的动力之源"，对于"走创新驱动发展道路具有重要意义"。即通过"大众创业、万众创新"发展战略，鼓励广大人民群众进行创业，利用市场机制充分整合社会上的人才、资源、信息，全面推动创新驱动战略的实施。私募股权投资能为广大初创企业提供资金支持和经营管理上有力的支持，使大众创业成为可能，进而推动"大众创业、万众创新"发展战略的开展。

此外，私募股权投资对企业进行投资后，还为企业的成长过程提供

6 私募股权投资与经济转型关系机理分析

有价值的增值服务,是初创企业的孵化器。私募股权投资机构帮助企业把现有生产要素和资源进行有效整合,以先进的管理理念协助企业的经营,使企业的R&D活动具有更高的效率,并促使企业的技术创新转化为实际生产力。有实证研究表明,相同金额的风险投资对技术创新的影响是公司R&D投入对技术创新影响的3倍,[①]可见风险资本的投入对企业的技术创新能力影响是巨大的。私募股权投资与创新驱动的关系如图6-13所示。

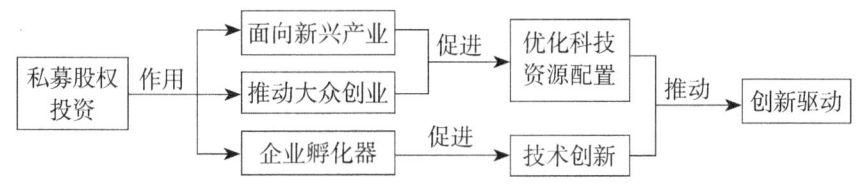

图 6-13 私募股权投资与创新驱动的关系

6.2.3 私募股权投资与市场化的关系

在私募股权投资的过程中,参与的主体包括投资者、私募股权投资机构以及被投企业三方。私募股权投资机构以私募的方式募集社会上特定投资者的资金,形成一定规模的资金池;然后在众多有融资计划的企业中严格筛选出优质企业,当中包括了谈判、尽职调查、协议签订等重要过程;最后对拟投资企业投放资金并提供投后的增值服务,推动企业的健康发展;在投资期届满后,私募股权投资机构退出被投企业,并获取相应的股权增值收益,并按约定比例向投资者分配收益,最终实现三方主体的共赢。

在这整个私募股权投资的过程中,本质上是市场内部的要素资源进行优化配置的自发调节过程,市场始终占据着主导地位。政府在当中的角色,一方面是对私募股权投资行为进行引导,并通过法律手段和行政手段为其提供保障;另一方面是对市场进行监管,规范其行为,因此政府的地位是辅助性的。我国在处理好政府与市场的关系,即市场在资源配置上起决定

---

① Kortum S., Lerner J. Assessing the contribution of venture capital to innovation [J]. Rand Journal of Economics, 31(4):674-692.

性作用，同时更好发挥政府宏观调控作用的这样一种市场经济体制中，形成了市场化的经济体系。

因此，私募股权投资是我国市场化进程的重要组成部分。大力发展私募股权投资有利于推进金融体系市场化进程，以及多层次资本市场的建设，从而有利于提升我国市场经济的效率。私募股权投资与市场化的关系如图6-14所示。

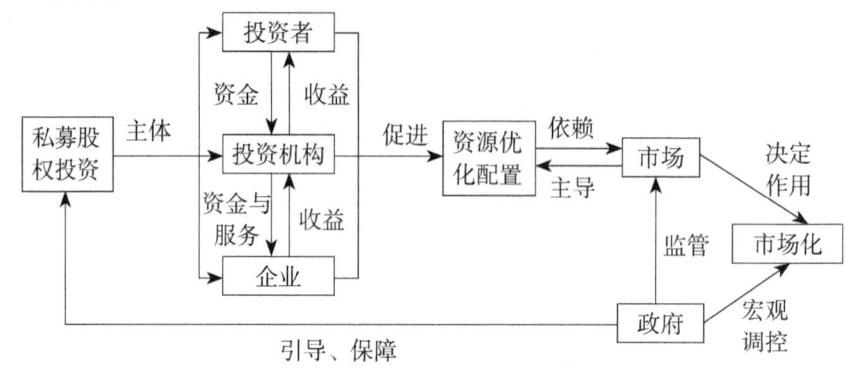

图6-14 私募股权投资与市场化的关系

6.2.4 私募股权投资与四化同步的关系

信息化作为四化同步的"新晋成员"，表明其重要性受到了空前的重视，其地位已经被提升到国家发展战略中。信息化是指培育、发展以智能化工具为代表的新的生产力并使之造福于社会的历史过程。国家信息化就是在国家统一规划和组织下，在农业、工业、科学技术、国防及社会生活各个方面应用现代信息技术，深入开发广泛利用信息资源，加速实现国家现代化进程。① 信息产业作为我国的支柱产业，对我国今后的发展方向具有深远影响，然而我国信息产业依然呈现出信息产业结构不平衡和自主创新能力较弱的缺陷。私募股权投资对四化同步最直接的贡献之一便是能大力促进信息化进程的发展。风险投资和天使投资中最主要组成部分之一便是对信息产业的投资，为信息产业的发展提供了大量的资金支持，通过市场机

---

① 在1997年召开的首届全国信息化工作会议对信息化做出的定义。

制，能有效促进信息产业结构平衡发展；此外，通过私募股权对企业的引导和服务，有助于提升企业在信息技术上的自主创新能力，从而清除信息化道路上存在的障碍。

我国传统工业化走的是高投入、高消耗、高污染、低效益的这样一种粗放型经济增长方式的道路，企业的长远发展难以为继。为实现可持续发展，党的十六大报告指出，要"坚持以信息化带动工业化，以工业化促进信息化，走出一条科技含量高、经济效益好、资源消耗低、环境污染少、人力资源优势得到充分发挥的新型工业化道路"。私募股权投资近年来加大了在清洁技术、新能源、新材料等行业的投入，通过技术创新解决资源问题和环保问题。此外，私募股权投资机构通过对企业的管理，引导企业进行转型升级，提高资源的利用效率，严格控制污染排放。可见，私募股权投资在新型工业化中扮演了重要的角色，提升了工业生产的效益，促使我国经济可持续发展。

农业现代化是从传统农业向农业与现代工业、现代科学技术和现代经济管理方法相结合，形成具有先进水平的现代化农业的转化过程。我国农业现代化水平落后于欧美发达国家20年，这种差距表现在科技、金融、信息、管理水平等方面。为实现农业现代化，必须把科技公司引进农业领域，促进农业创新，使其成为农业发展的主动力。私募股权投资为其实现创造了条件，通过为农业高新技术企业，如生物技术育种、转基因技术等提供风险资本，促使现代科技转化为农业生产力，促进农业转型升级。除了资金的投入，私募股权投资还为农业企业提供信息以及管理咨询服务，改善农业的经营管理水平。这样，私募股权投资从科技、金融、信息以及管理水平等方面一并改善了农业发展的条件，有力促进了我国的农业现代化进程。

城镇化建设的投融资体系涉及土地开发、市政和公用设施、房地产开发、运营和招商、产业升级和再造、城市智能化、城市生态化等多个方面，[①]

---

① 李跻嵘. 构建新型城镇化建设投融资体系要有新思路[EB/OL]. http://finance.sina.com.cn/leadership/mroll/20140813/133819998826.shtml，2014-08-13.

因此城镇化过程中需要大量的资金投入，在未来十年将拉动40万亿元人民币的投资。[①] 随着政府负债逐年扩大，这些巨量资金需求单靠政府投入明显难以支撑，私募股权投资是城镇化进程的又一重要推手。由政府主导和引导风险资本，以资本为纽带吸引资源、要素和人才的聚集，优化资源配置，并进一步发挥规模效应，从而通过市场的力量推动城镇化。

私募股权投资对工业化、农业现代化、城镇化和信息化都起着直接的重要作用，并促进信息化和"三化"的进一步融合，推动"四化同步"的发展。

私募股权投资与四化同步的关系如图6-15所示。

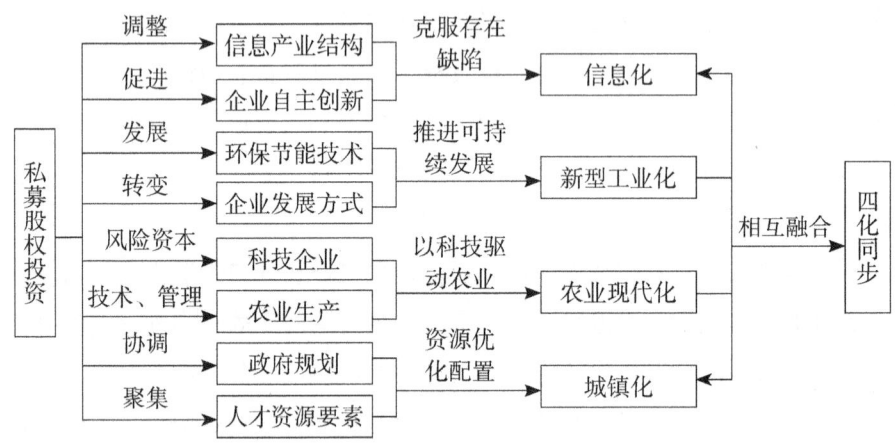

图6-15 私募股权投资与四化同步的关系

6.2.5 私募股权投资与开放型经济的关系

开放型经济要求"引进来"和"走出去"相结合。中共十八届三中全会强调，"适应经济全球化新形势，必须推动对内对外开放相互促进、引进来和走出去更好结合，促进国际国内要素有序自由流动、资源高效配置、市场深度融合，加快培育参与和引领国际经济合作竞争新优势，以开放促改革。""引进来"指通过引进国外资金和技术来促进我国经济的发展；"走出去"指把生产要素输出到国外，在国外进行投资，使国内生产力进行外延。

[①] 2012年发改委主导的《促进城镇化健康发展规划（2011—2020年）》。

6 私募股权投资与经济转型关系机理分析

外资私募股权投资是私募股权投资在"引进来"战略下的产物，它把国外投资者的资金引进国内市场，为国内企业提供资金，对缓解国内市场资金紧张的局面有重要的作用。外资私募股权投资不仅为国内企业提供了金融支持，更重要的还带来了"智慧"，国外的技术服务、创新理念、先进管理能对国内企业产生积极的影响，促使国内企业转型升级，转变发展方式，使其更注重提升生产效益；此外，外资对投资行业的选择还有利于调整我国的产业结构，促进产业升级。随着国内企业在外资的带动下国际竞争能力得到不断的提升，"走出去"发展战略也得以顺利开展，参与国际分工和国际竞争，迎来巨大的机遇和挑战。

因此，私募股权投资在推动开放型经济的进程中起着不可忽视的作用，促使中国经济从"引进来"到"走出去"，在全球化舞台下转型升级。

私募股权投资与开放型经济的关系如图6-16所示。

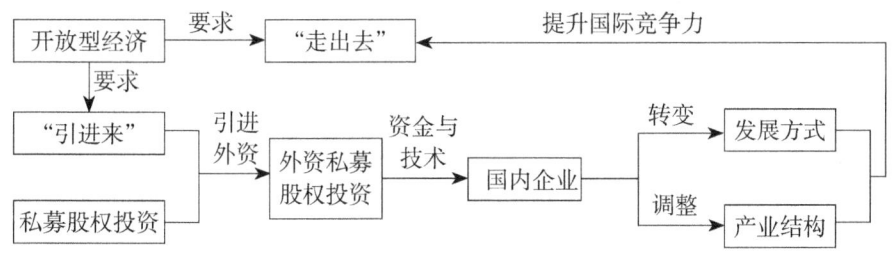

图 6-16 私募股权投资与开放型经济的关系

6.2.6 小结

本节承接6.1节中对我国经济转型内涵下居民收入水平、创新驱动、市场化、四化同步、开放型经济五个方面的分析，分别讨论了私募股权投资与这五个层面的相互影响机制，从而得出私募股权投资与经济转型的相互关系。总的来说，私募股权投资与经济转型的关系可概括为以下三个层面：

（1）从宏观方面来看，私募股权投资能促使市场更好地在资源配置中发挥决定性作用，优化资源配置；

（2）从中观方面来看，私募股权投资在我国产业结构调整中发挥作用，支持第三产业发展，特别是对新兴产业提供了大力支持，促进我国产业升级；

（3）从微观方面来看，私募股权投资在金融、技术、创新、管理等方面为企业提供了支持，促使企业进行转型升级，转变发展方式，提高其生产效益和竞争能力。

7 经济转型指数的构建研究

本章的目的是构造一个经济转型综合指标,以反映我国各地区的经济转型情况,为后文私募股权与经济转型关系研究打下基础。我国经济转型包含居民收入水平、创新驱动、市场化、四化同步、开放型经济五个方面,需要从各个方面选取若干相关重要指标。本章通过因子分析方法,对众多指标进行降维,并通过得分系数矩阵对各地区经济转型情况进行评分,最终得出经济转型指数。

7.1 经济转型指标体系构建

根据前文分析,我国经济转型包含居民收入水平、创新驱动、市场化、四化同步、开放型经济五个方面,每个方面选择的变量如表7-1所示。

表7-1 经济转型衡量指标选取

变量类型	变量名称	变量符号
A.居民收入水平	1.人均GDP	A_1
	2.城镇单位在岗职工平均工资	A_2
B.创新驱动	3.规模以上工业企业研究与实验发展经费支出占GDP比重	B_1
	4.国内专利申请受理数	B_2
	5.国内专利申请授权数	B_3
	6.科学技术支出占地方财政支出比重	B_4

续表

变量类型	变量名称	变量符号
C. 市场化	7. 市场化程度	C_1
	8. 全社会固定资产投资中非政府预算所占比重	C_2
D. 四化同步	9. 第二产业增加值占 GDP 比重	D_1
	10. 第三产业增加值占 GDP 比重	D_2
	11. 单位能耗产出	D_3
	12. 单位工业废水排放产出	D_4
	13. 单位工业废气排放产出	D_5
	14. 单位工业固体废物排放产出	D_6
	15. 人均农业总产值	D_7
	16. 单位面积农业机械总动力	D_8
	17. 有效灌溉率	D_9
	18. 城镇化率	D_{10}
	19. 互联网普及率	D_{11}
	20. 人均移动电话交换机容量	D_{12}
E. 开放型经济	21. 出口依存度	E_1
	22. 进口依存度	E_2
	23. 实际外商直接投资占 GDP 比重	E_3

注：①市场化程度＝1－地方财政支出÷地方 GDP；

②有效灌溉率＝有效灌溉面积÷农作物总播种面积；

③互联网普及率＝互联网上网人数÷年末常住人口；

④出口/进口依存度＝经营单位所在地出口/进口总额÷GDP。

7.1.1 居民收入水平指标

人均 GDP 从总体上反映了我国及各地区在一定时间内经济的发展情况和变化趋势，能直接影响到居民收入水平；城镇单位在岗职工平均工资一方面反映了城镇居民的收入水平，另一方面也反映出城镇化水平。

7.1.2 创新驱动指标

规模以上工业企业研究与实验发展经费支出占 GDP 比重以及科学技术支出占地方财政支出比重，分别衡量了企业和政府在科技创新事业上的投入，以要素投入的角度衡量了创新驱动程度；国内专利申请受理数和授权数，则以科技创新产出成果的角度反映了创新驱动程度。

7.1.3 市场化指标

市场化程度指标在此是指 GDP 中除去政府支出后所占比重；全社会固定资产投资中非政府预算所占比重是指全社会固定投资中除去政府预算那部分后所占的比重，它们反映了市场与政府的相对地位。

7.1.4 四化同步指标

第二产业和第三产业增加值占 GDP 的比重从总体上反映了我国的经济结构；单位能耗产出、单位工业废水排放产出、单位工业废气排放产出、单位工业固体废物排放产出反映了工业生产过程资源利用和环境保护效益，是新型工业化程度的重要体现；人均农业总产值、单位面积农业机械总动力、有效灌溉率反映了农业产量和生产效益，是农业现代化的体现；城镇化率和城镇单位在岗职工平均工资反映了人口结构和城镇居民生活水平，是城镇化的体现；互联网普及率和人均移动电话交换机容量反映了互联网和移动通信等信息通信技术的普及情况，是信息化程度的体现。

7.1.5 开放型经济指标

出口/进口依存度是指一个国家或地区的国民经济对出口/进口贸易的依赖程度，即国家或地区的出口/进口贸易额在 GDP 中所占的比重，反映了国内经济与需求向国际外延的能力；实际外商直接投资占 GDP 比重反映了外商投资在国内经济中的地位，它是重要的资金来源，有利于提高资产质量和改善进出口结构，是开放型经济的体现。

7.2 数据来源与数据结构

为确保数据的真实性与权威性，以上 23 个指标的原始数据均是通过查阅 2004—2013 年国家及各地方省的统计年鉴获取，并对原始数据进行重新组合计算得到的。对于以外币公布的经济数据，则采用当年的平均汇率向人民币进行折算。对于规模以上工业企业研究与实验发展经费支出、地方财政科学技术支出的原始数据,在较早年份上存在个别数据缺失,本书采用线性插值法对数据进行补全。

为构建我国经济转型指数,时间选取2004—2013年;地区选择北京、上海、广东、江苏以及全国平均(港、澳、台除外)等五个截面——这些地区的经济发展和私募股权投资业发展具有代表性和可比性;指标选取居民收入水平、创新驱动、市场化、四化同步、开放型经济等五大指标类型下23个二级指标,组成面板数据。

由于现有数据处理软件不能直接对面板数据进行因子分析,因此需要先把三维的面板数据降为二维数据,同时为了保证各地区各年份的数据在同一个评价体系里,本书在因子分析时采用如图7-1所示的数据结构。其中对于数据,p代表23个指标($p=1, 2\cdots, 23$);j代表北京、上海、广东、江苏、全国平均五个地区($j=1, 2\cdots, 5$);t代表2004—2013年十个年份($t=1, 2, \cdots, 10$)。

		p			
		$p=1$	$p=2$	$\cdots$	$p=23$
$j=1$	$t=1$	$X_1^1(1)$	$X_1^2(1)$	$\cdots$	$X_1^{23}(1)$
	$t=2$	$X_1^1(2)$	$X_1^2(2)$	$\cdots$	$X_1^{23}(2)$
	$\cdots$	$\vdots$	$\vdots$	$\vdots$	$\vdots$
	$t=10$	$X_1^1(10)$	$X_1^2(10)$	$\cdots$	$X_1^{23}(10)$
$j=2$	$t=1$	$X_2^1(1)$	$X_2^2(1)$	$\cdots$	$X_2^{23}(1)$
	$t=2$	$X_2^1(2)$	$X_2^2(2)$	$\cdots$	$X_2^{23}(2)$
	$\cdots$	$\vdots$	$\vdots$	$\vdots$	$\vdots$
	$t=10$	$X_2^1(10)$	$X_2^2(10)$	$\cdots$	$X_2^{23}(10)$
$\vdots$	$\vdots$	$\vdots$	$\vdots$	$\vdots$	$\vdots$
$j=5$	$t=1$	$X_5^1(1)$	$X_5^2(1)$	$\cdots$	$X_5^{23}(1)$
	$t=2$	$X_5^1(2)$	$X_5^2(2)$	$\cdots$	$X_5^{23}(2)$
	$\vdots$	$\vdots$	$\vdots$	$\vdots$	$\vdots$
	$t=10$	$X_5^1(10)$	$X_5^2(10)$	$\cdots$	$X_5^{23}(10)$

图7-1 因子分析数据结构

7.3 经济转型测度过程分析

本节利用SPSS软件,采用因子分析方法,对各地区各年份的经济转型情况进行测度，具体分析步骤包括数据预处理及标准化、适应性分析、构造因子变量、旋转因子、计算得分等五个步骤。

7.3.1 数据预处理及标准化

在按照上一节介绍的方法进行数据收集和预处理，并按照图 7-1 的数据结构进行处理后，得出各原始指标的描述性统计如表 7-2 所示，可见不同变量的均值及标准差存在很大差异。为消除不同变量量纲不同引起的差异，在进行因子分析之前需要进行标准化处理。

表 7-2　数据标准化前各原始指标的描述性统计

Variable	Obs	Mean	Std.Dev.	Min	Max
A_1	50	49179.92	22139.23	94648.00	94648.00
A_2	50	44355.06	19981.73	93997.00	93997.00
B_1	50	0.012896	0.003740	0.020745	0.020745
B_2	50	93835.06	109840.00	504500.00	504500.00
B_3	50	51460.67	62814.90	269944.00	269944.00
B_4	50	0.039032	0.014758	0.072018	0.072018
C_1	50	0.848834	0.039435	0.912552	0.912552
C_2	50	0.975767	0.016632	0.993820	0.993820
D_1	50	0.434178	0.102583	0.565898	0.565898
D_2	50	0.516772	0.128909	0.775151	0.775151
D_3	50	0.941762	0.278682	1.593223	1.593223
D_4	50	0.121147	0.089678	0.375968	0.375968
D_5	50	0.553745	0.208226	1.009382	1.009382
D_6	50	2.226522	1.163622	4.549267	4.549267
D_7	50	0.177711	0.121199	0.459259	0.459259
D_8	50	0.536462	0.231298	1.088134	1.088134
D_9	50	0.484101	0.117816	0.750450	0.750450
D_{10}	50	0.685255	0.164939	0.896066	0.896066
D_{11}	50	0.393833	0.195502	0.735697	0.735697
D_{12}	50	1.274324	0.534491	2.288062	2.288062
E_1	50	0.508060	0.222219	0.905325	0.905325
E_2	50	0.616372	0.339849	1.338366	1.338366
E_3	50	0.038713	0.014337	0.067063	0.067063

7.3.2 适应性分析

为检验模型是否适合采用因子分析方法，需要进行 KMO 和 Bartlett 检验。其度量值越接近 1，代表所有变量间的简单相关系数平方和远远大于偏相关系数平方和，意味着变量间的相关性越强，此时越适合采用因子分析；反之，度量值越接近 0，意味着变量间的相关性较弱，不适合采用因子分析。

模型的 KMO 和 Bartlett 检验结果如表 7-3 所示，Kaiser-Meyer-Olkin 度量值为 0.744，并通过显著性检验，说明变量间的相关性较强，适合采用因子分析。

表 7-3　KMO 和 Bartlett 检验结果

取样足够度的 Kaiser-Meyer-Olkin 度量		0.744
Bartlett 的球形度检验	近似卡方	2603.602
	df	253
	Sig.	0.000

7.3.3　构造因子变量

在 SPSS 软件中用主成分的方法进行因子的抽取，并用最大方差法进行因子旋转，得到的碎石图如图 7-2 所示。图中表明，提取的前五个因子特征值均大于 1，具有较好的对原变量的解释能力。

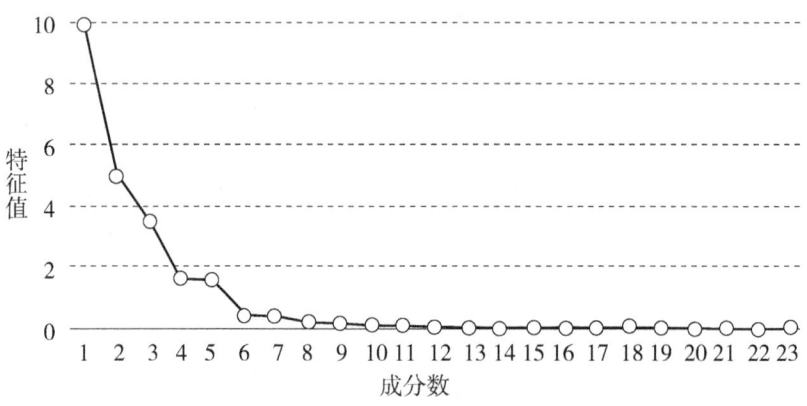

图 7-2　提取公因子的碎石图

前五个因子的解释方差如表 7-4 所示，其累积解释的总方差达到 93.246%，说明前五个因子已经能够解释原 23 个指标的绝大多数信息。因此这五个因子是主要因子，可以用它们来评价各地区的经济转型情况。

表 7-4　前五因子解释的总方差

成分	提取平方和载入			旋转平方和载入		
	特征值	方差的解释度 %	累积 %	特征值	方差的解释度 %	累积 %
1	9.834	42.757	42.757	8.931	38.832	38.832
2	5.009	21.780	64.537	3.911	17.004	55.836
3	3.348	14.559	79.096	3.327	14.465	70.301
4	1.648	7.166	86.262	2.676	11.633	81.934
5	1.606	6.984	93.246	2.602	11.312	93.246

7.3.4　旋转因子

按照最大方差法进行旋转后的因子荷载矩阵如表 7-5 所示，其中表格中的粗体代表每个因子解释的主要变量。

表 7-5　旋转成分矩阵

变量	成分				
	1	2	3	4	5
A_1	0.921	0.332	0.147	0.040	−0.026
A_2	0.898	0.251	0.147	−0.236	−0.043
D_{10}	0.886	−0.144	0.191	0.307	−0.079
B_4	0.873	−0.107	0.199	0.251	0.053
D_2	0.854	−0.275	0.070	0.012	0.413
D_4	0.828	−0.012	0.223	−0.096	0.451
D_{12}	0.819	0.204	0.369	−0.238	0.136
C_1	−0.818	0.146	0.304	0.411	0.066
D_{11}	0.784	0.403	0.336	−0.258	0.045
D_1	−0.764	0.308	0.009	0.129	−0.531
D_9	0.738	0.006	−0.192	0.422	0.346
E_2	0.687	−0.452	0.241	0.353	0.327
B_2	0.002	**0.921**	0.249	0.132	0.074
B_3	0.011	**0.900**	0.330	0.084	0.050
B_1	0.242	**0.827**	0.082	0.005	−0.415
D_7	−0.551	**0.708**	−0.138	−0.331	0.091
D_5	0.134	0.154	**0.942**	0.067	0.061
D_6	0.212	0.217	**0.911**	0.129	−0.213
D_3	0.521	0.385	**0.723**	−0.107	−0.085
E_3	0.016	−0.063	−0.026	**0.878**	−0.337
C_2	−0.049	0.131	0.125	**0.843**	0.010
D_8	0.225	−0.056	−0.043	−0.101	**0.927**
E_1	−0.107	−0.138	0.513	0.428	**−0.683**

对于因子 1，它主要代表了人均国内生产总值、城镇单位在岗职工平均工资、城镇化率、科学技术支出占地方财政支出比重、第三产业增加值占 GDP 比重、单位工业废水排放产出、人均移动电话交换机容量、市场化程度、互联网普及率、第二产业增加值占 GDP 比重等指标，这些指标主要反映了城镇居民的生活水平以及经济结构，实质上是城镇化进程的体现，因此因子 1 可概括为城镇化因子。

对于因子 2，它主要代表了国内专利申请受理数、国内专利申请授权数、规模以上工业企业研究与实验发展经费支出占 GDP 比重等指标，这些指标都是反映我国创新驱动情况的指标，因此因子 2 可概括为创新驱动因子。

对于因子 3，它主要代表了单位工业废气排放产出、单位工业固体废物排放产出、单位能耗产出等指标，这些指标主要反映的是我国在工业生产过程中，在考虑环境保护和资源利用后的生产效益，生产发展是否可持续，因此因子 3 可概括为可持续发展因子。

对于因子 4，它主要代表了实际外商直接投资占 GDP 比重、全社会固定资产投资中非政府预算所占比重两个指标，它们反映的是我国社会投资和外资投资的情况，因此因子 4 可概括为投资因子。

对于因子 5，它主要代表了单位面积农业机械总动力指标，反映了我国现代农业生产机械化普及程度，因此因子 5 可概括为农业现代化因子。

7.3.5 计算得分

各个因子的得分系数矩阵如表 7-6 所示。根据因子得分系数矩阵，可计算各地区各年份下各个因子的得分：

城镇化因子得分（F_1）$=0.137 \times A_1+0.135 \times A_2+0.092 \times B_1-0.018 \times B_2$
$-0.023 \times B_3+0.106 \times B_4-0.166 \times C_1-0.021 \times C_2-0.055 \times D_1+0.074 \times D_2$
$+0.019 \times D_3+0.054 \times D_4-0.086 \times D_5-0.039 \times D_6-0.067 \times D_7-0.065 \times D_8$
$+0.097 \times D_9+0.123 \times D_{10}+0.089 \times D_{11}+0.077 \times D_{12}+0.000 \times E_1+0.035 \times E_2$
$+0.041 \times E_3$ （7-1）

创新驱动因子得分(F_2) = $0.104 \times A_1 + 0.055 \times A_2 + 0.231 \times B_1 + 0.269 \times B_2 + 0.247 \times B_3 - 0.020 \times B_4 + 0.025 \times C_1 + 0.091 \times C_2 + 0.063 \times D_1 - 0.056 \times D_2 + 0.021 \times D_3 - 0.002 \times D_4 - 0.066 \times D_5 - 0.050 \times D_6 + 0.207 \times D_7 + 0.033 \times D_8 + 0.094 \times D_9 - 0.033 \times D_{10} + 0.078 \times D_{11} + 0.019 \times D_{12} - 0.115 \times E_1 - 0.115 \times E_2 + 0.037 \times E_3$ （7-2）

可持续发展因子得分(F_3) = $-0.087 \times A_1 - 0.052 \times A_2 - 0.138 \times B_1 - 0.019 \times B_2 + 0.020 \times B_3 - 0.011 \times B_4 + 0.174 \times C_1 - 0.028 \times C_2 - 0.010 \times D_1 + 0.009 \times D_2 + 0.209 \times D_3 + 0.056 \times D_4 + 0.375 \times D_5 + 0.316 \times D_6 - 0.058 \times D_7 + 0.053 \times D_8 - 0.171 \times D_9 - 0.028 \times D_{10} + 0.033 \times D_{11} + 0.076 \times D_{12} + 0.158 \times E_1 + 0.089 \times E_2 - 0.108 \times E_3$ （7-3）

投资因子得分(F_4) = $0.027 \times A_1 - 0.098 \times A_2 + 0.020 \times B_1 + 0.115 \times B_2 + 0.084 \times B_3 + 0.084 \times B_4 + 0.167 \times C_1 + 0.357 \times C_2 + 0.027 \times D_1 + 0.016 \times D_2 - 0.085 \times D_3 - 0.017 \times D_4 - 0.033 \times D_5 - 0.027 \times D_6 - 0.062 \times D_7 + 0.047 \times D_8 + 0.227 \times D_9 + 0.093 \times D_{10} - 0.102 \times D_{11} - 0.104 \times D_{12} + 0.060 \times E_1 + 0.124 \times E_2 + 0.335 \times E_3$ （7-4）

农业现代化因子得分(F_5) = $-0.083 \times A_1 - 0.120 \times A_2 - 0.184 \times B_1 + 0.120 \times B_2 + 0.108 \times B_3 - 0.035 \times B_4 + 0.199 \times C_1 + 0.111 \times C_2 - 0.151 \times D_1 + 0.104 \times D_2 - 0.029 \times D_3 + 0.143 \times D_4 + 0.112 \times D_5 - 0.027 \times D_6 + 0.100 \times D_7 + 0.423 \times D_8 + 0.116 \times D_9 - 0.100 \times D_{10} - 0.041 \times D_{11} - 0.004 \times D_{12} - 0.251 \times E_1 + 0.119 \times E_2 - 0.090 \times E_3$ （7-5）

表 7-6 因子得分系数矩阵

变量	成分				
	1	2	3	4	5
A_1	0.137	0.104	−0.087	0.027	−0.083
A_2	0.135	0.055	−0.052	−0.098	−0.120
B_1	0.092	0.231	−0.138	0.020	−0.184
B_2	−0.018	0.269	−0.019	0.115	0.120
B_3	−0.023	0.247	0.020	0.084	0.108
B_4	0.106	−0.020	−0.011	0.084	−0.035

续表

变量	成分				
	1	2	3	4	5
C_1	−0.166	0.025	0.174	0.167	0.199
C_2	−0.021	0.091	−0.028	0.357	0.111
D_1	−0.055	0.063	−0.010	0.027	−0.151
D_2	0.074	−0.056	0.009	0.016	0.104
D_3	0.019	0.021	0.209	−0.085	−0.029
D_4	0.054	−0.002	0.056	−0.017	0.143
D_5	−0.086	−0.066	0.375	−0.033	0.112
D_6	−0.039	−0.050	0.316	−0.027	−0.027
D_7	−0.067	0.207	−0.058	−0.062	0.100
D_8	−0.065	0.033	0.053	0.047	0.423
D_9	0.097	0.094	−0.171	0.227	0.116
D_{10}	0.123	−0.033	−0.028	0.093	−0.100
D_{11}	0.089	0.078	0.033	−0.102	−0.041
D_{12}	0.077	0.019	0.076	−0.104	−0.004
E_1	0.000	−0.115	0.158	0.060	−0.251
E_2	0.035	−0.115	0.089	0.124	0.119
E_3	0.041	0.037	−0.108	0.335	−0.090

为得到经济转型指数（ETI），可通过把五个因子分别以其解释方差为权重并求和得到，即：

$$\text{经济转型指数} = \frac{33.832}{93.246} \times \text{城镇化因子} + \frac{17.004}{93.246} \times \text{创新驱动因子} + \frac{14.465}{93.246} \times \text{可持续发展因子} + \frac{11.633}{93.246} \times \text{投资因子} + \frac{11.312}{93.246} \times \text{农业现代化因子} \quad (7-6)$$

最后，由于经过上述因子分析处理后得到的得分存在负数的情况，为使得分更加直观和便于进一步运算处理（如取对数），可通过式（7-7）进行转换，把得分换算为 1~100 的正数，其中 Y_i 表示换算后的得分，X_i 表示换算前的得分，$\max(X)$ 表示最高得分，$\min(X)$ 表示最低得分。

$$Y_i = 99 \times \frac{[Y_i - \min(X)]}{[\max(X) - \min(X)]} + 1 \quad (7-7)$$

经过换算后，2004—2013 年各地区的各个指标得分如表 7-7 所示。

7 经济转型指数的构建研究

表7-7 2004—2013年各地区经济转型评价得分

地区	年份	城镇化因子(F_1)	创新驱动因子(F_2)	可持续发展因子(F_3)	投资因子(F_4)	农业现代化因子(F_5)	经济转型指数(ETI)
北京	2004	43.2024	22.9088	29.1029	52.0742	70.5771	41.7424
	2005	45.1085	21.8033	32.3724	51.3074	68.2704	42.4663
	2006	49.1205	22.6455	29.2505	55.1218	67.8811	44.2350
	2007	53.6211	26.0430	32.0097	53.1185	69.1904	47.0658
	2008	61.9618	27.7427	33.3987	52.7458	66.7980	50.7279
	2009	62.2222	32.1335	34.1172	44.9551	65.3370	50.5994
	2010	66.3141	32.5594	40.9673	44.0770	67.9518	53.6514
	2011	68.9979	35.6917	46.8935	41.1074	69.5664	56.0850
	2012	69.5995	37.8317	59.3948	36.7178	70.4426	58.2237
	2013	72.4102	33.4047	65.6357	4.4190	59.7884	54.2332
上海	2004	44.4621	25.9898	27.0546	66.6074	18.6257	38.0216
	2005	48.6221	26.7531	29.4232	64.0457	15.3678	39.5458
	2006	49.7503	26.6005	35.1985	56.9134	12.9325	39.6985
	2007	52.4228	28.4277	38.8870	50.6712	13.3539	40.9892
	2008	58.0304	33.6052	35.7980	50.3757	13.2367	43.7384
	2009	64.3403	37.1845	33.7732	44.6723	12.3087	45.8806
	2010	63.7505	38.1321	37.0969	41.8548	11.6202	45.8883
	2011	66.5135	42.6493	37.8180	40.6428	8.8004	47.4813
	2012	69.6197	40.6028	37.8281	26.2062	4.5386	46.0852
	2013	71.3390	42.3960	37.2786	26.1182	5.6452	47.1663
广东	2004	16.3447	19.1646	64.3967	47.1870	34.4720	30.3600
	2005	16.2817	20.4794	70.5408	47.2067	34.7730	31.5656
	2006	16.4581	22.6835	77.5355	47.5765	35.9961	33.3206
	2007	21.3382	28.2777	75.9746	43.2454	34.8457	35.4510
	2008	26.2002	36.8297	69.1104	39.9102	38.0269	37.9403
	2009	29.8230	43.3053	65.7013	35.6050	38.9849	39.6801
	2010	30.7943	48.5967	69.9786	35.2631	39.5968	41.7446
	2011	34.3110	56.6175	68.6997	29.8153	38.4352	43.6528
	2012	36.4371	59.8691	74.5582	19.8653	36.5564	44.5707
	2013	39.2247	64.0277	74.7308	19.8777	37.1511	46.5904
江苏	2004	16.8889	32.8205	28.5230	63.4583	37.9331	29.9615
	2005	17.6139	35.1064	30.9784	61.5215	37.9962	30.8272
	2006	21.1846	40.0897	28.0188	66.0901	36.3549	33.1347
	2007	23.5635	45.5572	31.8465	62.9789	35.6042	35.2369
	2008	25.1365	51.2632	34.1950	57.5618	38.1368	36.9283
	2009	28.1789	60.2281	32.1609	51.8098	41.2341	39.1727
	2010	30.8960	68.1875	34.6976	52.3247	43.3778	42.4734
	2011	35.1488	83.5472	28.2456	51.8176	45.4739	46.2355
	2012	37.0868	98.4955	27.8243	54.3966	49.6424	50.5305
	2013	39.2729	100.0000	28.5869	48.7607	50.6051	51.2473

续表

地区	年份	城镇化因子(F_1)	创新驱动因子(F_2)	可持续发展因子(F_3)	投资因子(F_4)	农业现代化因子(F_5)	经济转型指数(ETI)
全国平均	2004	15.0964	21.8137	21.7261	27.0709	42.7165	22.1944
	2005	16.5903	22.8425	22.5829	24.3029	41.2748	22.6168
	2006	18.4447	25.1686	22.2182	24.3472	41.4755	23.7866
	2007	20.5853	27.8316	22.8988	21.5184	41.8502	24.9618
	2008	23.3442	30.7875	23.6862	15.8451	41.1689	25.9814
	2009	27.5761	33.3344	20.5842	8.2922	39.4274	26.5735
	2010	29.5613	36.6261	20.8561	8.8789	39.2084	28.0893
	2011	32.5952	41.0800	18.7924	6.5280	38.8017	29.5022
	2012	35.1935	43.8858	18.9150	2.3530	38.4634	30.5530
	2013	37.5804	46.5384	18.2977	1.0000	38.3436	31.7517

根据表 7-7 的评分，2004—2013 年北京、上海、广东、江苏以及全国平均经济转型指数变化趋势如图 7-3 所示。

从图 7-3 可以看出，各地区的经济转型指数从总体上来看均处于不断上升的趋势，北京、上海、广东、江苏四个发达省份的经济转型指数均明显高于全国平均水平。而在这四个发达省份当中，北京一直较明显地领先于其他地区。广东和江苏在 2004—2010 年之间有比较相似的经济转型指数变化情况，但 2010 年后江苏的经济转型指数表现出较快的上升趋势，并超过了之前位列第二的上海。

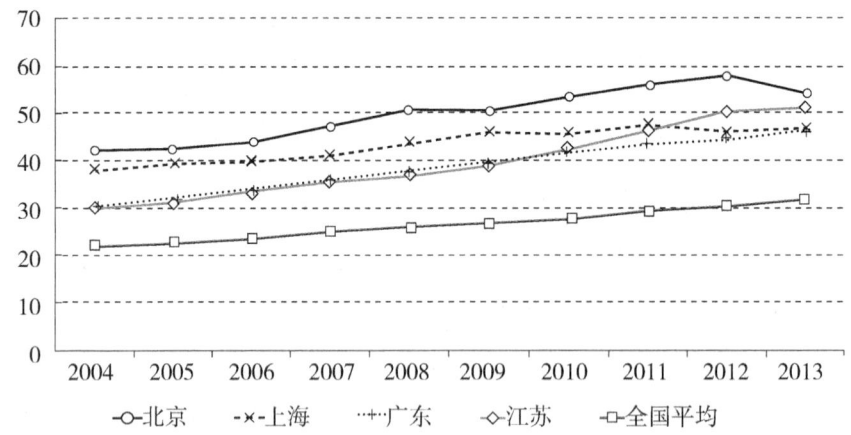

图 7-3　2004—2013 年各地区经济转型指数变化趋势

7.4 本章小结

本章利用因子分析方法对2004—2013年北京、上海、广东、江苏以及全国平均的经济转型情况进行分析,通过因子分析把23个经济转型指标转化为城镇化因子、创新驱动因子、可持续发展因子、投资因子、农业现代化因子等五个主要因子,并进一步通过五个因子得出经济转型指数。通过经济转型指数发现以下结论:

(1)各个地区的经济转型指数总体上均处于持续上升趋势;

(2)四个发达省份的经济转型水平明显高于全国平均水平;

(3)相对其他几个发达省份,北京的经济转型发展水平一直处于领先地位;

(4)在四个发达省份当中,江苏在近年来经济转型的成效尤为明显。

8 私募股权与经济转型关系的实证研究
——基于广东、江苏、北京、上海、中国平均的数据佐证

上一章采用因子分析方法，对几个私募股权业比较发达的省份建立了经济转型指数并进行了相应的评分。本章进一步通过 EViews8 软件，采用 OLS 回归方法，对北京、上海、广东、江苏等各地区 PE/VC 投资与经济转型间的关系进行实证分析，因为这四个省份也应该是中国私募股权与经济转型的代表。

8.1 模型构建

本章以 OLS 回归方法对各主要省份地区私募股权与经济转型的相互关系进行实证分析。在变量的选取上，因变量经济转型情况由第 4 章构建出来的经济转型指数 ETI 表示；自变量主要采用私募股权的投资额 INV 来衡量私募股权投资情况。具体来说，私募股权投资类型包括了 PE 投资、VC 投资和 AC 投资，由于 AC 投资额在早些年份有较多的数据未披露，因此模型中投资类型不予考虑 AC 投资，只着重考察 PE 投资和 VC 投资分别对经济转型的影响。另外，由于私募股权投资从资金的投入，到项目的运转，再到对经济产生实质性影响，整个过程作用复杂，模型必须考虑私募股权投资对经济转型的滞后影响，综合考虑到数据的长度，模型选取三期的滞后期。私募股权与经济转型关系模型的具体形式如式 8-1 所示。

$$\text{ETI}_j(t) = C_{i,j} + \text{INV}_{i,j}(t) + \text{INV}_{i,j}(t-1) + \text{INV}_{i,j}(t-2) + \text{INV}_{i,j}(t-3) + \varepsilon_{i,j}(t)$$

$(i=1, 2; j=1, 2, \cdots, 5; t=1, 2, \cdots, 10)$ （8-1）

其中，i 代表私募股权投资类型，$i=1$ 表示 PE 投资，$i=2$ 表示 VC 投资；j 代表各个地区，$j=1$ 表示北京地区，$j=2$ 表示上海地区，$j=3$ 表示广东地区，$j=4$ 表示江苏地区，$j=5$ 表示全国平均；$t=1, 2, \cdots, 10$ 代表 2004—2013 年各年份；C_{ij} 为截距项；$\varepsilon_{i,j}(t)$ 为对应的随机误差项。

构建本模型的目的在于进行以下三个问题的研究分析：

1. 比较分析 PE、VC 两种类型的私募股权投资对经济转型影响的差异；
2. 分析私募股权投资对经济转型影响的时间分布特征；
3. 比较分析各个主要省份地区的私募股权投资对经济转型影响的差异。

8.2 数据来源

本章关于 PE、VC 投资额数据均来源于 wind 数据平台的 PE/VC 数据库，通过对各个投资案例的详细投资信息进行整理而获得的。由于采用到三期的滞后期，因此私募股权投资数据选取年份要比经济转型数据往前扩展三年，即时间跨度为 2001—2013 年。此外，对于外币投资案例，均以当年的平均汇率向人民币进行折算。

8.3 北京、上海、广东、江苏等地的回归实证分析

8.3.1 北京地区

1. 变量描述性统计分析

北京地区各变量的描述性统计分析如表 8-1 所示，从标准差与均值的比值来看，PE 投资额较其他变量有较大的波动性。

表 8-1 北京地区时间序列描述性统计分析

变量	含义	单位	样本数	均值	标准差	最小值	最大值
ETI_1	北京经济转型指数	/	10	49.9030	5.8070	41.7424	58.2237
INV_{11}	北京 PE 投资额	亿元	13	156.1606	174.3342	0.0000	543.2391
INV_{21}	北京 VC 投资额	亿元	13	30.9985	26.5523	5.1151	90.1393

2. 变量的平稳性检验

为避免伪回归，确保私募股权投资与经济转型存在长期协整关系，需要对时间序列进行单位根检验。运用 EViews8 对 ETI_1、INV_{11} 和 INV_{21} 进行 ADF 检验，滞后阶数采用 AIC 准则并由软件自动选取，北京地区时间序列 ADF 检验结果如表 8-2 所示。

表 8-2 北京地区时间序列 ADF 检验

变量	检验类型 (c, t, k)	t 统计量	P 值	临界值			平稳性
				1%	5%	10%	
ΔETI_1	($c, t, 2$)	−1.941819	0.5191	−7.006336	−4.773194	−3.877714	非平稳
$\Delta^2 ETI_1$	($n, n, 0$)	−3.277505***	0.0080	−3.109582	−2.043968	−1.597318	平稳
INV_{11}	($c, t, 2$)	−1.938678	0.5629	−5.295384	−4.008157	−3.460791	非平稳
ΔINV_{11}	($c, t, 3$)	−4.422881**	0.0418	−5.835186	−4.246503	−3.590496	平稳
ΔINV_{21}	($c, t, 3$)	−1.133583	0.8496	−5.835186	−4.246503	−3.590496	非平稳
$\Delta^2 INV_{21}$	($c, t, 2$)	−6.293883***	0.0068	−5.835186	−4.246503	−3.590496	平稳

注：检验类型 c, t, k 分别代表截距项、趋势项和滞后阶数，n 代表不含该项。

ADF 检验结果表明，在 5% 的显著性水平检验下，ΔETI_1、INV_{11}、ΔINV_{21} 为非平稳时间序列；而 $\Delta^2 ETI_1$、ΔINV_{11}、$\Delta^2 INV_{21}$ 为平稳序列。因此，ETI_1 和 INV_{21} 为 $I(2)$，INV_{11} 为 $I(1)$。

3. ETI_1 与 INV_{11} 回归分析

由于 ΔETI_1 和 INV_{11} 同为一阶单整，因此可以对它们进行回归分析。按照模型（8-1）的形式对它们进行 OLS 回归分析，结果如式 8-2 所示。

$$\Delta ETI_1 = -12.9210 + 0.0236 \times INV_{11} + 0.0135 \times INV_{11}(-1)$$
$$(-2.9475)** \quad (2.9143)** \quad (3.0033)**$$
$$+ 0.0173 \times INV_{11}(-2) + 0.0125 \times INV_{11}(-3) + \varepsilon_{11} \quad (8-2)$$
$$(2.3639)**$$

式（8-2）中各项回归系数均通过 10% 显著水平的检验；且 R^2 值为 0.7667，表明方程的拟合程度基本满足要求。对残差 ε_{11} 进行平稳性检验，结果如表 8-3 所示。

表 8-3　残差 ε_{11} 的 ADF 检验

变量	检验类型 (c, t, k)	t 统计量	P 值	临界值 1%	5%	10%	平稳性
ε_{11}	$(c, t, 1)$	−4.494552**	0.0487	−6.292057	−4.450425	−3.701534	平稳

注：检验类型 c, t, k 分别代表截距项、趋势项和滞后阶数，n 代表不含该项。

检验结果表明 ε_{11} 为平稳序列，因此可认为北京地区 PE 投资与经济转型系数存在着长期协整关系。且 INV_{11} 各期的回归系数为正，表明 PE 投资的增加能正向促进经济转型系数的增加。

4. ETI_1 与 INV_{21} 回归分析

由于 ETI_1 和 INV_{21} 同为二阶单整，因此可以对它们进行回归分析。按照模型 8-1 的形式对它们进行 OLS 回归分析，结果如式 8-3 所示。

$$\Delta ETI_1 = 39.4515 + 0.0507 \times INV_{21} + 0.0901 \times INV_{21}(-1)$$
$$(115.8944)** \quad (7.5470)*** \quad (15.0435)**$$
$$+0.1208 \times INV_{21}(-2) + 0.0368 \times INV_{21}(-3) + \varepsilon_{21} \quad (8-3)$$
$$(16.7631)*** \quad (4.7162)***$$

式 8-3 中各项回归系数均通过 1% 显著水平的检验；且 R^2 值为 0.9965，表明方程的拟合程度非常好；F 统计量为 358.2821，方程整体也通过了 1% 显著水平的检验。对残差 ε_{21} 进行平稳性检验，结果如表 8-4 所示。

表 8-4　残差 ε_{21} 的 ADF 检验

变量	检验类型 (c, t, k)	t 统计量	P 值	临界值 1%	5%	10%	平稳性
ε_{21}	$(n, n, 1)$	−3.293593***	0.0049	−2.886101	−1.995865	−1.599088	平稳

注：检验类型 c, t, k 分别代表截距项、趋势项和滞后阶数，n 代表不含该项。

检验结果表明 ε_{21} 为平稳序列，因此可认为北京地区 VC 投资与经济转型系数存在着非常显著的长期协整关系；且 INV_{21} 各期的回归系数为正，表明 VC 投资的增加能正向促进经济转型系数的增加。

8.3.2 上海地区

1. 变量描述性统计分析

上海地区各变量的描述性统计分析如表 8-5 所示,从标准差与均值的比值来看,PE 投资额较其他变量有较大的波动性。

表 8-5　上海地区时间序列描述性统计分析

变量	含义	单位	样本数	均值	标准差	最小值	最大值
ETI_2	上海经济转型指数	/	10	43.4495	3.5556	38.0216	47.4813
INV_{12}	上海 PE 投资额	亿元	13	53.6391	43.5978	0.0000	141.1512
INV_{22}	上海 VC 投资额	亿元	13	16.4031	12.0919	0.5298	33.5683

2. 变量的平稳性检验

运用 EViews8 对 ETL_2、INV_{12} 和 INV_{22} 进行 ADF 检验,滞后阶数采用 AIC 准则并由软件自动选取,上海地区时间序列 ADF 检验结果如表 8-6 所示。

表 8-6　上海地区时间序列 ADF 检验

变量	检验类型 (c, t, k)	t 统计量	P 值	临界值 1%	临界值 5%	临界值 10%	平稳性
ETI_2	$(c, t, 0)$	−1.237193	0.8325	−5.521860	−4.107833	−3.515047	非平稳
ΔETI_2	$(n, n, 0)$	−2.007224**	0.0490	−2.886101	−1.995865	−1.599088	平稳
INV_{12}	$(c, t, 2)$	−2.726465	0.2503	−5.295384	−4.008157	−3.460791	非平稳
ΔINV_{12}	$(c, t, 0)$	−6.771733***	0.0014	−5.124875	−3.933364	−3.420030	平稳
INV_{22}	$(c, t, 0)$	−1.088449	0.8858	−4.992279	−3.875302	−3.388330	非平稳
ΔINV_{22}	$(n, n, 0)$	−3.213765***	0.0043	−2.792154	−1.977738	−1.602074	平稳

注:检验类型 c,t,k 分别代表截距项、趋势项和滞后阶数,n 代表不含该项。

ADF 检验结果表明,在 5% 的显著性水平检验下,ETI_2、INV_{12}、INV_{22} 为非平稳时间序列;而 ΔETI_2、ΔINV_{12}、ΔINV_{22} 为平稳序列。因此 ETI_2、INV_{12}、INV_{22} 均为 $I(1)$。

3. ETI_2 与 INV_{12} 回归分析

由于 ETI_2 和 INV_{12} 同为一阶单整,因此可以对它们进行回归分析。按照模型(8-1)的形式对它们进行 OLS 回归分析,结果如式(8-4)所示。

$$\Delta \text{ETI}_1 = 36.6953 + 0.0285 \times \text{INV}_{12} + 0.0181 \times \text{INV}_{12}(-1)$$
$$(23.5945)** \quad (1.4873)*** \quad (0.8972)**$$
$$+ 0.0276 \times \text{INV}_{12}(-2) + 0.724 \times \text{INV}_{12}(-3) + \varepsilon_{21} \quad (8\text{-}4)$$
$$(1.2353)*** \quad (2.7151)***$$

式（8-4）中只有截距项和 $\text{INV}_{12}(-3)$ 的回归系数能通过 5% 显著水平的检验；其他项的回归系数均不能通过 10% 显著水平检验。通过对式（8-4）进行改进，删去影响不显著的项，得到式（8-5）：

$$\Delta \text{ETI}_2 = 38.2154 + 0.0802 \times \text{INV}_{12}(-1) + 0.0493 \times \text{INV}_{12}(-3) + \varepsilon_{12} \quad (8\text{-}5)$$
$$(27.6795)*** \quad (2.8598)** \quad (2.5382)**$$

修正后各项的回归系数均通过 5% 显著水平检验；且 R^2 值为 0.7278，表明方程的拟合程度基本满足要求；F 统计量为 9.3585，方程整体也通过了 5% 显著水平的检验。对残差进行平稳性检验，结果如表 8-7 所示。

表 8-7 残差 ε_{12} 的 ADF 检验

变量	检验类型 (c, t, k)	t 统计量	P 值	临界值 1%	临界值 5%	临界值 10%	平稳性
ε_{12}	($n, n, 0$)	−2.287482**	0.0287	−2.847250	−1.988198	−1.600140	平稳

注：检验类型 c, t, k 分别代表截距项、趋势项和滞后阶数，n 代表不含该项。

检验结果表明 ε_{12} 为平稳序列，因此可认为上海地区 PE 投资与经济转型系数存在着长期协整关系。且 INV_{12} 各期的回归系数为正，表明 PE 投资的增加能正向促进经济转型系数的增加。

4. ETI_2 与 INV_{22} 回归分析

由于 ETI_2 和 INV_{22} 同为一阶单整，因此可以对它们进行回归分析。按照模型（8-1）的形式对它们进行 OLS 回归分析，结果如式（8-6）所示。

$$\Delta \text{ETI}_2 = 38.7319 + 0.0413 \times \text{INV}_2 + 0.0887 \times \text{INV}_2(-1)$$
$$(64.5802)*** \quad (-1.3586) \quad (2.6998)$$
$$+ 0.0360 \times \text{INV}_2(-2) + 0.1987 \times \text{INV}_2(-3) + \varepsilon_2 \quad (8\text{-}6)$$
$$(8969) \quad (6.1441)***$$

式（8-6）中截距项、$\text{INV}_{22}(-1)$ 和 $\text{INV}_{22}(-3)$ 的回归系数能通过 5%

显著水平的检验，其他两项的回归系数不能通过 10% 显著水平检验。通过对式（8-6）进行改进，删去影响不显著的项，得到式（8-7）：

$$\Delta ETI_2 = 38.2802 + 0.0823 \times INV_2(-1) + 0.2225 \times INV_{22}(-3) + \varepsilon_{22} \quad (8-7)$$
$$(75.0480)*** \quad (3.2041)** \quad (10.1282)***$$

修正后各项的回归系数均通过 5% 显著水平检验；且 R^2 值为 0.9650，表明方程的拟合程度很好；F 统计量为 96.4991，方程整体也通过了 1% 显著水平的检验。对残差 ε_{22} 进行平稳性检验，结果如表 8-8 所示。

表 8-8 残差 ε_{22} 的 ADF 检验

变量	检验类型 (c, t, k)	t 统计量	P 值	临界值			平稳性
				1%	5%	10%	
ε_{22}	$(n, n, 0)$	-3.170041***	0.0055	-2.847250	-1.988198	-1.600140	平稳

注：检验类型 c, t, k 分别代表截距项、趋势项和滞后阶数，n 代表不含该项。

检验结果表明 ε_{22} 为平稳序列，因此可认为上海地区 VC 投资与经济转型系数存在着长期协整关系。且 INV_{22} 各期的回归系数为正，表明 VC 投资的增加能正向促进经济转型系数的增加。

8.3.3 广东地区

1. 变量描述性统计分析

广东地区各变量的描述性统计分析如表 8-9 所示，从标准差与均值的比值来看，PE 投资额较其他变量有较大的波动性。

表 8-9 广东地区时间序列描述性统计分析

变量	含义	单位	样本数	均值	标准差	最小值	最大值
ETI_3	广东经济转型指数	/	10	38.4876	5.6917	30.3600	46.5904
INV_{13}	广东 PE 投资额	亿元	13	45.2452	67.0216	0.0000	245.8308
INV_{23}	广东 VC 投资额	亿元	13	18.9627	13.7337	1.1782	43.5478

2. 变量的平稳性检验

运用 EViews8 对 ETI_3、INV_{13} 和 INV_{23} 进行 ADF 检验，滞后阶数采用 AIC 准则并由软件自动选取，广东地区时间序列 ADF 检验结果如表 8-10

所示。

表 8-10 广东地区时间序列 ADF 检验

变量	检验类型 (c, t, k)	t 统计量	P 值	临界值 1%	临界值 5%	临界值 10%	平稳性
ETI_3	$(c, t, 0)$	-1.764670	0.6415	-5.521860	-4.107833	-3.515047	非平稳
ΔETI_3	$(c, t, 2)$	-10.94780***	0.0014	-7.006336	-4.773194	-3.877714	平稳
INV_{13}	$(c, t, 4)$	-74.96322***	0.0001	-5.835186	-4.246503	-3.590496	平稳
INV_{23}	$(c, t, 4)$	-3.214950	0.1542	-5.835186	-4.246503	-3.590496	非平稳
ΔINV_{23}	$(c, n, 1)$	-4.168652**	0.0120	-4.297073	-3.212696	-2.747676	平稳

注：检验类型 c, t, k 分别代表截距项、趋势项和滞后阶数，n 代表不含该项。

ADF 检验结果表明，在 5% 的显著性水平检验下，ETI_3、INV_{23} 为非平稳时间序列；而 ΔETI_3、INV_{13}、ΔINV_{23} 为平稳序列。因此 INV_{13} 为 I（0），ETI_3、INV_{23} 均为 I（1）。

3. ETI_3 与 INV_{13} 回归分析

由于 ΔETI_3 和 INV_{13} 同为平稳序列，因此可以对它们进行回归分析。按照模型（8-1）的形式对它们进行 OLS 回归分析，结果如式（8-8）所示。

$$\Delta ETI_3 = 1.2978 + 0.0017 \times INV_{13} + 0.0025 \times INV_{13}(-1)$$
$$(3.0930)** \quad (0.5991) \quad (0.9445)$$
$$+ 0.0031 \times INV_{13}(-2) + 0.0012 \times INV_{13}(-3) + \varepsilon_{13} \quad (8\text{-}8)$$
$$(1.1705) \quad (0.4416)***$$

式（8-8）中除了截距项能通过 5% 显著水平检验，其他项的回归系数均不能通过 10% 显著水平检验，表明广东地区 PE 投资与经济转型指数不存在显著的长期协整关系。

4. ETI_3 与 INV_{23} 回归分析

由于 ETI_3 和 INV_{23} 同为一阶单整，因此可以对它们进行回归分析。按照模型（8-1）的形式对它们进行 OLS 回归分析，结果如式（8-9）所示。

$$\Delta ETI_3 = 28.3224 + 0.0939 \times INV_{23} + 0.1566 \times INV_{23}(-1)$$
$$(42.8860)*** \quad (2.2929) \quad (4.0252)**$$
$$+ 01627 \times INV_{23}(-2) + 01390 \times INV_{23}(-3) + \varepsilon_{23} \quad (8\text{-}9)$$
$$(4.4100)*** \quad (3.1575)**$$

多层次资本市场与广东经济转型研究

式8-9中各项回归系数均通过10%显著水平的检验;且R^2值为0.9913,表明方程的拟合程度很好;F统计值为142.6906,表明方程整体上通过1%显著水平检验。对残差ε_{23}进行平稳性检验,结果如表8-11所示。

表8-11 残差ε_{23}的ADF检验

变量	检验类型 (c, t, k)	t统计量	P值	临界值			平稳性
				1%	5%	10%	
ε_{23}	$(n, n, 1)$	−3.269380***	0.0051	−2.886101	−1.995865	−1.599088	平稳

注:检验类型c, t, k分别代表截距项、趋势项和滞后阶数,n代表不含该项。

检验结果表明,ε_{23}为平稳序列,因此可认为广东地区VC投资与经济转型系数存在着非常显著的长期协整关系。且INV_{23}各期的回归系数为正,表明VC投资的增加能正向促进经济转型系数的增加。

8.3.4 江苏地区

1. 变量描述性统计分析

江苏地区各变量的描述性统计分析如表8-12所示,从标准差与均值的比值来看,PE投资额较其他变量有较大的波动性。

表8-12 江苏地区时间序列描述性统计分析

变量	含义	单位	样本数	均值	标准差	最小值	最大值
ETI_4	江苏经济转型指数	/	10	39.5748	7.7849	29.9615	51.2473
INV_{14}	江苏PE投资额	亿元	13	15.9335	18.5075	0.0000	48.9987
INV_{24}	江苏VC投资额	亿元	13	9.2141	8.6596	0.1000	31.7692

2. 变量的平稳性检验

运用EViews8对ETI_4、INV_{14}和INV_{24}进行ADF检验,滞后阶数采用AIC准则并由软件自动选取,江苏地区时间序列ADF检验结果如表8-13所示。

表8-13 江苏地区时间序列ADF检验

变量	检验类型 (c, t, k)	t统计量	P值	临界值			平稳性
				1%	5%	10%	
ETI_4	$(c, t, 1)$	−1.536596	0.7290	−5.835186	−4.246503	−3.590496	非平稳

续表

变量	检验类型 (c, t, k)	t 统计量	P 值	临界值 1%	临界值 5%	临界值 10%	平稳性
ΔETI_4	$(c, t, 2)$	−14.57810***	0.0003	−7.006336	−4.773194	−3.877714	平稳
INV_{14}	$(c, n, 3)$	−3.630303**	0.0297	−4.420595	−3.259808	−2.771129	平稳
INV_{24}	$(c, t, 1)$	−4.198235**	0.0349	−5.124875	−3.933364	−3.420030	平稳

注：检验类型 c, t, k 分别代表截距项、趋势项和滞后阶数，n 代表不含该项。

ADF 检验结果表明，在5%的显著性水平检验下，ETI_4 为非平稳时间序列；而 ΔETI_4、INV_{14}、INV_{24} 均为平稳序列。因此 ETI_4 为 I（1），INV_{14}、INV_{24} 均为平稳序列。

3. ETI_4 与 INV_{14} 回归分析

由于 ΔETI_4 和 INV_{14} 同为平稳序列，因此可以对它们进行回归分析。按照模型（8-1）的形式对它们进行 OLS 回归分析，结果如式（8-10）所示。

$$\Delta \text{ETI}_4 = 1.2198 + 0.0362 \times \text{INV}_{14} + 0.0036 \times \text{INV}_{14}(-1)$$
$$(2.4311)^* \quad (1.7615) \quad (0.1427)$$
$$+ 0.0440 \times \text{INV}_{14}(-2) - 0.0370 \times \text{INV}_{14}(-3) + \varepsilon_{14} \quad (8\text{-}10)$$
$$(1.3769) \quad (-1.2695)$$

式（8-10）中除了截距项能通过10%显著水平检验，其他项的回归系数均不能通过10%显著水平检验，表明江苏地区 PE 投资与经济转型指数不存在显著的长期协整关系。

4. ETI_4 与 INV_{24} 回归分析

由于 ΔETI_4 和 INV_{24} 同为平稳序列，因此可以对它们进行回归分析。按照模型（8-1）的形式对它们进行 OLS 回归分析，结果如式（8-11）所示。

$$\Delta \text{ETI}_4 = 1.4479 + 0.0032 \times \text{INV}_{24} + 0.0036 \times \text{INV}_{24}(-1)$$
$$(3.2292)^{**} \quad (-0.0664) \quad (3.7201)^{**}$$
$$- 0.1724 \times \text{INV}_{24}(-2) - 0.1852 \times \text{INV}_{24}(-3) + \varepsilon_{24} \quad (10\text{-}11)$$
$$(-2.4080)^* \quad (1.5165)$$

式（8-11）中截距项、$\text{INV}_{24}(-1)$ 和 $\text{INV}_{24}(-2)$ 的回归系数能通过10%显著水平的检验，其他两项的回归系数不能通过10%显著水平检验。

通过对式（8-11）进行改进，删去影响不显著的项 INV_{24}，得到式（8-12）：

$$\Delta ETI_4 = 1.4295 + 0.1249 \times INV_{24}(-1) - 0.1686 \times INV_{24}(-2) + 0.1787$$
$$(4.4082)*** \quad (5.1197)*** \quad (-4.2285)***$$
$$\times INV_{24}(-3) \, \varepsilon_{22} \tag{8-12}$$
$$(2.7109)**$$

修正后各项的回归系数均通过 5% 显著水平检验；且 R^2 值为 0.8855，表明方程的拟合程度比较好；F 统计量为 12.8922，方程整体也通过了 1% 显著水平的检验。对残差 ε_{24} 进行平稳性检验，结果如表 8-14 所示。

表 8-14 残差 ε_{24} 的 ADF 检验

变量	检验类型 (c,t,k)	t 统计量	P 值	临界值 1%	5%	10%	平稳性
ε_{24}	($c,n,0$)	-4.827312***	0.0075	-4.582648	-3.320969	-2.801384	平稳

注：检验类型 c, t, k 分别代表截距项、趋势项和滞后阶数，n 代表不含该项。

检验结果表明 ε_{24} 为平稳序列，因此可认为江苏地区 VC 投资与经济转型系数存在着长期协整关系。且 INV_{24} 各期除了 $INV_{24}(-2)$ 的回归系数为负，其他均为正，表明总体上 VC 投资的增加能有助于正向促进经济转型系数的增加。

8.3.5 全国平均

1. 变量描述性统计分析

全国平均各变量的描述性统计分析如表（8-15）所示。

表 8-15 全国平均时间序列描述性统计分析

变量	含义	单位	样本数	均值	标准差	最小值	最大值
ETI_5	全国平均经济转型指数	/	10	26.6011	3.3177	22.1944	31.7517
INV_{15}	全国平均 PE 投资额	亿元	13	19.1890	13.9812	0.0621	34.7522
INV_{25}	全国平均 VC 投资额	亿元	13	4.5405	3.5796	0.3441	12.4867

8 私募股权与经济转型关系的实证研究

2. 变量的平稳性检验

运用 EViews8 对 ETI_5、INV_{15} 和 INV_{25} 进行 ADF 检验，滞后阶数采用 AIC 准则并由软件自动选取，全国平均时间序列 ADF 检验结果如表 8-16 所示。

表 8-16 全国平均时间序列 ADF 检验

变量	检验类型 (c, t, k)	t 统计量	P 值	临界值 1%	临界值 5%	临界值 10%	平稳性
ETI_5	(c, t, 0)	−2.796669	0.2364	−5.521860	−4.107833	−3.515047	非平稳
ΔETI_5	(c, n, 0)	−3.622457**	0.0337	−4.582648	−3.320969	−2.801384	平稳
INV_{15}	(c, t, 0)	−0.181384	0.9832	−4.992279	−3.875302	−3.388330	非平稳
ΔINV_{15}	(n, n, 0)	−2.242552**	0.0299	−2.792154	−1.977738	−1.602074	平稳
INV_{25}	(c, t, 2)	−2.515184	0.3170	−5.295384	−4.008157	−3.460791	非平稳
ΔINV_{25}	(c, n, 2)	−3.761734**	0.0247	−4.420595	−3.259808	−2.771129	平稳

注：检验类型 c，t，k 分别代表截距项、趋势项和滞后阶数，n 代表不含该项。

ADF 检验结果表明，在 5% 的显著性水平检验下，ETI_5、INV_{15}、INV_{25} 均为非平稳时间序列；而 ΔETI_5、ΔINV_{15}、ΔINV_{25} 均为平稳序列。因此 ETI_5、INV_{15}、INV_{25} 均为 I（1）。

3. ETI_5 与 INV_{15} 回归分析

由于 ETI_5 和 INV_{15} 同为一阶单整，因此可以对它们进行回归分析。按照模型（8-1）的形式对它们进行 OLS 回归分析，结果如式（8-13）所示。

$$\Delta ETI_5 = 22.7490 - 0.0570 \times INV_{15} + 0.0826 \times INV_{15}(-1) + 0.0722$$
$$(17.3692)^{***} \quad (-0.8748) \quad (0.9444)$$
$$\times INV_{15}(-2) + 0.1038 \times INV_{15}(-3) + \varepsilon_{15} \quad (8-13)$$
$$(0.8329) \quad (1.4674)$$

式（8-13）中除了截距项能通过 1% 显著水平检验，其他项的回归系数均不能通过 10% 显著水平检验，表明全国平均水平下 PE 投资与经济转型指数并不存在显著的长期协整关系。

4. ETI_5 与 INV_{25} 回归分析

由于 ETI_5 和 INV_{25} 同为一阶单整，因此可以对它们进行回归分析。按照模型 8-1 的形式对它们进行 OLS 回归分析，结果如式（8-14）所示。

$\Delta \text{ETI}_5 = 21.5324 - 0.0743 \times \text{INV}_{25} + 0.2273 \times \text{INV}_{25}(-1) + 0.3577$
  （57.1763）***　　（1.2061）　　（3.7075）**
$\times \text{INV}_{25}(-2) + 0.4149 \times \text{INV}_{25}(-3) + \varepsilon_{25}$ （8-14）
  （5.4372）***　　（6.4901）***

式（8-14）中除了 INV_{25} 项回归系数不能通过 10% 显著水平检验外，其他项回归系数均通过 5% 显著水平检验。通过对式（8-14）进行改进，删去影响不显著的项，得到式（8-15）：

$\Delta \text{ETI}_5 = 21.7897 - 0.2565 \times \text{INV}_{25}(-1) - 0.3427 \times \text{INV}_{25}(-2) + 0.4369$
  （67.6829）***　　（4.3896）***　　（5.1145）***
$\times \text{INV}_{25}(-3) + \varepsilon_{25}$ （8-15）
  （6.8772）**

修正后各项的回归系数均通过 1% 显著水平检验；且 R^2 值为 0.9839，表明方程的拟合程度很好；F 统计量为 121.9771，方程整体也通过了 1% 显著水平的检验。对残差 ε_{25} 进行平稳性检验，结果如表 8-17 所示。

表 8-17　残差的 ADF 检验

变量	检验类型 (c, t, k)	t 统计量	P 值	临界值 1%	临界值 5%	临界值 10%	平稳性
ε_{25}	(n, n, 0)	-3.029843***	0.0071	-2.847250	-1.988198	-1.600140	平稳

注：检验类型 c, t, k 分别代表截距项、趋势项和滞后阶数，n 代表不含该项。

检验结果表明 ε_{25} 为平稳序列，因此可认为在全国平均水平下 VC 投资与经济转型系数存在着显著的长期协整关系。且 INV_{25} 各期的回归系数为正，表明 VC 投资的增加能正向促进经济转型系数的增加。

8.4　各地区回归方程综合比较分析

通过 OLS 方法对北京、上海、广东、江苏以及全国平均的 PE/VC 投资与经济转型指数关系进行研究，最后得出各地区的回归方程如表 8-18 所示。

8 私募股权与经济转型关系的实证研究

表8-18 各地区经济转型指数ETI与PE/VC投资的OLS回归方程

	PE 投资	VC 投资
北京	$\Delta ETI_1 = -12.9210 + 0.0236 \times INV_{11} + 0.0135 \times INV_{11}(-2) + 0.0125 \times INV_{11}(-3) + \varepsilon_{11}$	$\Delta ETI_1 = 39.4515 + 0.0508 \times INV_{21} + 0.0901 \times INV_{21}(-1) + 0.1208 \times INV_{21}(-2) + 0.0368 \times INV_{21}(-3) + \varepsilon_{21}$
上海	$\Delta ETI_2 = 38.2154 + 0.0802 \times INV_{12}(-2) + 0.0493 \times INV_{12}(-3) + \varepsilon_{12}$	$\Delta ETI_2 = 38.2802 + 0.0823 \times INV_{22}(-1) + 0.2225 \times INV_{22}(-3) + \varepsilon_{22}$
广东	与ETI不存在显著的协整关系	$\Delta ETI_3 = 28.3224 + 0.0939 \times INV_{22} + 0.1566 \times INV_{23}(-1) + 0.1627 \times INV_{22}(-2) + 0.1390 \times INV_{23}(-3) + \varepsilon_{23}$
江苏	与ETI不存在显著的协整关系	$\Delta ETI_4 = 1.4295 + 0.1249 \times INV_{24}(-1) - 0.1686 \times INV_{24}(-2) + 0.1787 \times INV_{24}(-3) + \varepsilon_{24}$
全国平均	与ETI不存在显著的协整关系	$\Delta ETI_5 = 21.7897 + 0.2565 \times INV_{25}(-1) + 0.3427 \times INV_{25}(-2) + 0.4369 \times INV_{25}(-3) + \varepsilon_{25}$

1. PE投资与VC投资对经济转型影响的差异

从表8-18可以看出，北京、上海、广东、江苏以及全国平均五个地区的VC投资回归方程均表现显著，而PE投资回归方程只在北京和上海地区表现显著。这说明从私募股权投资类型来看，VC投资比PE投资对经济转型的影响更显著。其原因是VC投资的对象有很大一部分是高新技术企业，比起以投资传统行业为主的PE投资更能反映我国经济转型创新驱动的内在要求。因此，提高VC投资在私募股权投资中的比例，是有利于推动我国经济转型的。

我国私募股权投资结构总体上表现为投资金额以PE投资占比居多，而案例数量以VC投资占比居多的特点。以2014年全国私募股权投资情况为例（如图8-1所示），从投资金额来看，PE投资金额占比高达67.23%，VC投资金额占比32.26%；而从案例数量来看，PE投资案例占比只有13.77%，VC投资案例占比达66.02%。这反映出我国VC投资虽然有不少的投资案例，但是每个案例的平均投资金额偏少，导致投入总量不足。其原因主要是我国VC投资对象的规模往往相对较小，并且风险程度相对较高而导致的。总之,我国私募股权投资结构并不完善,有必要进一步扩大 VC 投资的比重,增强 VC 投资对高新技术企业的支持。

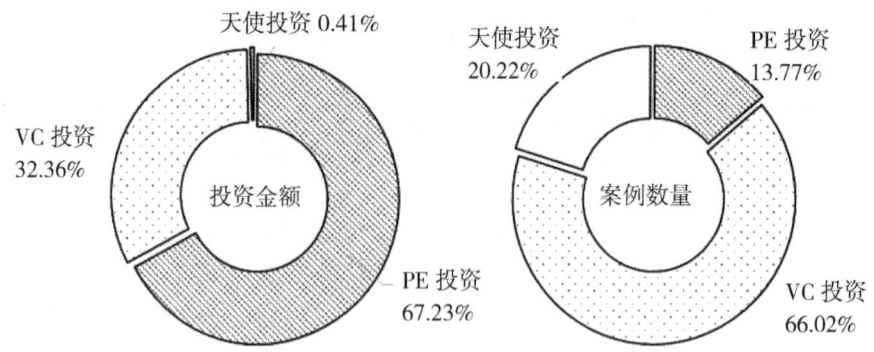

图 8-1　2014 年各私募股权投资类型投资金额与案例数量占比

数据来源:wind 数据平台。

2. 私募股权投资对经济转型影响的时间分布特征

表 8-18 的多数回归方程的投资额回归系数是在滞后一期后才开始表现显著,说明私募股权投资由于其运作流程的复杂性,对经济转型产生实质性影响一般需要一年以上的作用时间。

但相对之下,北京地区的两个回归方程的当期投资额回归系数均表现显著,反映出北京地区的私募股权投资比我国其他地区具有更高的运作效率,从资金的投入到对经济转型产生影响只需要更短的时间。

由此可见,我国大部分地区私募股权投资效率偏低,仍存在很大的提升空间。通过私募股权投资效率的进一步提升,能有助于缩短私募股权投资对经济转型产生影响普遍存在的滞后期,从而加强该影响的显著程度。

3. 各地区私募股权投资对经济转型影响的差异

首先看全国平均与其他四个发达地区 VC 投资回归方程的差异。由于北京、上海、广东、江苏代表私募股权投资发达的地区,因而全国平均则可以相对应地代表私募股权投资发展相对滞后的地区。从表 8-18 分析结果可见,全国平均 VC 投资回归方程中各期 VC 投资的回归系数均明显大于其

8 私募股权与经济转型关系的实证研究

他地区相应的回归系数，这表明VC投资在发展初期对经济转型的影响力度更大，随着VC投资的进一步发展，其影响力度会逐步下降，即VC投资对经济转型的影响力度出现边际递减。全国私募股权投资最发达的北京和上海的VC投资回归方程的回归系数比广东和江苏略小，也说明了这一观点。

再来看广东和江苏地区，这两个地区的PE投资回归方程均不显著。从VC投资回归方程来看，相对于其他回归方程的被解释变量均为ETI，而江苏地区VC投资回归方程的被解释变量为ΔETI，即江苏地区VC投资的变动不是直接影响ETI的变动，而是影响ETI变化的速度。相比之下，广东地区VC投资回归方程的各项回归系数均显著为正，反映出广东地区的VC投资对ETI的变化有显著的直接促进作用。因此，在VC投资对经济转型影响的显著程度上，广东比江苏表现更优。

相比广东和江苏地区，北京和上海地区不仅VC投资回归方程显著，而且PE投资回归方程也显著。上海地区的PE投资和VC投资回归方程均有个别项的回归系数不显著，即上海私募股权投资对经济转型的影响存在着较明显的滞后性。而北京地区两个回归方程的所有回归系数均显著，表明北京私募股权投资比上海更成熟，效率更高。

综合以上分析，北京是所有地区中私募股权投资对经济转型影响最为显著的地区，其次依次是上海，广东，江苏。由此可见，一个地区的私募股权投资发展得越成熟，其对经济转型产生的积极影响将越明显。因此，北京、上海、广东、江苏等地区在研究我国私募股权与经济转型关系具有较大的代表性，并能对其他地区的继后发展起到示范效应。由此还可进一步推断，随着我国各个地区私募股权投资的不断发展及成熟，私募股权投资在我国经济转型中的地位将日益重要。

根据清科研究中心 2014 年 PE 投资金额的相关数据显示。我国私募股权投资面临着发展十分不平衡的问题，各地区投资金额的差异很大。我国私募股权投资最发达的几个省份均集中在东部沿海地区，其中北京、上海、广东可以归为第一梯队，PE 投资总额均达 3000 百万美元以上；其次是浙江、山东、江苏可以归为第二梯队，PE 投资总额均为 1000 百万美元以上；中部地区可以归为第三梯队，PE 投资额多为 300~1000 百万美元；西北和东北地区可归为第四梯队，PE 投资额只有不到 300 百万美元。

在我国私募股权投资于东部沿海地区发展领先，而于广大中、西、东北部地区私募股权投资发展滞后的现实条件下，东部地区应发挥其示范作用，带动其他发展相对滞后的地区发展；并且这些发展滞后的地区应利用其边际影响力较大的条件，充分利用私募股权投资来推动该地区的经济转型。

8.5 本章小结

本章通过回归方法分析了各地区私募股权投资与经济转型的关系，并对结果进行比较分析，得出以下结论。

（1）从私募股权投资类型来看，VC 投资对经济转型的影响比 PE 投资对经济转型的影响更显著。五个地区的 VC 投资与经济转型指数均存在显著的长期协整关系；而 PE 投资与经济转型指数的协整关系只在北京与上海地区表现显著。这反映了 VC 投资与我国经济转型的关系更为密切——VC 投资的对象有很大一部分是高新技术企业，比起以投资传统行业为主的 PE 投资更能反映我国经济转型创新驱动的内在要求。

（2）从私募股权投资对经济转型影响的时间分布特征来看，私募股权投资通常要在投入一年后才能对经济转型产生出显著的影响。这是由于私募股权投资的整个运作流程复杂，从而其对国民经济产生实质性影响会有一定的滞后性。通过提高私募股权投资效率，将有助于缩短该影响的滞后期。

（3）从私募股权投资对经济转型影响的地区分布特征来看，私募股权投资对经济转型的影响力度存在边际递减，即私募股权投资在发展初期对经济转型影响力度更大，因此在私募股权投资发展还相对落后的广大中、西、东北部地区大力发展私募股权投资，对促进其经济转型具有很大的现实意义。此外，在我国私募股权投资越发达的地区，其对经济转型的影响越显著，随着我国各个地区私募股权投资的不断发展及成熟，私募股权投资在我国经济转型中的地位将日益重要。

（4）从实证分析可进一步归纳出我国私募股权投资目前存在着以下问题：一是私募股权投资结构不合理，VC投资金额占比偏少；二是私募股权投资运作效率偏低，导致对经济转型影响的滞后期较长；三是地区间私募股权发展不平衡。

9 股权投资、科技型中小企业发展与经济转型政策建议

9.1 股权投资与经济转型关系研究结论与政策建议

9.1.1 股权投资与经济转型关系研究结论

（1）股权投资对经济转型的影响机理可以概括为以下三个方面：① 从宏观方面来看，股权投资能促使市场更好地在资源配置中发挥决定性作用，优化资源配置；② 从中观方面来看，股权投资在我国产业结构调整中发挥作用，支持第三产业发展，特别是对新兴产业提供了大力支持，促进我国产业升级；③ 从微观方面来看，股权投资在金融、技术、创新、管理等方面为企业提供了支持，促使企业进行转型升级，转变发展方式，提高其生产效益和竞争能力。

（2）根据对经济转型指数贡献程度大小，其包含的主要因子可依次归纳为城镇化因子、创新驱动因子、可持续发展因子、投资因子、农业现代化因子等五个方面，因此城镇化进程与创新驱动程度是衡量我国经济转型情况的重中之重。

9 股权投资、科技型中小企业发展与经济转型政策建议

（3）根据北京、上海、广东、江苏以及全国平均各年份经济转型指数得分，可对各地区的经济转型情况做出以下结论：①各个地区的经济转型指标总体上均处于持续上升趋势；②四个发达省份的经济转型水平均明显高于全国平均水平，且北京地区的经济转型发展水平一直领先于国内其他的发达省份地区；③在这五个比较的地区当中，江苏的经济转型指数在近年来呈现出较高的上升趋势。

（4）从股权投资类型来看，VC 投资对经济转型的影响比 PE 投资对经济转型的影响更显著，VC 投资往往面向的是高新技术企业，比以投资传统行业为主的 PE 投资更能反映我国经济转型创新驱动的内在要求。

（5）从股权投资对经济转型影响的时间分布特征来看，由于股权投资的整个运作流程复杂，其对国民经济产生实质性影响会有一定的滞后性，因此我国股权投资通常要在投入一年后才能对经济转型表现出显著的影响。

（6）从股权投资对经济转型影响的地区分布特征来看，股权投资对经济转型的影响力度存在边际递减，即股权投资在发展初期对经济转型影响力度更大，因此在股权投资发展还相对落后的广大中、西、东北部地区大力发展股权投资，对促进其经济转型具有很大的现实意义；相对地，股权投资越发达的地区，其对经济转型的影响越显著，由此可见，随着我国各个地区股权投资的不断发展及成熟，股权投资在我国经济转型中的地位将日益重要。

（7）我国股权投资目前存在着以下问题：①股权投资结构不合理，VC 投资金额占比偏少；②股权投资运作效率普遍偏低，导致对经济转型影响的滞后期较长；③我国各地区的私募股权发展程度十分不平衡。

9.1.2 股权投资与经济转型政策建议

实证分析表明我国股权投资发展尚不完善，目前仍存在着 VC 投资比例偏低、股权投资运作效率偏低、各地区股权投资发展程度不均衡等问题。本书针对这些存在的问题提出以下三方面政策建议。

1. 完善股权投资结构

实证研究表明 VC 投资对经济转型的作用更显著，然而我国股权投资中 VC 投资额比重偏低，为改善股权投资结构，促进 VC 投资进一步发展成熟，可采取以下措施。

（1）优化股权投资的结构，提高 VC 投资在股权投资金额中的比重；改变风险投资的行业分布，把更多的风险资本投入到科技型企业，并适当降低这类型企业的融资门槛，从而推动"大众创业、万众创新"战略的展开，使 VC 投资特点的优势得以充分发挥。

（2）吸引多方面途径的资金注入 VC 投资，如养老基金、捐赠基金、银行、保险公司、家庭和个人等，能有效扩充股权投资基金的资金来源渠道，扩大投资规模，在资金层面上为股权投资的进一步发展提供保障。

（3）政府在私募股权促进经济转型过程中起着重要的作用，政府应完善相关的法律政策。一方面应完善对自主知识产权的保护，鼓励企业创新活动的开展，增加企业的融资需求；另一方面应进一步完善股权投资的相关法律政策，为股权投资提供良好的法律保障，营造出良好的外部环境。

（4）为保障投资双方的利益，应进一步探索和加强股权投资基金的投后管理和风险控制能力，为股权投资的发展提供有力的内部保障机制。

2. 提高股权投资运作效率

目前我国多数地区的股权投资运作效率偏低，导致股权投资对经济转型的影响出现滞后。为提高股权投资的运作效率，需要从股权投资机构和企业两方面去进行改善。

（1）提高股权投资机构投资管理和投资监督效率。股权投资机构完成融资后，需要尽快挖掘出具有投资价值的项目，并与企业进行谈判、尽职调查、签订协议等投资流程，这些环节往往需要耗费几个月至一年多不等的时间，提高股权投资机构的投资管理效率，有助于减少投资前流程花费的时间，使投资资金尽快投入企业运作。在投资后，股权投资机构要对企业进行投后监督，并提供增值服务，以提高企业对资金的运用效率。

9　股权投资、科技型中小企业发展与经济转型政策建议

（2）提高企业的资本运作效率，这是提高股权投资运作效率的根本要求。企业获得投资资金后，只有对投资资金进行合理的运用，才能使其产生的作用最大化。这要求企业在融资前对资本运作做好详尽的计划，并需要股权投资机构对商业计划有良好的筛选能力。

3.促进各地区私募股权共同发展

当前我国股权投资在各个地区发展十分不平衡，股权投资发达省份均集中在东部沿海地区。实证研究表明，股权投资越发达的地区，其对经济转型的影响越显著，因此我国东部沿海地区股权投资的发展将对其他地区形成示范效应，并能带动它们的发展；而在股权投资发展相对滞后的广大中、西、东北部地区，股权投资对经济转型的边际影响力度则比东部地区更大，因而今后股权投资在这些地区将大有作为。可见，推动各个地区股权投资协同发展，以发达地区带动落后地区，具有很大的现实意义。为此，应采取以下措施。

（1）发挥比较优势，促进中西部和东北部地区产业转型升级，提高产业的附加值。东部沿海发达地区的优势除了地理位置、气候条件等自然条件优势外，从经济条件来看，在于其第三产业比较发达，产业结构比较合理，同时吸引了大量人才聚集。中西部和东北部地区的产业结构主要以工业或农业为主，它们应发挥其比较优势，通过科技创新力量促进传统产业转型升级，改变传统工业和传统农业的发展方式，走新型工业化和农业现代化的发展道路，为产业带来更高的附加值，从本质上改变项目的投资价值，从而吸引更多投资机构的兴趣。在此过程中，关键的因素还是人才，对此国家应制定更多的政策鼓励更多的人才去中西部和东北部地区发展，促进地区产业创新，推动产业转型升级。

（2）促进跨地区的股权投资。我国现有的股权投资机构主要还是以分布在东部沿海地区为主，为通过股权投资推动中西部和东北部地区的发展，必须促进私募股权跨地区投资，发挥东部地区的领先优势，带动其他地区共同发展。

9.2 科技型中小企业的发展的融资环境建议

科技型中小企业的发展不仅需要金融合约治理机制,还需要在宏观层面建立完善的金融体系,来作为科技型中小企业治理机制的有益补充。宏观层面应该在如下五个方面为企业营造良好的融资环境。

第一,强化政府职能。政府在科技型企业融资体系中应扮演三个角色,分别是科技型企业融资支持、科技型企业融资信用保障、科技型企业融资市场设立。科技型企业融资支持是政府的准公共产品,以基金和奖励的形式提供给科技型企业,用于支持其科技研发和挖掘创意。在科技型企业起步阶段,需要研发资金,由于创业者自己不可能有太多的储蓄投入,而风险资本和天使投资不一定能看到科技型企业的发展前景,这就需要政府提供一定的资金支持科技型企业。科技型企业由于没有太多的企业形象和品牌形象,而在谈判中付出更多的交易成本,需要建立一种信用体系,让谈判者迅速了解科技型企业信用状况。建立科技型企业信用档案是一项系统工程,应该由政府(可在中小企业局设立相应机构)来完成,这可有效降低交易成本,同时对科技型企业家努力工作有激励作用。科技型企业金融市场设立与完善是政府的重要工作,如设立科技型企业股权场外交易市场,设立有政府出资经营的科技型企业银行贷款担保机构等。只有政府设计出一个有效的科技型企业金融市场框架并予以大力支持,科技型企业金融体系才能有效运行。

第二,营造创业投资环境。创业投资机构是指向具有高速增长潜力的未上市企业进行股权投资,并通过提高管理咨询参与所投企业的经营过程,以期取得所在投资企业相对成熟后通过股权转让实现高增长收益的资本运行机构。它是科技型企业金融体系的重要组成部分,而它提供的企业咨询等附加服务可以促进科技型企业有效成长。目前我国由政府设立的创业风险机构近千家,注册的民营风险投资机构更是不计其数,但是我国创业风险投资环境并不令人满意。与创业风险投资配套的一些法规法律一直没有出台,如合伙制组建创业风险投资公司,创业投资在区域上也出现明显的不均衡，需要进一步完成创业投资环境。

第三，鼓励天使投资。目前，很多公司的初期资金是天使投资者提供的，他们在孵化创业企业中得到了天使的美誉，随着让一部分人先富起来的政策得到深入贯彻，目前出现了一批具有天使投资所需资金实力的个人投资者，我国的科技型企业金融体系要调动这部分人的积极性，用税收等手段刺激其投资，从而带动科技型企业的发展。

第四，完善中介服务体系。科技型企业金融体系中的中介组织扮演着重要角色。主要的中介组织有：（1）法律组织，为科技型企业融资谈判提供法律咨询；（2）会计师组织，为科技型企业融资谈判提供会计核算服务；（3）企业价值评估机构，为科技型企业价值提供创业者、投资者都能接受的价值评估；（4）贷款担保机构，一般为政府出资，委托经营，为科技型企业向商业银行贷款提供担保服务。

第五，放开企业借贷。科技型企业债权融资有积极作用，可见，企业间借贷作为债权融资的形式之一应尽量放开，企业间借贷作为社会长期存在的民间经济行为有益于科技型企业的成长，但该行为长期不为我国法律所认可。因此，我国应放开企业间贷款，为企业间贷款，尤其是科技型企业的融资提供方便。

9.3 股权投资推动经济转型的政策思路

下面我们从传统产业附加值、集群结构、中小企业发展等来探讨发展股权投资对推动经济转型升级的政策思路，从强化经济转型升级的服务功能、优化股权投资行业的发展环境、推动股权投资与产业资本的结合探索广东的政策机制与策略。

股权投资在我国兴起和运作的时间不长，但是在西方国家和地区已经有较长的发展历史，其法律规范和监管制度较为完备。综观全球比较成熟或成熟的股权投资基金监管制度，可分为放任型、严格型和中间型三种体制。由于中国监管体制并未完全确立，因此学习世界上先进成熟的经验有

助于我们尽快形成自己的监管体系。

放任型的代表是美国股权投资基金的监管制度。美国崇尚经济自由化，金融政策历来倡导和鼓励金融自由化，股权投资基金监管是以注册豁免、鼓励发展、放松监管为特征的。其组织形式一般采用有限合伙制。

因此，美国是政策间接引导型的典型代表，更多地采用税收优惠、政策采购、信用担保等间接政策措施，努力营造适合创业投资公司发展的环境，促进股权投资行业的发展。

日本在股权投资基金的监管上是严格型的监管，在股权投资基金的组织形式上一般采用信托的方式予以构建，对投资范围严格禁止。因此，日本主要采取政府主导促进型政策，政府在投资公司的融资、投资等过程中发挥着主导作用，其扶持政策主要包括权益投资、提供贷款、政府信用担保等。

我国台湾则趋向于中间型，即采取放任型和严格型相结合的方式。

股权投资基金，作为一种智慧资本，在为投资对象提供资金支持的同时还提供各种增值服务，能够带动一般民间资本转化为创造生产价值的产业资本，投资于主导产业、战略性产业和优质中小企业，是推动经济转型升级不容忽视的力量。

广东省在推动经济转型升级中，应大力发展股权投资产业，走出一条以私募股权资本推动经济转型升级的广东特色之路，实现传统产业与新兴产业并重发展，区块经济与特色企业共生共赢。以"三个一"作为发展股权投资推动经济转型升级的基本思路，即充分调动和发挥股权投资基金在"一个提升、一个优化、一个扶持"三个过程中的积极作用。

9.3.1 提升传统制造业附加值

广东省的工业特别是制造业比较发达，发展基础良好，是推动未来经济发展的支柱产业。但存在着产品附加值不高，技术创新体系还不完善，企业技术创新能力弱，核心技术和关键设备过度依赖进口等问题。在全球性金融危机后国际市场需求疲软，国内市场需求蓬勃发展这一挑战与机遇

9 股权投资、科技型中小企业发展与经济转型政策建议

并存的历史时机,如何优化传统制造业的产业结构,振兴"广东制造",实现"广东创造",农业、能源、汽车、服装等众多传统行业如何在经济转型升级中借力发展?

股权投资基金运用"投资加服务"的运作机理,不仅解决了企业发展的资金问题,还能利用专业化的投资,在市场细分、商业模式、渠道铺设上拥有丰富的经验和企业资源,可以为企业在引进先进技术设备与专业人才、制定未来发展战略、优化股权及管理层结构上提供咨询服务,加快了传统制造业企业实现向现代制造业迈进的步伐。

9.3.2 优化特色块状经济的集群结构

"块状结构"是广东特色的经济形态,是广东优势产业和区域经济的主要支撑。但是目前广东的"块状经济"多处于产业集群的初始阶段,尚未进入各个企业通过相互联系的组织而地方工业化的阶段。如何增强产业集群中企业的协作分工,提升产业集群的竞争力?拓展产业链和价值链,壮大龙头企业,以龙头企业带动周边中小企业联动发展是解决此问题的根本措施。

股权投资基金不仅可投资于块状经济中的龙头企业,还可同时投资在此产业链上的中小企业,二者实现联动发展,使产业链得到延伸,地方生产系统进一步深化,并在各个加工制造环节均形成相当的竞争优势。在股权投资适时退出时,可将已经扶持壮大的中小企业的股权出售给龙头大企业,并实现龙头企业成功上市,这将使块状经济进一步深度整合,扩大了该块状经济的国内外竞争力与影响力,实现区域经济的长足发展。

9.3.3 扶持符合"两高六新"要求的中小企业茁壮成长

"两高六新"企业是指符合优势成长性高、科技含量高,新经济、新服务、新农村、新材料、新能源和新商业模式要求的优质企业,这些企业能够让"新技术、妙创意、好理念"运用到改造传统产业过程中,实现研发创新、服务创新与品牌创新,摆脱传统依靠廉价劳动力成本、高污染成本的粗放型经济发展模式,享受到经济发展"微笑曲线"两端的高附加值。

"两高六新"企业的成长需要有远见的企业家,"企业家精神"是广东经济在改革开放30多年来最宝贵的生产资源。另外,企业发展还会受到资金规模、管理、技术储备等因素制约,股权投资通过参股未上市企业,为创新型企业提供融资,是优化闲置资源配置的一种重要方式。20世纪前后,美国民间资本为中小科技型企业提供了77%的融资,加拿大的比例是50%,目前我国企业的创新基金靠企业自筹的占57%,国家拨款占26%,民间资本仅为2%~3%。调动广东省充裕的民间资本,推动"两高六新"企业在早期、成长期和扩张期的发展,有利于整合企业资源,培育企业成长性,提升企业价值。股权投资机构对"两高六新"企业拥有浓厚的投资兴趣,股权投资机构对"两高六新"中的成长性高、科技含量高和具有新商业模式的企业关注度最高。股权投资基金能够带动和激励这些优秀的企业家成长为所在新兴行业和产业的领跑者,占据下一轮经济周期的制高点推动广东省经济实现产业升级。

9.4 股权投资推动经济转型的政策机制与策略

股权投资基金的运作是一种高度市场化的投资行为,要使其能够为推动广东省经济转型升级贡献力量,必须对股权投资的发展采取合理引导、适度监管,努力实现"载体—环境—资金"三位一体的基本机制,为股权投资基金创造良性的发展空间,实现股权投资产业的良性发展。

9.4.1 强化为经济转型升级的服务功能

股权投资机构,是保证其功能有效实现的多功能金融中介载体。股权投资机构能够在资金供需双方实现资金的融通,以股东身份为企业价值快速提升提供支持,最后通过出售转让股权给长期战略投资者或者公众投资者,实现了企业资本结构的优化。规范私募股权机构发展,强化其为经济转型升级的服务功能是十分必要的。

为了在保证股权投资机构人才、管理、项目运营质量等方面,还要强

化其为经济转型升级的服务功能,可着眼于以下三个方面的工作:

(1)鼓励优质股权投资人才和具有风险承受能力的资金进入该行业,采取"高门槛"和"适度监管"相匹配的战略。

(2)在准入和注册程序上设立严格限制,进入后主要依靠成立行业协会实现自律性管理。

(3)政府适时提供项目资源或者引导型资金的匹配支持,培育几只能够服务于转型升级的特色股权投资基金——如科技绿色基金、文化创意基金、龙头企业腾飞基金等。

9.4.2 优化股权投资行业的发展环境

加强股权投资行业发展环境的系统性建设是实现股权投资行业区位集聚的必要条件。环境包括优惠的政策环境、宽松的发展环境和健全的政府服务环境。

优惠的政策环境。它包括税收政策、财政补贴政策、人才引进政策等方面。

宽松的发展环境。它体现在以行业协会为基础;与银行、保险公司、信托基金等金融机构实现信息互通;与会计师、律师事务所等中介机构等实现资源共享,完善股权退出平台和项目库的平台建设。

健全的政府服务环境。如为注册、缴税、股权转让、退出登记等提供高效便捷的"一站式"服务,还包括在建立股权投资机构办公集聚区时可享受的土地、税收优惠政策。

9.4.3 推动股权投资与产业资本有机结合

规避股权投资基金来源泛大众化,是实现股权投资行业长期稳定发展的基石。随着IPO重启,创业板开板,大量资金融入Pre-IPO投资基金,以求在我国股权一级、二级市场定价差价中牟取暴利。据清科统计数据显示,深圳创业板、中小企业板、上海证交所其私募股权基金账面投资回报分别高达15.48、14.89、4.32倍,境内市场平均回报为14.9倍。而境外市场平均回报仅为4.05倍,也就是说,股权投资的企业在我国市场上市,股权投资资金在 IPO 退出时，能够获得的回报是境外的 3 倍多。这一逐利行为使得股权投资机构在选择投资企业时在短期内能否上市成了股权投资机构的"择偶"标准，这一偏颇的选择导向使得具有成长潜力、符合经济转型升级发展要求的企业得不到资金，或者股权投资机构在入股企业疏忽长期发展战略的制定，而急于短期套利。

股权投资基金在与知识资本、产业资本结合时，应鼓励其充分挖掘与知识资本和产业资本"联姻"后的可提升空间，实现长远价值投资。在政府政策方面，可以重点关注：

（1）通过持股年限控制，匹配税收优惠措施等手段鼓励股权投资基金投资于初创期、成长期等。

（2）融资限制方面，避免股权投资基金利用银行、信托甚至保险这种渠道，变相地向一些不合格的投资者募集资金。要对投资者有严格的筛选，避免泛大众化，以免让风险承受能力不够的投资者进入。

我国对投资者准入规定还是空白。广东省民间资金实力雄厚，如何引导合格投资者进入该行业，鼓励有成熟投资意识的合格机构出资者成长，可以先行实践，并争取"先行先试"权。

发展股权投资推动经济转型升级的"三位一体"机制如图 9-1 所示。

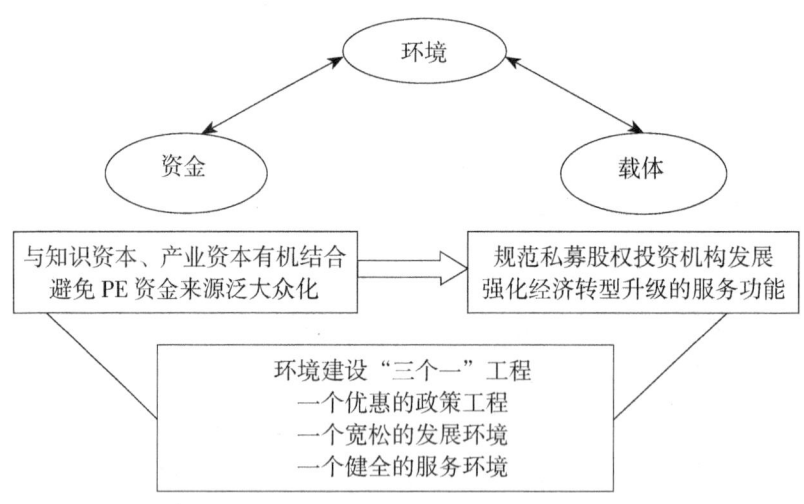

图 9-1 发展股权投资推动经济转型升级的"三位一体"机制

由图 9-1 可知，从"载体—环境—资金"三方位的积极探索不仅能够满足促进股权投资机构的发展，为股权投资基金的成长创造良性的发展空间，还能够引导股权投资进入良性产业化发展的道路中来，让股权投资产业成为推动经济转型升级的重要助推力量。

9.4.4 政策目标与思路

振兴广东省的股权投资产业，必须聚集以下三种资源，具有理性投资意识的出资者、符合经济转型升级要求的优质项目和熟悉投资管理与资本市场运作的高层次人才。通过规范与引导股权投资行业发展，发展股权投资行业，实现经济转型升级的基本政策目标是将广东省打造成股权投资发展的"一个中心三个高地"，即珠三角股权投资中心，具有国际辐射力的股权投资资金集聚的高地，项目嫁接的高地和人才培育的高地，把股权投资行业当作一个新兴产业或服务业的重要组成部分。具体来说要从以下十大方面措施着手。

1. 进一步提高认识，把股权投资行业当作一个新兴产业或服务业的重要组成部分

成熟市场股权投资产业是以基金管理人为中心，包括作为私募股权基金承销商的投资银行、作为并购顾问的投资银行、提供杠杆收购（LBO）资金的投资银行和专业财务公司，协助被投资企业 IPO 的投资银行、律师、会计师、管理顾问、专业资产评估机构、资讯提供商、投资基金的基金在内的完整的产业链。广东省的企业和股权投资公司这两个市场参与者已经有一定规模，但融资顾问、基金募集顾问、出资者（机构投资者）还不成体系。培育整个产业链上各个环节的参与者，用优质私募股权机构带动该产业链的其他参与者，加快私募股权产业化的步伐，使之成为现代服务业的重要组成部分。

2. 加大力度，培育一批有品牌影响力的本土股权投资机构

成熟股权投资机构，对商业模式的发掘和评判、对管理团队的评判、对企业发展中的风险和陷阱的处理，是实现行业风险控制，实现经济效益的基石。广东省已有诸如广东省风险投资集团、广东省科技风险投资有限公司、广东省粤科风险投资集团有限公司、广东银联融资担保有限公司、广州海汇投资管理有限公司等股权投资机构,在为企业提供融资的同时,还致力于为被投资企业提供上市公司并购、资产重组、战略管理、财务优化、文化建设等各类资本增值服务。继续鼓励广东省的私募股权机构开创投资管理新模式,打造出一条具有广东特色的本土化投资基金管理制度,建设一支具有"粤商"品牌的股权投资机构队伍,是将广东省建立成为股权投资中心的核心条件。

3. 培育成熟的股权投资基金出资人,避免 PE 资金来源泛大众化

基金的出资人(LP)对股权投资行业的健康稳定发展有着至关重要的作用。LP 目前大部分是民营企业家的资本。应当继续鼓励和引导在优秀的民营大中企业,投资入股基金,让大企业先进的管理经验与产业链优势与被投资企业实现共享。还要支持社保基金、保险公司、国内企业等机构投资者发展成为投资基金的重要力量。同时还要谨慎地防范股权投资基金来源泛大众化,坚决禁止全民 PE 投资的现象,让具有先进投资意识和风险承受能力的投资者成为股权投资基金的合格出资人,防范流动性较大,倾向于短线投资资金的投入,降低股权投资的不稳定因素。

4. 加大股权投资机构与资金、项目的对接力度

拓展项目与资金来源,鼓励股权投资与具有资金优势的金融机构互动。鼓励企业在向金融机构寻求并购贷款、集合融资平台、融资担保创新、金融仓储、非信贷类融资等金融产品的同时,考虑股权投资机构的融资方案,合理优化企业结构、降低融资成本。

携手律师事务所、会计师事务所等行业中介机构,联合股权投资行业协会和政府相关职能部门共同搭建股权投资项目库的项目展示平台,为股权投资机构提供更多的企业信息,并对项目库信息进行实时更新与完善。

5. 加快建设未上市公司股份转让平台,拓宽股权投资退出渠道

凭借全省未上市公司股份转让试点,在全省统一交易规则、统一交易系统、统一信息平台、统一指导监管的前提下,以省中心平台为核心,全

9 股权投资、科技型中小企业发展与经济转型政策建议

省各地联网运行，构建起全省性资本配置大平台市场。使全省未上市公司股份转让平台定位于企业股权合理配置、行业资本优化整合、上市公司后备资源培育基地，并争取与沪深交易所建立起筛选上市资源的合作关系，既立足于为地方经济转型升级提供平台，又为股权投资提供用武之地。将平台的运行与股权投资对接，逐步发展成为广东股权投资的主渠道。

在操作程序上，凡进场公司有融资需求时，按定向私募、定向增资扩股方式，先行与股权投资机构对接，借以改善家族型公司股权结构，提升进场公司整体素质。选择具有条件的股权投资机构作为公司进场的推荐人，重点推荐自身所投资的公司进场，借助平台规范运行的制度和机制约束，切实保障股权投资的安全和权益。

关于股权投资机构对私募股权退出机制是否完善的评价，据资料统计显示，45%的机构比较完善，45%的机构无法判断，还有部分机构表示要加强柜台交易平台建设。目前天津、重庆、上海获准建立OTC，湖南等省也在积极筹备中。广东省的OTC市场应该定位清晰，吸引广东乃至全国的资本汇聚于此，降低股权投资的流动性风险。

6. 加大宣传力度，树立股权投资机构良好的社会形象

虽然股权投资基金确实存有一些亟待解决的问题，但瑕不掩瑜，股权投资与中国产业经济有着良好契合的交易模式，也在探索中逐渐成长。定期在各大媒体和研讨会上，对股权投资基金在发展中实现的社会责任进行客观评价，充分肯定现阶段股权投资在创造就业机会、加快产业技术升级的积极作用。在舆论引导上，强化股权投资在价值投资、战略投资等方面的先进投资理念。

7. 强化股权投资引导基金的导向功能，加大各类优惠政策的落实力度

通过股权投资行业协会，建立有民间股权投资机构参与，政策引导基金支持的，对符合经济转型升级思路要求的企业进行投资的股权投资基金，如科技绿色基金、文化创意基金、龙头企业腾飞基金。探索创新型的政策型基金引导模式，如母基金（基金的基金）、投资担保基金、小企业联合平台融资担保基金等，以充分调动民间资本中的长线资金进

入股权投资行业。

加大各项优惠政策的落实力度，特别是要鼓励股权投资基金投资于早期项目，可以按照机构投资阶段和持有时间的长短，实行不同的税收鼓励和优惠政策，对投资于高新技术行业、参与政策引导基金的投资、投资项目年限超过三年的投资收益在用房补助及税费优惠、土地政策、人才引进及激励等方面给予优惠。

8. 加大股权投资专业人才的培训力度

具备科技、管理和金融投资、财务知识技能的股权投资家是股权投资行业发展的智力保障。应联手在广东高校和相关行业协会制定股权投资金融人才培养规划，包含专业人才培养、用人机制创新、人才基金设立、鼓励人才举措等。在提高股权投资业务人员的核心素质的同时，也要注重股权投资专业人员良好的诚信水平和职业道德水平的提升与信息制度的建立与完善。

9. 充分发挥股权投资行业协会的桥梁纽带作用

股权投资行业协会的发展有利于保证股权投资行业的健康发展，促进业内交流，实现信息共享、人才培训，协助政府制定相关政策。目前广东省的股权投资行业协会尚在初步建立阶段，政府应争取更多资源主动引导行业协会的发展，以促进股权投资基金政策的实施、法规环境的完善和人才培养计划、项目平台建设的实施。

10. 鼓励有条件的地区建设股权投资机构集聚区，发挥机构集聚效应

在股权投资发展具备一定规模的地区，如深圳、广州等地区建立股权投资专业园区——大力营造良好的股权投资服务环境，提供高效便捷的"一站式"服务，为股权投资机构和企业的注册、缴税、股权转让、退出登记等提供接力式、一站式服务。

参考文献

[1] Aghion P., Bolton P.an Incomplete Contracts Approach to Financial Contracting [J] Review of Economic Studies, 1992, vol 59: 473-494.

[2] Baeyens K., Manigari S.Follow on financing of venture capital backed companies: the choice between debt, equity, existing and new investors [J] Vlerick Leuven Gent Woring Paper Series, 2006 (05).

[3] Bienz, Walz Uwe.Evoluation of Decision and Control Rights in Ventrure Capital Contracts: An Empirical Analysis [J] Discussion Papers, Norwegian School of Economics and Business Administration, 2007.

[4] Chris Gilchrist.Investmen Planning 2011/2012: The Advisers Guide, Taxbriefs Financial Publishing.2011.

[5] Christian Hopp.When do venture capitalists collaborate?Evidence on the driving forces of venture capital syndication [J] Small Business Economics, 2009 (1): 10.1007/s11187~008-9169-z.

[6] Corinna Ewelt-Knauer. Exit behaviour of investment companies: the choice of exit channel [J].J Bus Econ, 2014, (84): 571-607.

[7] David P.Stowell.An Introduction to Investment Banks, hedge Funds, and Private Equity: The New Paradigm.John Wiley & Sons, Inc.2013.

[8] Degeorge F., Martin J., Phalippou L (2013) Is the rise of

secondary buyouts good news for investors? Working Paper.

［9］Douglas Cumming, Grant Fleming, Sofia Johan, Mai Takeuchi. Legal Protection, Corruption and Private Equity Returns in Asia ［J］. Journal of Business Ethics （2010）95: 173-193.

［10］Douglas, Cumming.Venture Capital: Investment Strategies, Structure, Policies［M］.John Wiley and Sons, Inc, 2010.

［11］Grossman J, Hart O.Corprate Financial Structure and Managerial Incentives, in J.McCall, ed: the Economics of Information and Uncertainty, Chicago: University of Chicago Press, 1982.

［12］Harry Cendrowshi, etc.Private Equity, History, Governance and Operations, John Wiley & Sons, Inc.2012.

［13］Henry Kressel, Thomas V. Lento.Investing in Dynamic Markets: Venture Capital in the Digital age.Combridge University Press.2010.

［14］Jan Viehig.Equity Valuation Models from Leading Investment Banks, John Wiley & Sons, Inc.2012.

［15］Josh Lerner.Venture Capital and Private Equity: A Case Book.Fifth Edition, John Wiley & Sons, Inc.2012.

［16］Kaplan S, Stromberg P.Financial contracting meets the real world: an empirical analysis of venture capital contracts［J］, Review of Economic Studies, 2002: 1-35.

［17］Landier A, Thesmar D.Financial contracting with optimistic entrepreneurs: theory and evidence［J］Working Paper, 2003.

［18］Lorenzo Carver.Venture Capital Valuation" Case Studies and Methodology, John Wiley & Sons, Inc.2012.

［19］Masako Ueda.Venture Capital and Innovation.Working Paper.2010.

［20］Michael C.Jensen, Willian H.Meckling.Theory of the Firm: Managerial Behavior, Agency Costs and Ownership Structure, Journal of Financial Economics, 1976, 3（4）: 305-360.

［21］Myers C.Determinants of Corporate Borrowing［J］Journal of Financial Economics，1977，Vol 5，no 2：147-175.

［22］Richard Gottlieb.Venture Capital & Private Equty Firms：Domestic & International（16th）.Grey House Publishing，2013.

［23］Robert Dessi.Venture Capitalists，Monitoring and Advising.Working Paper，2010.

［24］Schmidt D，Steffen S，Szabo´ F. Exit strategies of buyout investments［J］. J Altern Invest，2010，（12）：58－84.

［25］Tamir Agmon，Avi Messica. Financial Foreign Direct Investment：The Role of Private Equity Investments in the Globalization of Firms from Emerging Markets［J］.MIR，2009，（49）：11-26.

［26］Thomas.Coporate Venture Capital，Disembodied Experimentation and Capability Development［J］Journal of Management Studies，2008（45）：1475-1505.

［27］Tirole Jean.Corporate Governance［J］Econometrica，2001，69(1).

［28］Winton A，Yerramilli V.AModel of Entrepreneurial Finance［J］Working Paper，2004.

［29］白洋.全球金融危机后中国PE市场投资特征分析［J］.国际金融研究.2010.2：71-76.

［30］卜海.中国东部地区开放型经济的转型升级研究——基于对外贸易的视角［J］.财贸研究，2014，2：58-64.

［31］［美］迈克尔·波特.国家竞争优势［M］.北京：华夏出版社，2002.

［32］藏莹慧.高新技术公司股权激励对公司价值的影响研究［J］.会计之友，2013（8）：69-72.

［33］曹立.中国经济转型升级的三个维度［J］.中国党政干部论坛，2014，4：12-16.

［34］曹新昌.中国上市公司股权集中度与公司绩效关系实证研究［D］.

西南财经大学，2008.

［35］陈德萍，陈永圣. 股权集中度、股权制衡度与公司绩效关系研究 2007—2009 年中小公司板块的实证检验［J］. 会计研究，2011（1）：38-43.

［36］陈剑锋. 创新驱动：经济转型发展的路径探索［J］. 江西行政学院学报，2013，15：40-42.

［37］陈良文. 美国支持科技型中小企业发展的经验及启示［J］. 经济纵横，2013.7：106-109.

［38］陈诗一. 中国各地区低碳经济转型进程评估［J］. 经济研究，2012，8：32-44.

［39］陈丝路. 股权激励对公司价值的影响因素研究——基于 A 股市场 2006—2008 年的实证研究［J］. 湖北工业大学学报，2010（6）：70-73.

［40］陈维涛；刘健. 融资约束与中小企业出口［J］. 世界经济研究 2012.6：43-48.

［41］陈伟，蔡云. 风险投资中被投资企业的价值评估［J］. 技术经济与管理研究.2001.2：50-52.

［42］陈永坚. 中国风险投资与私募股权［M］. 北京：法律出版社，2008.

［43］程惠芳，唐辉亮，陈超. 开放条件下区域经济转型综合能力评价研究——中国 31 个省区市转型升级评价指标体系分析［J］. 管理世界，2011，08：17-174.

［44］池雁红. 不同竞争形态下上市公司股权集中度与公司绩效的实证研究［D］. 西南大学，2010.

［45］董梅生，杨德才. 工业化、信息化、城镇化和农业现代化互动关系研究——基于 VAR 模型农业技术经济，2014，4：14-24.

［46］董晓辉，傅婉娟. 关于科技驱动经济发展方式转变的思考［J］. 甘肃理论学刊，2014，2：161-165.

［47］冯涛，李湛. 政府、市场关系的动态演化与中国经济增长［J］.

陕西师范大学学报，2011，2：94-100.

［48］冯献，崔凯.中国工业化、信息化、城镇化和农业现代化的内涵与同步发展的现实选择和作用机理［J］.农业现代化研究，2013，3：269-273.

［49］冯宗宪，谈毅，邵丰.高技术风险投资契约研究述评［J］.预测.2000-6：6-11.

［50］高保中.中小企业发展制约因素的结构性影响：一种经验评判［J］.经济学家，2012.12：41-48.

［51］高连水.我国经济转型过程中居民地区收入差距研究综述［J］.上海经济研究，2010，11：10-19.

［52］葛军.股权激励与上市公司绩效关系研究［M］.中国大地出版社，2008.

［53］耿浩.中小板企业股权集中与股权制衡对公司价值的影响研究［J］.黄海学术论坛，2012（18）：197-208.

［54］耿浩.中小板上市公司股权集中与股权制衡对公司绩效的影响研究［D］.山东大学，2013.

［55］宫悦.私募股权基金对我国中小板上市公司价值影响的实证研究［J］.财会研究，2012.2：48-50.

［56］龚永洪，何凡.高管层权力、股权薪酬差距与公司绩效研究——基于《上市公司股权激励管理办法》实施后的面板数据［J］.南京农业大学学报，2013（1）：113-120.

［57］辜胜阻."三个平等"有重大现实意义［J］.中国民商，2013，2：60-61.

［58］辜胜阻，等.美国的风险投资及其对经济发展的作用［J］.管理现代化，1998.2：57-61.

［59］郭可志.创业板上市公司股权特征与绩效关系研究［D］.西南财经大学，2013.

［60］郭娜.政府？市场？谁更有效——中小企业融资难解决机制有

效性研究[J]金融研究，2013.3：194-206.

[61]韩笑.创业板上市公司股权结构与公司成长性关系的实证研究[D].西南财经大学，2012.

[62]何树平，刘凯鹏.政府和市场关系的新定位、新要求——学习十八届三中全会关于政府与市场的论述[J].福建论坛，2014，1：13-19.

[63]贺炎林.战略性新兴产业中股权集中度对公司绩效的影响[J].西南民族大学学报，2014（2）：125-132.

[64]洪银兴.论创新驱动经济发展战略[J].经济学家，2013，1：5-11.

[65]洪银兴.中国经济转型和转型经济学[J].经济学动态，2006，7：26-31.

[66]胡洁，胡颖.上市公司股权结构与公司绩效关系的实证分析[J].管理世界，2006（3）：142-143.

[67]胡龙，林文浩.经济转型战略下的中国私募股权基金[J].金融教学与研究，2011，5：55-58.

[68]华民.经济全球化与中国的对外开放[J].学术月刊，2007，07：62-71.

[69]黄桂田，张悦.国有公司员工持股绩效的实证分析——基于1302家公司的样本数据[J].经济科学，2009（4）：86-94.

[70]黄日福，陈晓红.FDI与产业结构升级：基于中部地区的理论及实证研究[J].管理世界，2007.3：154-155.

[71]黄亚玲.私募股权基金文献综述[J].国际金融研究，2009，03：88-96.

[72]蹇彪.区域经济转型的理论与实践研究[D].东北师范大学，2012.

[73]姜泽华，白艳.产业结构升级的内涵与影响因素分析[J].当代经济研究，2006.10：53-56.

[74]金雪军，等.风险投资与区域经济增长——基于中国东部10省的实证分析[J].上海金融，2007.9：19-21.

参考文献

[75] 李成等.风险投资对经济增长贡献的理论解读——以美国为例[J].科技进步与对策,2009.17:25-29.

[76] 李梅.股权集中度对公司绩效影响研究——以创业板上市公司2011—2012年数据为例[J].财会通讯,2014(7):29-32.

[77] 李萌.风险投资、股权集中度与创业板公司绩效关系的实证研究[D].广东商学院,2012.

[78] 李强.我国高新区产业集聚实证研究:生产要素集中与规模收益递增[J].科学学与科学技术管理,2007.5:106-112.

[79] 李胜楠.负债融资、公司治理与企业价值最大化[J].山西财经大学学报,2004(5):99-103.

[80] 李文卓.我国私募股权基金对产业结构优化的研究[D].上海师范大学,2010.

[81] 李锡元,陈思.我国中小型高科技公司股权激励的实施现状分析——以创业板上市公司为例[J].科技管理研究,2013(2):180-182.

[82] 李新安.我国FDI集聚效应与区域经济增长相关性实证分析[J].财贸研究,2006.08:15-21.

[83] 李奕萍.上市公司股权集中度与公司绩效关系的行业对比分析[D].东华大学,2011.

[84] 李勇.宏观经济环境、动态目标资本结构与融资约束——基于中国上市公司的实证分析[J].山西财经大学学报,2014.4:22-30.

[85] 李用俊,赵曙东.开放型经济转型中所有制结构的变迁与主体选择——基于江苏的截面数据[J].企业经济,2012,3:102-105.

[86] 李增泉.激励机制与公司绩效——基于上市公司的实证研究[J].会计研究,2000(1):67-80.

[87] 厉以宁.转型发展理论[M].北京:同心出版社,1996.

[88] 林朝南.上市公司债务融资治理效应的实证检验[J].统计与决策,2007(9):93-95.

[89] 林剑.社会网络下的创业融资[J].上海金融.2006.7:8-10.

［90］林秋月.股权结构对公司绩效的影响——基于我国上市商业银行实证研究［D］.西南财经大学，2013.

［91］刘刚.经济增长的新来源与中国经济的第二次转型［J］.南开学报，2011，5：97-106.

［92］刘广明，施国庆.引入国外风险投资发展我国高新技术产业探讨［J］.河海大学学报，2001.3：17-21.

［93］刘华.股权激励的影响因素及其对公司业绩影响实证研究［J］.商业经济研究，2012（9）：65-66.

［94］刘璐嘉.创业板上市企业股权结构与绩效关系研究［D］.天津大学，2012.

［95］刘梅.创业板上市公司股权集中度、股权制衡与公司绩效关系研究［D］.西南交通大学，2013.

［96］刘楠楠.创业板公司股权激励研究［J］.城市建设，2010（4）：396-398.

［97］刘泉君.创业板公司股权集中度及股权制衡度对业绩的影响——2009—2011年的实证研究［D］.北京交通大学，2013.

［98］刘颖华.政府背景私募股权投资机构的联合投资行为分析［J］.上海金融，2011.4：77-80.

［99］刘志彪.发展现代生产者服务业与调整优化制造业结构［J］.南京大学学报（哲学.人文科学.社会科学版），2006，05：36-44.

［100］卢雄鹰.中国上市公司股权激励问题研究［D］.上海：华东师范大学，2013.

［101］鲁娜.民营上市公司的股权结构与公司绩效的关系——相对托宾Q与CROE视角下的对比实证研究［J］.现代商业，2008（3）：134-135.

［102］吕炜.论风险投资机制的技术创新原理［J］.经济研究，2002.2：48-56.

［103］马琳，张佳睿.充分发挥风险投资对科技型中小企业的支持作

用［J］.经济纵横，2013.9：40-43.

［104］马颖，陈波.中国分权化改革背景下经济体制改革、金融发展与经济增长［J］.发展经济学研究，2011，0：43-55.

［105］毛蕴诗，吴瑶.企业升级路径与分析模式研究［J］.中山大学学报（社会科学版），2009，01：178-186.

［106］孟蕊芸，郭伟.科技型上市公司股权激励问题探析［J］.现代商业，2011（20）：34-40.

［107］苗淑娟.融资方式对创新企业绩效的影响研究［D］.吉林大学博士论文，2007.

［108］莫冬燕，邵聪.高管薪酬、股权激励与公司绩效的相关性检验［J］.科学决策，2010（7）：18-29.

［109］宁亮.基于政府行为的创业环境改善研究［J］.湖南大学学报社科版，2009（1）：61-64.

［110］钱美琴，等.上市公司股权集中度与公司绩效关系的实证研究［J］.华东经济管理，2015，29（5）：169-174.

［111］钱一鹤.风险投资对中国产业结构升级的效应研究［D］.浙江大学，2008.

［112］邱世远.徐国栋.公司股权激励的实证分析［J］.统计与决策.2003（12）：34-40.

［113］瞿商.论中国经济转型的阶段性与目标转换［J］.中国经济史研究，2012，1：19-26.

［114］任薇.股权集中度与上市公司经营绩效关系——家族性上市公司的实证研究［D］.西南财经大学，2012.

［115］阮杨，陆铭，陈钊.经济转型中的就业重构与收入分配［J］.管理世界，2002，11：50-56.

［116］沈艺峰.中国上市公司的负债是否发挥控制作用［J］.证券市场导报，2006（2）：43-50.

［117］盛立军.私募股权与资本市场［M］.上海：上海交通大学出版社，

2003.

[118] 史金平, 胡莹. 中小板上市公司股权激励与公司业绩关系实证研究 [J]. 经营管理者, 2014, 9-11.

[119] 宋丽丽. 我国中小板上市公司股权激励与公司绩效的相关性研究 [J]. 经营管理者, 2014（3）: 17-18.

[120] 苏卫东. 城市化、工业化与服务业发展水平的实证研究 [J]. 统计与决策, 2012, 07: 142-145.

[121] 孙才仁, 宋志红, 孙婧. 论驱动经济转型发展的"新三驾马车" [J]. 证券市场导报, 2013, 3: 11-24.

[122] 孙俊, 褚明晔. 新型金融业态对经济转型升级的作用——基于长江三角私募股权投资流向的分析视角 [J]. 管理世界, 2012, 9: 156-167.

[123] 唐海燕, 程新章. 企业升级的路径选择——以温州打火机企业为例 [J]. 科技管理研究, 2006, 12: 113-116.

[124] 田伯平. 江苏开放型经济可持续发展研究——基于体制、政策和环境的视角 [J]. 江苏社会科学, 2011, 3: 236-243.

[125] 汪柳池, 王妹. 我国上市公司股权激励与公司绩效关系的实证研究 [J]. 经营决策, 2013: 41-46.

[126] 王爱俭. 经济转型、创新发展与中国的私募股权基金 [J]. 经济界, 2011, 1: 58-60.

[127] 王贝. 中国工业化、城镇化和农业现代化关系实证研究 [J]. 城市问题, 2011, 9: 21-25.

[128] 王大义. 资本、股权和债权结构与公司治理效应的相关性研究 [J]. 企业经济, 2009（4）: 183-186.

[129] 王华, 黄之骏. 经营者股权激励、董事会组成与公司价值—基于内生性视角的经验分析 [J]. 管理世界, 2003（22）: 101-116.

[130] 王华兵, 李小珍. 股权激励方案设计中存在的问题和对策研究 [J]. 商业会计, 2013: 34-36.

［131］王会娟，张然.私募股权投资与被投资企业高管薪酬契约——基于公司治理视角的研究［J］.管理世界，2012，9：156-167.

［132］王可侠.产业结构调整、工业水平升级与城市化进程［J］.经济学家，2012，09：43-47.

［133］王磊，邓戎，郭立宏.私募股权投资研究综述［J］.西北大学学报，2009，4：103-107.

［134］王满四.上市公司负债融资公司治理效应分析——考虑环境因素［J］.证券市场导报 2005（5）：71-77.

［135］王双正，陈立文.风险投资与经济增长关系研究［J］.科学管理研究，2003.2：110-112.

［136］王洋.创业风险投资对我国产业升级影响的研究［D］.南华大学，2010.

［137］王友田.风险投资对中小型企业 R&D 活动的影响——基于中国 131 家拟上市中小型企业的实证检验［D］.广东：暨南大学，2013.

［138］王玉婷，杜鹏程，杨丹.高新技术公司股权激励对公司价值的影响研究［J］.科技与经济，2012，25（147）：46-50.

［139］魏刚.高级管理层激励与上市公司经营绩效［J］.经济研究，2000（4）：59-64.

［140］吴淑琨.股权结构与公司绩效的 U 型关系研究——1997—2000 年上市公司的实证研究［J］.中国工业经济，2002（1）：80-87.

［141］夏秀丽."创新驱动"推动经济转型的要素与动态机制研究［J］.当代经济，2013，17：6-9.

［142］肖红波，王道龙，王济民，陈琼，王瑞波.从世界工业化、城镇化和农业现代化发展规律探讨中国"三化同步"的标准及发展路径［J］.农业现代化研究，2013，2：133-138.

［143］肖文圣.我国创新驱动战略及驱动力研究［J］.改革与战略，2014，3：35-38.

［144］谢碧琼.风险投资与我国区域经济增长的实证研究［D］.浙江：

浙江大学，2008.

［145］谢琳，唐宗明.创业投资与经济增长之间的关系［J］.科技管理研究，2011.9：181-185.

［146］徐剑钧.风险投资对我国产业结构升级的影响［J］.当代财经，2000.9：73-75.

［147］徐匡迪.经济转型发展与科技创新驱动［J］.全球化，2014，11：5-18.

［148］徐维详，舒季君，唐根年.中国工业化、信息化、城镇化、农业现代化同步发展测度［J］.经济地理，2014，9：1-6.

［149］徐炜，胡道勇.股权结构与公司绩效——相对托宾Q视角下的实证研究［J］.南京师大学报（社会科学版），2006（1）：59-64.

［150］徐向艺.股权结构与公司治理绩效实证分析［J］.中国工业经济，2005（6）：112-119.

［151］徐新阳.私募股权投资对企业上市后经营绩效的影响［J］财经论丛，2011.6：65-71.

［152］徐勇，宋罡，贾键涛.风险投资、技术创新与经济增长［J］.中大管理研究，2012，7：114-127.

［153］许小年.以法人机构为主体建立公司治理机制和资本市场［J］.改革，1997（5）：28-34.

［154］杨华，陈晓升.上市公司股权激励理论、法规与实务［M］.中国经济出版社，第2版，北京，2009.

［155］杨继国.人力资本产权：一个挑战公司治理理论命题［J］.经济科学.2002.1：19-26.

［156］杨其静.企业家的企业理论［M］.北京：中国人民大学出版社，2004.

［157］杨廷燕.创业板上市公司股权结构与公司绩效关系的研究［D］.西南财经大学，2012.

［158］杨英.管理层股权激励与公司绩效的研究——基于高新技术公

司上市公司的理论分析与经验证据［D］.天津：天津商业大学，2012.

［159］叶建芳，陈潇.我国高管持股对公司价值的影响研究——一项来自高科技行业上市公司的证据［J］.财经问题研究，2008（3）：26-32.

［160］仪秀琴.私募股权融资委托代理风险分析研究［J］.会计之友，2013（2）：72-74.

［161］殷阿娜，王厚双.中国开放型经济转型升级的路径研究——基于绩效评估［J］.经济问题探索，2014，4：106-110.

［162］于东智.资本结构、债权治理与公司绩效：一项经验分析［J］.中国工业经济，2003（1）：87-94.

［163］俞雪松.创业融资多元化支持体系研究［J］.合肥工业大学社科版.2005.4：44-47.

［164］袁晓玲，景行军，杨万平，班斓."新四化"的互动机理及其发展水平测度［J］.城市问题，2013，11：54-60.

［165］袁峥嵘，杜需.我国实现创新驱动发展战略的路径分析［J］.改革与战略，2014，9：47-51.

［166］约瑟夫·斯蒂格利茨.市场社会主义与新古典经济学［M］.2001.3：48-55.

［167］张敦力，阮爱萍.股权激励、约束机制与业绩相关性——来自中国上市公司的经验数据［J］.会计与经济研究，2013（1）：3-12.

［168］张二震，杨继军，张如庆.金融危机下江苏开放型经济发展转型问题探析［J］.现代经济探讨，2009，05：40-43.

［169］张建君.中国转型经济研究的文献回顾与理论发展［J］.山东社会科学，2007，7：69-76.

［170］张建臻.国民收入核算与经济转型的关系研究［D］.山东：山东大学，2013.

［171］张来武.科技创新驱动经济发展方式转变［J］.中国软科学，2011，12：1-5.

［172］张兰.公司治理、多元化战略与财务绩效的关系——基于我国

创业板上市公司的研究［D］.吉林大学，2013.

［173］张琳，邱少华.新型工业化、信息化、城镇化和农业现代化协调发展评价研究［J］.山东社会科学，2014，4：124-139.

［174］张鹏.我国高科技产业创业政策体系研究［J］.科学管理研究 2003.4：36-40.

［175］张维迎.产权、激励与公司治理［M］.经济科学出版社，2005（7）：243-283.

［176］张卫国，吴静，陈学梅.电子电器行业上市公司的股权结构与绩效关系［J］.重庆大学学报（自然科学版），2004，27（4）：146-150.

［177］张兴巍.我国私募股权投资市场发展的问题与对策［J］.经济纵横，2013.8：98-101.

［178］张幼文.要素的国际流动与开放型发展战略——经济全球化的核心与走向［J］.世界经济与政治论坛，2008，03：1-10.

［179］张兆国.资本结构的治理效应：中国上市公司的实证研究［J］.南开管理评论，2006.9：22-27.

［180］张志元，马雷.经济金融发展视野的政府与市场关系再定位［J］.改革，2014，1：25-32.

［181］张宗益，宋增基.上市公司股权结构与公司绩效实证研究［J］.数量经济技术经济研究，2003（1）：128-132.

［182］赵成国，等.政府创业投资引导基金运作模式研究［J］.2008.4：35-39.

［183］赵家章，胡碧玉.技术进步与中国经济增长——基于全要素生产率的实证研究［J］.开发研究，2005.6：59-62.

［184］赵江.经济转型升级的金融资源支持研究——以广东数据为例［D］.广东：广东财经大学，2013.

［185］朱鸿伟，陈诚.私募股权投资与公司治理：基于创业板上市公司的实证研究［J］.广东财经大学学报，2014，1：62-80

［186］朱烨，卫玲.产业结构与新型城市化互动关系文献综述［J］.

西安财经学院学报,2010,05:113-117.

[187]左晓利.我国科技型中小企业技术创新基金项目设置问题及对策研究[J].中国科技论坛,2012.10:64-68.